montenegro
schwarze berge - grüne wälder
individuell entdecken

hobo-team.de - Martina Kaspar & Günther Holzmann
1. neu recherchierte Auflage 2016

Rruga Adria 9
9706 Ksamil
Albanien

Texte, Bilder und Recherche:
Martina Kaspar

Layout, Bilder, Gesamtgestaltung:
Günther Holzmann

Karten:
Quelle–OSM;
Verweis auf:
freytag & berndt 1:150.000

Geschichtliche Daten, Fakten zu Flora und Fauna, Exkurse wurden sowohl im Internet wie auch in repräsentativer Lektüre eingehend ermittelt. Hierbei dienten als Quellen Wikipedia und deren Einzelnachweise, die offiziellen Angaben des montenegrinischen Tourismusverbandes, die Internetseiten der Städte, Kommunen und öffentlichen Organisationen, sowie die Literatur rennomierter Autoren.

Alle Informationen wurden sorgfältig recherchiert und mehrfach überprüft. Dennoch können für die sachlichen und inhaltlichen Angaben keinerlei Haftung, Garantie und Verantwortung übernommen werden.
Wir freuen uns über Verbesserungsvorschläge, Kritik und Kommentare per E-Mail an: info@hobo-team.de

Die Autoren des Reiseführers leben seit 2012 in Albanien und bereisten in dieser Zeit das Nachbarland Montenegro ebenfalls sehr intensiv, aus den Erfahrungen ist dieser Reiseführer entstanden. Um das vorliegende Reisehandbuch aktuell zu halten werden die Routen immer wieder überprüft, ergänzt oder ausgetauscht. Daher erscheint das Handbuch in regelmäßigen Intervallen neu.

Titelbild: Perast in der Bucht von Kotor;
ISBN: 978-3-00-052418-9

Cover hinten: der Fluss Cijevna, restaurierte Freskenmalerei, Biogradska Nationalpark;

Essays - weitere Informationen

idyllisches Rose

Viele Mythen, Legenden und unaufgeklärte Theorien ranken sich um die Herkunft des geheimnisvollen Namens „Crna Gora – Schwarzes Gebirge". Berge gibt es – hauptsächlich sogar - aber richtig schwarz ist keiner von ihnen, eher grau und grün und sie wirken zudem überaus einladend. Lord Byron schrieb über Montenegro: „Als die Perlen der Natur gesät wurden, erhielt dieses Land eine Handvoll davon."

Weltoffener, einladender und bezeichnender können auch die offiziellen Werbeslogans nicht klingen: „Perle der Adria" oder „Wilde Schönheit", diese wenigen Worte sagen fast alles über das kleine Land aus. Montenegro ist ein Landschaftsjuwel fast ohne Makel und ohnegleichen, ein Land voller Widersprüche und Gegensätzlichkeiten, mit Ecken und Kanten und doch mit Sicherheit eines der schönsten in ganz Europa. Es ist ein Land der Rekorde, der Superlative und der Extreme. Europas südlichster Fjord und die tiefste Schlucht sowie einer der ältesten Urwälder des Kontinents liegen hier. Es hat den Hauptanteil am größten Binnensee des Balkans und besitzt den längsten Strand der Adria. Es beherbergt das größte Vogelschutzgebiet Europas und weist die höchste Niederschlagsmenge auf. Die fast 300 Kilometer lange Küstenlandschaft mit der einmaligen Bucht von Kotor, mit ihren unzähligen, von schroffen Felsen umrahmten, traumhaften Badebuchten und langen Sandstränden gehört mit Sicherheit zu den stimmungsvollsten und faszinierendsten der ganzen Welt. Nirgendwo sonst an der Adria ist das Meer von einem tieferen Blau und das Wasser so glasklar wie hier. Doch Einsamkeit sucht man dieserorts vergeblich, denn geschichtsträchtige Städte und quirlige Ortschaften, deren sagenhafte Architektur die reichen Kaufleute, Kapitäne und Seefahrer über Jahrhunderte prägten, säumen die belebten Abschnitte vor den eindrucksvollen Steilfelsen der Küstengebirge. Sechs Nationalparks wie sie unterschiedlicher nicht sein können, schützen auf einer Fläche von 126.250 Hektar eine unglaublich reichhaltige und teilweise auch selten gewordene Flora und Fauna. Die Wälder beherbergen wilde Braunbären und Hirsche, welche man jedoch kaum zu Gesicht bekommt. Ein phantastisches und im wahrsten Sinne großartiges Hochgebirge mit bizarren Kalksteinformationen, mit saubersten Gebirgsflüssen, idyllisch und einsam gelegenen Gletscher- und Bergseen, beeindruckenden Schluchten und Canyons, sucht seinesgleichen. Montenegro ist ein Wander- und Kletterparadies ohnegleichen und verfügt über eines der ausgedehntesten, markierten Wegenetze die ein Land dieser Größe vorweisen kann. Keine schwere Entscheidung für die UNESCO, ihr wertvolles Prädikat zweimal zu vergeben. Soviel Schönheit und Individualität benötigt Raum und den gewinnt

das kleine Land aufgrund seiner mangelnden Größe durch seine Höhe, keines in Europa liegt durchschnittlich höher. Über 2/3 der Landesoberfläche liegen über 1.000 Meter. So findet man in einem Land, in dem die Wege meist nur nach oben führen, viele der einzigartigen Kulturdenkmäler auf den weiten Hochplateaus oder Gipfeln der unzähligen Berge und Gebirgsketten. Das kleine Westbalkanland verfügt über eine der faszinierendsten und bewegtesten Historien Südeuropas. Die geschichtliche Vergangenheit reicht über Jahrtausende von Jahren zurück. Manche Gebiete waren bereits weit in der vorchristlichen Epoche besiedelt und alle bedeutenden Großmächte, einflussreiche Stämme und Völker hinterließen ihre eindrucksvollen Zeitzeugen. Das Land musste eine lange und bittere Entwicklungsgeschichte durchleben, bis hier sämtliche Religionen und Menschen konfliktfrei nebeneinander leben konnten. Die Umstände der Vergangenheit machten Montenegros Bevölkerung zu etwas ganz Besonderem – wie auch ihr Land. Die Menschen hier sind einzigartige und schroffe, doch charaktervolle Gestalten. Sie besitzen einen rauen und wilden Stolz, sind besessen von einem ausgeprägten Freiheitsdrang und strahlen gleichzeitig eine enorme Güte und Freundlichkeit aus. Die Montenegriner schätzen und verehren ihre alten Brauchtümer, die sie vehement überliefern. Uralte Riten haben sich besonders in den Bergregionen bis heute erhalten. Die Menschen dort leben immer noch das Leben wie es vor ein- oder zweihundert Jahren Bestand hatte. Ganz im auffälligem Gegensatz zum modernen und zeitgemäßen Leben in der Hauptstadt und der Küstenregion. Zugleich zeichnet die Menschen Montenegros eine typisch südländische Lebensweise aus. Sie sind nicht nur äußerst lebensfroh, weltoffen und gesellig, sondern auch von einer ausgesprochenen Herzlichkeit und fast unübertroffenen Freundlichkeit und Hilfsbereitschaft Fremden gegenüber, die überall gerne willkommen sind. Doch leider kann Montenegro nicht nur mit Glanzleistungen aufwarten. Es ist eines der ärmsten Länder Europas was wirtschaftliche Zahlen anbelangt. Die Spuren der politischen Vergangenheit ziehen sich trotz Selbständigkeit und Reformen bis in die Gegenwart und Korruption und Vetternwirtschaft sind immer noch allgegenwärtig und bestimmen den innerpolitischen Alltag. Man muss erwähnen, dass der winzige Ex-Jugoslawienstaat auch bereits eine große touristische Vergangenheit hinter sich hat. Schon in den 70er und 80er-Jahren galt das Balkanland bei den Westeuropäern als beliebtes Reiseziel, wenngleich sich der Tourismus damals lediglich auf die Küstenregionen beschränkte. Hier kann man das Land auch jetzt nicht mehr – im Gegensatz zu den noch ursprünglichen Bergregionen - als Geheimtipp bezeichnen. Naturkatastrophen, Kriege und letztendlich der Selbstfindungsprozess warfen Montenegro in der touristischen Entwicklung um Jahrzehnte zurück. Dies ist mitunter ein Grund, warum der Fremdenverkehr der ehemals kleinsten Teilrepublik Jugoslawiens trotz der gut entwickelten Infrastruktur noch merklich in den Kinderschuhen steckt bzw. neu definiert werden muss. Die touristische Zukunft des Landes ist sicher und der kleine Staat steuert mit ganz großen Schritten einer glänzenden Karriere entgegen. Montenegro besitzt mit seinen Ressourcen ein unglaubliches Potential eine Top-Destination unter den Reiseländern des Westbalkans zu werden. Die gezielte Unterstützung und strenge Kontrolle der Regierung, die touristische Entwicklung im vernünftigen Rahmen zu halten, die vielfältige Landschaft und Natur Montenegros zu schützen, vorausgesetzt. Jetzt ist die ideale Zeit, dieses außergewöhnliche und wundervolle Fleckchen Erde zu entdecken und kennenzulernen, bevor der Massentourismus und Pauschalurlauber es komplett für sich beanspruchen.

Wir wünschen Euch viel Freude beim Reisen !

Marlina Kaspar + [Unterschrift]

Der serbische Dichter Nenadović meinte treffend: "Mich wundert es, dass hier die Sonne untergeht. Eine solche Schönheit wird sie sonst nirgendwo finden."

Dieser **Montenegro "pocket-guide"** richtet sich an all jene, welche zum ersten Mal dieses Land individuell bereisen, etwa zwischen zwei und vier Wochen Zeit mitbringen, die eindrucksvollsten und interessantesten Ziele des Landes kennenlernen und Eindruck in das Leben der Bevölkerung gewinnen möchten. Unser wichtigstes Bestreben war es, mit diesem Reiseführer die bedeutendsten Destinationen aufzuführen sowie ganz besondere Ziele hervorzuheben.

Er ist sowohl geeignet für Selbstfahrer als auch für Backpacker, die auf öffentliche Verkehrsmittel zurückgreifen müssen. Zwar führen wir keine Fahrpläne auf, doch sind die Ziele allesamt problemlos mit Bussen und im Sommer auch mit privaten Minibussen zu erreichen. In den größeren Städten gibt es zentrale Busbahnhöfe (siehe google-maps), die Fahrzeuge sind mit dem Ziel bzw. einer Nummer gekennzeichnet. Ansonsten werden die Reisenden balkantypisch auch am Weg eingesammelt und am Wunschziel wieder rausgelassen. Die Preise sind sehr günstig, so zahlt man z.b. für die Strecke Podgorica - Nikšić (ca. 55 km) um € 3,-- (Bus alle zwanzig Minuten). Taxipreise sollten unbedingt vorher ausgehandelt werden, vom Flughafen Podgorica in die Innenstadt gelten Festpreise. Auch gehen wir nicht auf die wirklich zahlreichen und guten Unterkunftsmöglichkeiten und empfehlenswerten Restaurants ein. In der Regel speist man überall dort sehr gut und zu moderaten Preisen wo auch Einheimische im Lokal sitzen. Im Hinterland ist das Preisniveau generell recht niedrig. Die Hotels und Privatunterkünfte verfügen über einen sehr guten Standard und sind stets sauber und gepflegt. Zudem entstehen in rasanter Geschwindigkeit neue, empfehlenswerte Unterkünfte, genauso schnell verschwinden unrentable wieder oder werden nach Besitzerwechsel umbenannt. Wer sich vorab näher informieren möchte, findet unter www.booking.com oder www.tripadvisor.com eine gute Auswahl. Ansonsten kann man bedenkenlos in fast jedem Hotel und jeder Privatunterkunft übernachten. Preise ab € 15,-- bis 20,--/DZ (saisonabhängig).

Ein Campingplatzverzeichnis mit derzeit knapp 30 gelisteten Plätzen unterschiedlichster Kategorie und Saisonzeiten gibt es unter www.camping.info (**Achtung:** nicht alle Plätze, vor allem die in den Bergen, sind für Wohnmobile geeignet - **Ausnahmen:** Ivan do/Žabljak, Lake Views/Plav und Krojet/Gusinje). Im ersten und im dritten Teil des Reiseführers befinden sich ausführliche Informationen zu Land und Leuten, geschichtliche Daten, Reisetipps von A-Z, ein kleiner Sprachführer sowie Wissenswertes über die Küche Montenegros, die Feiertage und die Einkaufsmöglichkeiten im Land.

Zwischen diesen beiden Teilen beschreiben wir detailliert die Ziele mit den Sehenswürdigkeiten und lohnende Zusatzziele in der Umgebung, Highlights und Top-Tipps sind extra gekennzeichnet. Erstere stellen bei einer Montenegroreise ein vorrangiges Ziel mit hohem touristischen Wert dar, die Top-Tipps beschreiben äußerst sehenswerte Plätze, kleine Geheim- oder Insidertipps, woran leider viel zu oft vorbeigefahren wird. Beide Kennzeichnungen findet man auch in der Beschreibung im Reiseteil in grün und in rot, sowie auf der gegenüberliegenden Seite 7 "Highlights und Top-Tipps" wieder.

Zum Schluss angefügt sind Open Street Map Übersichtskarten zur reinen Orientierung zu den wichtigsten Städten mit Kennzeichnung der Sehenswürdigkeiten. Für den allgemeinen Reiseteil liegt die Straßenkarte "Montenegro" von "freytag & berndt" im Maßstab 1:150.000 zugrunde. Zu jedem beschriebenen Ziel findet man in der Überschrift das zugehörige Planquadrat auf der Karte.

Das Inhaltsverzeichnis befindet sich am Anfang des Buches - Seite 2+3

Name: Crna Gora
(= Schwarzes Gebirge)
Staatsform:
Parlamentarische Republik
Staatsoberhaupt: Filip Vujanović
Regierungschef: Milo Đukanović
(seit Dezember 2012; ab 1991 bereits
zum vierten Mal)

Einwohnerzahl: 626.000 (2013),
nochmals ebenso viele Montenegriner
leben als Gastarbeiter im Ausland
Bevölkerungsdichte: 45/km²
Bevölkerung: 45% Montenegriner,
29% Serben, 8,5% Bosniaken, 5%
Albaner, den Rest bilden Kroaten,
Roma, Sinti und Andere

![Küstenlandschaft]

an Montenegros Küste wechseln sich felsige Steilküste, flache Bade-Sandstrände und Buchten ab

Fläche: 13.812 km²
Küstenlinie: 260 Kilometer
Hauptstadt: Podgorica (ca. 140.000
EW ohne Vororte)
Weitere größere Städte: Nikšić,
Pljevlja, Cetinje, Bar, Herceg Novi,
Ulcinj, Tivat, Dobrota, Kotor
Flughäfen: Podgorica, Tivat
Staatsgrenzen: Kroatien (HR), Bos-
nien-Herzegowina (BiH), Serbien
(SRB), Kosovo (RKS), Albanien (AL)
Höchster Berg: Bobotov kuk im
Durmitor-Gebirge mit 2.522 Meter
**Grenzberge im Prokletije-Gebirge
zu Albanien:** Zla kolata (2.534 m)
und Maja e Rosit (2.528 m)
Längster Fluß: Tara mit 141 Kilome-
ter, weitere große Flüße: Drina, Lim,
Zeta, Piva, Morača, Ibar

Religion: etwa 72% Serbisch-Orthodoxe, 16% Moslems, den Rest teilen
sich Katholiken, Protestanten, Juden
und die Anhänger der nicht anerkannten Kirche Montenegros
Sprache: Montenegrinisch
(auch Serbisch, Kroatisch, Albanisch),
gebräuchlich ist sowohl das lateinische
als auch das kyrillische Alphabet
Unabhängigkeit: 13.07.1878 vom
Osmanischen Reich,
03.06.2006 von Serbien
Nationalfeiertag: 21. Mai – Unabhängigkeitstag (Tag des Referendums
= Abstimmung aller wahlberechtigten
Bürger)
Wirtschaftswachstum: ca. 4,7 %
Inflationsrate: 5,8 %
BIP/Kopf: 3.850 US$

Arbeitslosigkeit: ca. 17 % (2014)
Jedoch geben die offiziellen Zahlen nicht annähernd den hohen Grad der Unterbeschäftigung auf dem montenegrinischen Arbeitsmarkt wieder.
Zahlreiche nicht registrierte Arbeitslose werden von ihren im Ausland arbeitenden Familien unterstützt.

Klima: mediterran geprägt mit heißen, trockenen Sommern und gemäßigten, regenreichen Wintern, in den Bergen alpin mit reichlich Schnee;

Touristen jährlich: 1,6 MIO. (2014)

Landeswährung: Euro, 1 und 2 Cent-Münzen **sind nicht im Umlauf**

Zeitzone: UTC + 1 St. (=MEZ)

Autokennzeichen: MNE

Vorwahl: +382

Internetkennung: .me

Mitgliedschaften: UNO, WTO, OSZE, Europarat;

unübersehbare Unterschiede in Montenegros Bevölkerung zwischen arm und reich sowie jung und alt

Serbisch-Orthodox gegen Montenegrinisch-Orthodox – ein Kirchenkrieg

70% der Montenegriner bekennen sich immer noch leidenschaftlich zur Serbisch-Orthodoxen Kirche, deren Ursprung bis ins Mittelalter zurückreicht. Zur Zeit, als der Einfluss der Fürstbischöfe zunahm, entwickelte sich eine davon unabhängige Glaubensgemeinschaft mit Sitz in Cetinje, die nach dem I. Weltkrieg im Zusammenhang mit der Angliederung Montenegros an Serbien in die Serbisch-Orthodoxe Kirche integriert wurde. Doch schon lange vor der Loslösung von Serbien versuchte man 1993 bereits die Montenegrinisch-Orthodoxe Religion als autokephale Kirche (d.h. mit eigenem Oberhaupt) zu etablieren. Sie wurde 1997 dann lediglich als Verein bzw. NGO ohne selbständige Rechte registriert und weder von anderen orthodoxen Kirchen noch vom ökumenischen Patriarchen in Istanbul anerkannt. In Belgrad unterstellt man den Initiatoren sogar Ketzerei. Bis heute konnte sie zwar einen von der Regierung anerkannten Status einer Religionsgemeinschaft erlangen, doch von den insgesamt 650 bestehenden Kirchen wurden ihr von Regierungsseiten bis jetzt lediglich 30 zugesprochen. Denn keine Kirche entlässt ihre Schäfchen freiwillig, auch nicht die Serbisch-Orthodoxe!

Erste Siedlungsfunde gehen bis auf das Jahr 5000 v. Chr. zurück. Ab 1200 v. Chr. siedelten frühe illyrische Stämme in der Küstenregion des heutigen Montenegro und rund um den Skadar See im Südwesten des Landes.

Das Gebiet des heutigen Montenegro fiel bei der Teilung des Römischen Reiches 395 n. Chr. dem Weströmischen Reich zu.

535 n. Chr. unter Kaiser Justinian I. wurde Montenegro Teil des Oströmischen Reiches bzw. Byzanz. Diese Herrschaft dauerte offiziell bis 1071 an.

Im 7. Jhd. verdrängten südslawische Stämme Teile der romanisierten Bevölkerung, im 7. und 8. Jhd. fielen Araber in das Gebiet ein und unterwanderten die byzantinische Kontrolle.

869 konnte die makedonische Dynastie mit Dalmatien wieder die Führung über die montenegrinischen Küstenstädte gewinnen. Es entstand reger Handel. Unter Basileios II. (aus der Dynastie der Makedonier) erreichte das Oströmische Reich seinen Höhepunkt, bis Seldschuken (eine türkische Fürstendynastie) in das Gebiet einfielen und die Herrschaft übernahmen.

1071 war Byzanz in Kriege im östlichen Reich beschäftigt, so konnten sich die südslawischen Völker unter erleichterten Bedingungen vom Byzantinischen Reich trennen. Rom krönte etliche Fürsten zu territorialen Anführern, dies war der Anfang der serbischen Fürstentümer, die bald auch Teile Bosniens unter ihre Herrschaft brachten.

1089 wurde in Bar ein katholisches Erzbistum gegründet.

Das serbische Zarenreich konnte sich nur bis Mitte des 14. Jhd. halten, anschließend entstand das unabhängige Fürstentum der Zeta. Diese herrschten lange Zeit über ausgedehnte Teile des westlichen Balkans.

1459 eroberten die Osmanen weite Teile des Gebietes, vor allem die Küste und das Polje (Feld) um Nikšić. Die Dynastie der Crnojevići vertrat zeitweise deren Interessen als osmanische Vasallen (Gefolgsleute) innerhalb der Zeta.

Ab 1528 galten die orthodoxen Bischöfe von Cetinje als Oberhaupt des Staates. Innerhalb der Gemeinschaft aber war das Land nur ein Gebilde von rivalisierenden Clans. Doch der gemeinsame Kampf gegen die Osmanen hielt die Gesellschaft zusammen. Die Bischöfe waren auf die bedingungslose Kooperation mit den Bergstämmen angewiesen.

Ab 1697 wurde das Amt des obersten Bischofs als Staatsoberhaupt erblich und lag in der Fürstenfamilie Petrović-Njegoš. Das Amt wurde stets an den Neffen weitergegeben, die Bischöfe selbst durften keine Nachkommen haben.

1852 wurde das Fürstbistum abgeschafft, erster weltlicher Fürst wurde Danilo I., ebenfalls aus der Petrović-Dynastie. 1860 übergab er das Amt an Nikola I.

Zur gleichen Zeit (im 18. Jhd.) standen Teile der Küste und die Bucht von Kotor unter venezianischer Herrschaft. 1797 wurde im Frieden von Campo Formio dieser Teil und auch das heutige Dalmatien dem König- und Kaiserreich Österreich-Ungarn zugesprochen, das Gebiet blieb bis 1918 Teil der Monarchie. Mitte des 19. Jhd. gelang es zwei Persönlichkeiten der Petrović, Petar II. (Amtszeit 1830-51) und seinem Nachfolger Danilo II. (1852-60) die Stammeskonflikte im Land zu lösen und Ansätze eines modernen Staates einzuführen. Danilo wurde 1860 ermordet. Sein Nachfolger Nikola führte eine Staatsverwaltung ein, ein Gesetzesbuch und eine Armee.

Montenegros Verhältnis zu Russland war aufgrund der Stellung an dessen Seite im russisch-türkischen Krieg (1877-78) sehr eng. Folge war, dass sich Russland für Montenegro einsetzte und 1878 wurde auf dem Berliner Kongress die Unabhängigkeit von den Großmächten anerkannt.

Durch serbische Machenschaften und einen Militärputsch in Belgrad 1903 geriet Montenegro um die Jahrhundertwende innen- wie außenpolitisch in eine Krise. Auch Russland wandte sich unerwartet Serbien zu und das kleine Montenegro geriet zusehens ins Abseits.

1905 erhielt Montenegro ein Parlament und eine Verfassung, beides hatte jedoch zugunsten der Monarchie nicht lange Bestand.

1910 ließ sich Nikola I. vom Parlament zum König ernennen, das neue Königreich lehnte sich außenpolitisch erneut an Russland und Italien an.

Mit der wachsenden Bevölkerung wurde neues Land zur wirtschaftlichen Nutzung benötigt, es wurden Muslime des Landes vertrieben. Infolge griff im ersten Balkankrieg 1912 Montenegro das Osmanische Reich an, Bulgarien, Serbien und Griechenland folgten. Die Osmanen verloren den Krieg, alle Gegner erhielten zusätzliches Land. Kriegsauslöser war unter anderem auch das Konkurrenzdenken der Monarchen auf dem Balkan.

Im zweiten Balkankrieg 1913 (Bulgarien gegen die Teilnehmer von 1912) spielte Montenegro an Serbiens Seite nur noch eine untergeordnete Rolle. Im Frieden von Bukarest wurden sämtliche Landzugewinne bestätigt.

Im ersten Weltkrieg 1914-18 schloss sich Montenegro Serbien gegen die Verbündeten an und wurde von Österreich-Ungarn erneut besetzt. Die Bucht von Kotor war daraufhin eine wichtige U-Boot-Station der k. u. k. Monarchie. Die Besetzung führte zum Ende der Unabhängigkeit. König Nikola musste ins französische Exil fliehen. Hier starb er auch.

Obwohl Montenegro zu Kriegsende letztendlich auf der Seite der Sieger stand, wurde das Land mit Serbien vereinigt und schließlich am 29.11.1918 Teil des Königreiches Serbien, Slowenien, Kroatien (erstes Jugoslawien).

Im II. Weltkrieg erfolgte die Zerschlagung Jugoslawiens durch Deutsche Truppen, 1941 wurde Montenegro von Italien besetzt, nach der Kapitulation Mussolinis 1943 ging das Land wieder an Deutschland, 1944 konnten Partisanen es befreien. 1945 wählte man Josip Broz Tito zum Ministerpräsident Jugoslawiens. Kurz nach Ende des II. Weltkrieges wurde Montenegro wieder eine der 6 Teilrepubliken der Sozialistischen Republik Jugoslawien (Zweites Jugoslawien).

Im September 1991 begann der Balkankrieg. Kroatien, Slowenien und Mazedonien traten aus dem Staatenbund aus, nach dem Ende des Balkankrieges im April 1992 wurde Bosnien als eigenständiger Staat anerkannt, Serbien und Montenegro bildeten als Bundesrepublik den Staatenbund „Drittes Jugoslawien". Bald folgten erste Bestrebungen sich von Serbien zu lösen, am 02.11.1999 wurde die D-Mark als offizielle Währung eingeführt. Durch zahlreiche spürbare Sanktionen brachen jedoch wichtige Einnahmen aus dem Tourismus massiv weg. Ebenfalls Ende der 1990er Jahre hielt sich Montenegro während des Konfliktes zwischen Serbien mit Kosovo bewusst im Hintergrund. Dadurch wurde das Land von NATO-Angriffen verschont.

Nach dem Kosovokrieg folgte eine große Krise, Montenegro wollte sich erneut von Serbien lösen, ging aber auf Druck der Europäischen Union 2002 auf die Gründung eines losen Staatenbundes Serbien und Montenegro ein.

Am 21.05.2006 wurde per Volksabstimmung (55,5% bei 86% Wahlbeteiligung) die Auflösung des Staatenbundes eingefordert, am 03.06.2006 erfolgte die Unabhängigkeitserklärung und am 21.06. 2006 wurde das Land der jüngste Staat Europas und der 193. der Erde. Am 10.09.2006 fanden die ersten freien und unabhängigen Parlamentswahlen statt.

Sieger war die DPS (Demokratische Partei der Sozialisten) unter Milo Đukanović.

Ein paar Daten, Fakten und Informationen zu Geographie, Klima, Flora & Fauna, Bevölkerung, Politik und Wirtschaft

Der kleine und recht dünn besiedelte Balkanstaat Montenegro ist ein gebirgiges Land, darauf lässt der Name schon schließen. Doch wirklich schwarz sind die Berge nicht. Zum großen Teil handelt es sich um stark verkarstetes Gestein, besonders im Süden und Westen des Landes, wobei die Bergwelt mit Hochgebirgsniveau im Norden und Osten neben den kahlen und hohen Gipfeln des Drinarischen Gebirges durchzogen ist von endlos grünen Mischwäldern. Unzählige Schluchten und Canyons prägen das Land, die Tara-Schlucht gilt als die tiefste Europas, der gleichnamige Fluss ist mit 141 Kilometer der längste des Landes. Die Küstenlinie beträgt 260 Kilometer, unmittelbar im Hintergrund ragen die Berge bis zu 2.000 Meter hoch auf. Nur im Süden um Ulcinj konnte sich unterhalb des Rumija-Gebirges eine breitere Küstenniederung entwickeln, hier dominieren Sand- und Kiesstrände, unter anderem der längste der Ostadria. Das Durmitor-Gebirge, hier liegt auch der höchste Berg Bobotov kuk mit 2.522 Metern innerhalb der Landesgrenzen, beherbergt zahlreiche Hochebenen, das Prokletije-Gebirge weist unzählige Täler auf. Der höchste Berg hier ist der Zla kolata mit 2.534 Metern – ein Grenzberg zu Albanien. Große Teile des verkarsteten Gebirges bestehen aus Poljen, sogenannten Feldern, entstanden durch Gletscherauflösungen. Diese bieten Grundlage für ein wenig Landwirtschaft.

Selbst im Sommer ist das Hochgebirgsland durchzogen von Gletscherabschnitten und Firnfeldern, Montenegro war in der Vorzeit ein stark vergletschertes Land, hiervon zeugen zahlreiche Karseen, Moränen und Trogtäler. Um das fruchtbare Tal des Flusses Lim im Nordosten ist das Land recht dicht besiedelt. Ebenso um die Stadt Nikšić, hier dient das weitläufige Polje mit seinen Stauseen der Gewinnung von Hydroenergie. Montenegro hat einen Anteil von 2/3 am größten Binnensee des Balkans (der Rest liegt im Norden Albaniens), dem Skadar See mit 391 km², dieser liegt im Landesinneren und fast auf Meereshöhe. Tektonische Prozesse, durch die übrigens auch die sagenhafte Bucht von Kotor entstand, führen immer wieder zu schweren Erdbeben, das letzte war im April 1979. Durch den Karst herrscht trotz der wasserreichen Flüsse oft Wassermangel, im Sommer erfolgen daher öfter Importe aus den Nachbarländern Kroatien und Bosnien.

gigantische Wand: die Mauer der Piva-Talsperre mit ihren Maßen von weit über 200 x 200 Metern !

Das Klima

Trotz seiner geringen Größe unterteilt man Montenegro in drei klimatische Zonen mit stark variierenden Verhältnissen. Der schmale Küstenstreifen ist geprägt von typisch mediterranem Mittelmeerklima. Das sind heiße und trockene Sommermonate, unbeständige, windige und meist milde Winter - hierzu gehört jedoch auch das Bild des schneebedeckten, bis zu 2.000 Meter hohen Küstengebirges. Die Winde Jugo, Bora und Mistral prägen hier die Wetterlage. Unmittelbar hinter der Küste erstreckt sich ein etwa 50 Kilometer breiter Gürtel von submediterranem Klima. Die Sommer sind noch heißer und trockener, in den Ebenen um Podgorica und den Skadar See weht kaum ein Wind, die Winter sind kälter, niederschlagsreicher und es fällt Schnee. Im Bergland, welches den größten Teil des Landes einnimmt, herrscht die gemäßigte Klimazone vor, hier sind die Jahreszeiten noch ausgeprägt. Zudem entstehen im Sommer zahlreiche Gewitter, der Winter ist kalt und schneereich. Zu dieser Wetterlage gehört auch das alpine Klima der Hochgebirgsregionen. Manche Gipfel (mehr als 120 sind über 2.000 Meter hoch!) sind das ganze Jahr über schneebedeckt. Für einen sehr abwechslungsreichen Urlaub wählt man das Frühjahr: Morgens im Durmitor Ski fahren,

nachmittags an der Küste baden! Durmitor-Nationalpark Anfang Juni - Ski heil ! ! !

Nebenbei bemerkt: Montenegro weist die höchste Niederschlagsmenge Europas auf: Im Orjen-Gebirge im Südwesten fallen jährlich 5.000-6.400 Liter/m².

Die Flora

Montenegros Pflanzenwelt ist äußerst vielfältig und lässt sich, klimatisch bedingt, in drei unterschiedliche Vegetationstypen einteilen. An den Küstenabschnitten findet man kennzeichnend subtropische und mediterrane Vegetation vor. Zitrus-, Oliven- und Obstbäume, Palmen, Zypressen, Oleander, Lorbeerbüsche und Granatapfelsträucher gedeihen hier prächtig. Schöne Zierpflanzen wie Bougainvilleen und Rosen zieren die Gärten und blühen teilweise ganzjährig. In den Bergregionen, welche auch bis weit über die übliche Baumgrenze hinaus bewachsen sind, findet man ausgedehnte Mischwälder vor, wobei der Hauptanteil sich aus Buchen, Fichten und Kiefern zusammensetzt. So gedeihen sogar auf 1.500 Meter Höhe noch Panzerkiefern, auch Schwarzkiefern sind recht häufig anzutreffen. Aber auch andere Laubbaumarten wie Eichen, Ulmen, Ahorn, Kastanien, Weiden und Walnussbäume sind landestypisch. In den Wäldern gedeihen zahlreiche Kräuter und Pilze, diese sind jedoch hauptsächlich dem Export

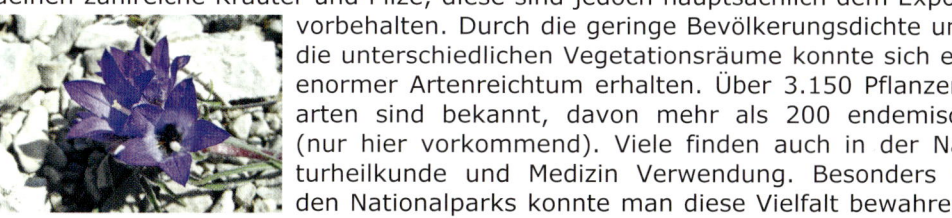

vorbehalten. Durch die geringe Bevölkerungsdichte und die unterschiedlichen Vegetationsräume konnte sich ein enormer Artenreichtum erhalten. Über 3.150 Pflanzenarten sind bekannt, davon mehr als 200 endemisch (nur hier vorkommend). Viele finden auch in der Naturheilkunde und Medizin Verwendung. Besonders in den Nationalparks konnte man diese Vielfalt bewahren.

Auf den sogenannten Poljen (Feldern) zwischen den Bergen wird bestmöglich Landwirtschaft betrieben, wobei in höheren Regionen fast nur noch Kartoffeln, Mais, Zwiebel- und Krautgewächse gedeihen. Die Ebenen im Süden und Westen des Landes sind ganz hervorragende Weinanbaugebiete. Hier werden natürlich auch die typisch südländischen Gemüsesorten wie Paprika, Auberginen, Tomaten, Gurken kultiviert. Selbst Tabak wird angebaut. Überall im Land finden sich weite Areale nach Thymian, Rosmarin, Bergbohnenkraut und Salbei duftend. Auch die alpine Bergwelt bietet Abwechslung. Auf den steinigen Karstböden wachsen Wildkräuter, Edelweiß, Silberwurz und Enzian. Ein sehr schöner Anblick sind die blütenüberströmten Almwiesen im Frühjahr. Trotz des ausgedehnten Holzabbaus in den vergangenen Jahrzehnten wird auch zum Glück zugleich wieder aufgeforstet und so zum ökologischen Gleichgewicht beigetragen.

Fauna

Die absichtliche Verminderung der Holzbestände hat in Montenegro vielen Tieren den natürlichen Lebensraum entzogen. Dennoch bieten die verbleibenden Waldareale mit über 40% Fläche, vor allem auch in den Nationalparks und entlang der Grenzen, zahlreichen Arten Heimat und Zuflucht. Es leben hier Bären, Wölfe, Hirsche und Rehe, Gemsen, Wildschweine, Schakale und sogar der vom Aussterben bedrohte Balkanluchs. Ein verwunderlicher Aspekt ist, dass viele dieser Tierarten, gerade Bären und Wölfe, zur offiziellen Jagd freigegeben sind, obwohl deren Population gerade nur noch etwa 200 Exemplare pro Art beträgt. Der Reiz des Geldes von zahlungskräftigen italienischen Jagdtouristen (die das Fleisch dann auch teuer weiterverkaufen) ist wohl doch zu groß, es werden sogar Abschussprämien gezahlt. Um ein offizielles Argument lässt sich der Ökologische Staat nicht bitten – es entstehen zu viele Schäden durch das Reißen der Nutztiere. Doch dies passiert aber nur sehr vereinzelt und z.B. in Kroatien werden die Schäden der Bauern durch den Staat ersetzt, dort ist die Jagd auf Wildtiere verboten. Die Vogelwelt des Landes ist eine der artenreichsten Europas und zieht schon aus diesem Grund zahlreiche Besucher an. Besonders am Skadar See können viele einheimische Arten und auch Zugvögel beobachtet werden. Seltene Entenarten, Eulen, Kormorane und Pelikane, Adler und Geier. Ebenso entlang der Tara-Schlucht und in den Nationalparks ist die Artenvielfalt der Vögel bemerkenswert. In Montenegro gibt es relativ viele Schlangen, jedoch sind nur zwei davon giftig. Die Kreuzotter und Sandviper, beide mit einem ähnlich auffälligen Hautkleid gekennzeichnet. Ein Biss kann jedoch innerhalb von 30 Stunden mit einem Serum in jedem Krankenhaus behandelt werden. Zu Montenegros Nutztieren zählen häufig Schafe und Ziegen, seltener Rinder und Schweine. Für die Bestellung der Felder werden noch oft Esel und Maultiere herangezogen und dem Pflug vorgespannt. Die sauberen Flüsse, Seen und das noch relativ unbelastete Küstengewässer bieten zahlreichen Fischen und anderen Meerestieren eine sagenhafte Unterwasserheimat.

Birdwatching - ein Fotomotiv das auf sich warten lässt: ein einsamer Krauskopfpelikan auf dem Skadar See

Die Montenegriner

Montenegros Bevölkerung ist sehr lebensfroh, aufgeschlossen, äußerst hilfsbereit und gastfreundlich. Sie setzt sich zusammen aus Montenegrinern, Serben, Bosniaken, Kroaten und Albanern. Diese bunte Mischung prägt das Bild. Erheblich sind auch die Unterschiede zwischen der etwas zurückhaltenden Bevölkerung im Landesinneren und den Bewohnern an der Küste und in den Städten. Auch die Religionsangehörigkeit beeinflusst den Eindruck nach außen. Die Familie bildet immer noch das Zentrum des Einzelnen, die Familienehre und -zugehörigkeit gehören zum Selbstverständnis der Bevölkerung. Die Leute sind sehr stolz auf ihr Land und ihre Gebräuche. Deutlich wird dies zum Beispiel bei einem Besuch in einem Kloster, hier wird deren starker Glaube extrem deutlich. Die Frauen können sich erst langsam aus traditionellen Gepflogenheiten lösen, bislang waren sie ausschließlich für den Nachwuchs, den Haushalt und sogar für die Arbeit auf dem Feld verantwortlich. Zum Leid des Mannes, dieser fand seinen Lebensinhalt bisher vorrangig in den Bars und Cafés beim Meinungsaustausch oder in den Kriegen. Gerne würden diese natürlich noch lange am montenegrinischen Sprichwort festhalten: Helden arbeiten nicht!

Politik

Seit 03. Juni 2006 ist Montenegro ein unabhängiger Staat, damit der jüngste Europas und der 193. der Erde. Laut Verfassung handelt es sich um eine parlamentarische Demokraktie, das Parlament wird direkt vom Volk gewählt. 55% der 87% zur Wahl angetretenen Bevölkerung stimmten damals per Referendum für die Loslösung von Serbien. Am 10. September fanden die ersten freien Parlamentswahlen statt, die Wahlbeteiligung lag bei über 70%. Seither bildet die DPS (Demokratische Partei der Sozialisten) mit wechselnden Koalitionspartnern die Regierung. Milo Đukanović ist zum wiederholten Male der amtierende Ministerpräsident. Am 19. September 2007 wurde erstmals seit 1905 wieder eine Verfassung festgelegt. Ein wichtiger Bestandteil ist die freie Meinungsäußerung und Pressefreiheit sowie die Gleichstellung aller Sprachen, Religionen und Kulturen. In der Praxis muss diesbezüglich noch viel Arbeit geleistet werden, z. B. Roma-Angehörigen werden wirtschaftliche und soziale Rechte oft vorenthalten, obwohl es seit 2011 ein Antidiskriminierungsgesetz gibt. Ein sehr zweifelhaftes Programm verbirgt sich unter dem Titel „Erster ökologischer Staat der Welt". Hier hat sich das Land Umweltschutz im großen Stil auferlegt. Der aufmerksame und kritische Besucher sucht selbst die ersten Ansätze vergeblich. Hier wird das Image lediglich auf dem Papier gepflegt.

Am 06. April 2008 fanden die ersten Präsidentschaftswahlen statt, Wahlsieger wurde wieder Filip Vujanović (seit 2002), auch 2013 wurde er seines Amtes bestätigt. Große innerpolitische Probleme stellen die organisierte Kriminalität und Korruption des gesamten Staatswesen dar. Montenegro galt seit den 1990er Jahren unter anderem als Zentrum des internationalen Zigaretten-schmuggels. Auch heute noch muss sich das Land vermehrt mit dem Schwarz-handel von Narkotika, Zigaretten, Waffen, Menschen, gestohlenen Fahrzeugen aus der EU und unaufgeklärten Auftragsmorden auseinandersetzen. Die poli-tischen Ziele der Zukunft sind die Entwicklung der Landwirtschaft, der Anschluss im Bereich der Schifffahrt und dem Fremdenverkehr sowie die Investition in umweltschonende Energien. Angedacht ist der Ausbau Montenegros zu einer Freihandelszone und zu einem Offshorezentrum im Bereich der Windenergie. Investoren werden mit Steuervergünstigungen bereits jetzt schon vermehrt ins Land gelockt. Seit dem 17.12.2010 ist Montenegro offizieller Beitrittskandidat der Europäischen Union, am 26.06.2012 begannen die Beitrittsverhandlungen.

Wirtschaftliche Entwicklung

Montenegro hat wirtschaftlich einiges aufzuholen. Durch die Kriege und Sank-tionen mussten viele Industriebetriebe aufgeben und der Tourismus brach ein. Man stellte sich der Situation. Die Straßennetze wurden schnellstmöglich saniert und die Flughäfen modernisiert. Viele privatisierte Bereiche brachten Investoren in das Land, vor allem im Tourismussektor, rund 12.000 Betriebe sind in aus-ländischer Hand. Was die Industrie betrifft, hinkt der Fortschritt noch hinterher, die veralteten Anlagen und die Infrastruktur stellen große Probleme dar und können den internationalen Anforderungen nicht Stand halten, daher findet man auch heute noch in Montenegro recht wenig Industriebetriebe und Niederlas-sungen großer ausländischer Firmen. In den Jahren nach der Unabhängigkeit erlebte das Land einen rapiden Wirtschaftsboom mit 9% Zuwachsraten des Bruttoinlandproduktes. Grund hierfür war der rasante Ausbau des Tourismus-sektors und die daraus entstehenden Investitionen, vor allem von russischen Unternehmern. Das beflügelte auch den Bausektor. Dies war zu schnell zu viel, 2012 wurde nur mehr ein Wachstum von 0,3% erreicht, derzeit wieder steigend. Der Tourismus bleibt die wichtigste Einnahmequelle, obwohl der Platz zum Neubau von Ferienanlagen begrenzt ist. 21% des BIPs werden durch ihn erwirtschaftet. Ein Großteil der Arbeitnehmer ist hier tätig. Montenegro ist derzeit weltweit unter den drei wachstumsstärksten Reiseländern. 2014 be-suchten knapp 1,7 Millionen Touristen das kleine Land. Der Entwicklung der Landwirtschaft, in der nur 6% der Bevölkerung tätig ist, wird große Beachtung beigemessen, ebenso der Ausbau der Hafenkapazitäten und Werften. Hinzu kommen Investitionen in umweltschonende Energien, geplant sind große Ausga-ben für den Bau von Wasserkraftwerken und Windparks, gefördert von der EU. Montenegro hat wichtige Bodenschätze, darunter Bauxit, Braunkohle, Eisenerz, Erdöl und -gas. Exportiert werden hauptsächlich Aluminium, Stahl und Treibstoff sowie landwirtschaftliche Produkte nach Kroatien, Serbien, Slowenien, Italien und Deutschland. Importiert werden Fahrzeuge und Maschinen, Mineralöle, Brennstoffe, chemische Produkte und Nahrungsmittel, hauptsächlich aus der EU (Italien, Griechenland, Deutschland) und China. Russland spielt ausschließlich auf dem Immobiliensektor eine große Rolle. Das Außenhandelsdefizit ist mit 1,5 Milliarden € sehr groß. Auch die Arbeitslosigkeit ist mit ca. 17% extrem hoch, das durchschnittliche pro Kopf Einkommen beträgt nur etwa € 260,- im Monat.

Montenegros Küche – ein Streifzug durch eine kulinarische Vielfalt von mediterran leicht an der Küste bis hin zu deftig in den Bergregionen

Vorneweg bemerkt: Die Montenegriner sind leidenschaftliche Fleischesser, so spielen die Beilagen eine eher untergeordnete Rolle. Und doch hat das kleine Land trotzdem ein reichhaltiges Angebot an kulinarischen Köstlichkeiten zu bieten. Wie in allen anderen Ländern der Westbalkanregion wurde die Küche von zahlreichen Völkern und geografischen Gegebenheiten beeinflusst. Daher ist auch selbstverständlich, dass an der Küste die mediterrane Küche dominiert. Fische (ribe) gibt es reichlich. Über 100 Sorten, darunter den St. Peters-Fisch, Barben, Brassen, Barsche, Drachenkopf, Makrelen uvm. Meist kommen sie gegrillt (na zaru) auf den Tisch, verfeinert mit Olivenöl und vielen Kräutern, unter anderem auch Rosmarin und Petersilie sowie reichlich Knoblauch. Die klassische Beilage ist hier ein gemischter Salat mit Tomaten, Zwiebeln, Paprika und etwas Schafskäse oder/und Kartoffeln. Auch Meeresfrüchte (riblja) – Muscheln, Garnelen, Tintenfische und Krebse werden auf diese Art zubereitet. Brodetto ist ein Fischtopf mit gemischten kleinen Fischen, auch die klare Fischsuppe, verfeinert mit Olivenöl und Wein, ist eine Küstenspezialität. Richtig günstig sind die Preise hier leider nicht mehr – auch an dieser Stelle macht sich die Einführung des Euro negativ bemerkbar. Ebenso berühmt für wirklich gute Fischgerichte ist die Region um den Skadar See. Hier wird Karpfen besonders schmackhaft zubereitet, oft serviert mit Obst wie Pflaumen, Quitten und Äpfeln. Auch Aal, gegrillt oder mit Reis, ist eine Spezialität dieser Region. Gleichermaßen schmackhaft zubereitet werden getrocknete und geräucherte Fische, wie z. B. Ukeleien, Aale und Makrelen. In flussnahen Regionen werden Forellen gerne in Sauermilch eingelegt und kalt gegessen, mit frischem Brot als Beilage.

einladende Möglichkeiten zum Essen in absoluten Traumlagen lassen sich wirklich überall finden

Im Hinterland und den höheren Gefilden geht es schon deftiger zu, alles was der eigene Hof hergibt, kommt dort auf den Tisch – in Bioqualität natürlich. Hier spielt Fleisch eine sehr große Rolle, es dominieren kräftig zubereitete Gerichte. Lamm, Rind und Schwein werden oft am Spieß gegrillt oder zu zahlreichen Hackvariationen verarbeitet. Auch Wild bereichert des Öfteren den Speiseplan. Eine Spezialität ist ein Schmorbraten mit Rind oder Lamm, gegart unter einem Metalldeckel mit Asche und Glut. Beilage sind meist Weißbrot oder Kartoffeln und konserviertes Gemüse oder eine leckere Käsepolenta. Auch Lamm in Milch gehört zu beliebten Fleischgerichten, ebenso getrocknetes Schaffleisch. Vegetarische Abwechslung bieten rustikal und nahrhaft zubereitete Gemüseeintöpfe. Eine Salatspezialität besteht aus geraspeltem Kraut mit schwarzen Oliven und Olivenöl. Auch gesunde Milchprodukte sind sehr beliebt und werden mit warmen Fladenbrot serviert. Brot schmeckt übrigens überall etwas anders, jede Familie hat ihr eigenes Rezept für Hausgebackenes. Berühmt für seinen luftgetrockneten Schinken (njeguški pršut) und andere herzhafte Wurstspezialitäten sowie Käse ist das Bergdorf Njeguši im Lovćen Nationalpark. Das Fleisch erhält seinen besonderen Geschmack durch die kontinentale Luft, Meereswinde und das Räuchern mit einer speziellen Art von Nadelhölzern. Auch der Honigwein von hier ist eine Delikatesse. Leider zahlt man das Ambiente und die Umgebung mit – günstiger bekommt man die Spezialitäten in einem der hervorragend sortierten Voli-Supermärkte. Dort gibt es auch zahlreiche andere schwarzgeräucherte Wurstspezialitäten zu günstigen Preisen.

Pasta, Pizza & Co. findet man nicht nur in den Küstenorten, Italiens Spuren ziehen sich durch das ganze Land. Auch Fast-Food hat flächendeckend Einzug gehalten, besser man hält sich an die montenegrinische Variante: Pita oder Burek. Hier sind das Jufka-Blätter mit Käse, Spinat oder Fleisch gefüllt, in Bäckereien wird oft ein Glas Joghurt dazu angeboten. Ein landestypischer Nachtisch ist „Rozata", ein reich-

haltiger Pudding mit Karamell. Genauso lecker ist der Käsekuchen „Sirnica". Manchmal gibt es aber auch einfach erfrischendes saisonales, heimisches Obst.

Und für den Durst?

Das landeseigene „Nikšićko pivo" aus der großen Brauerei in Nikšić ist äußerst schmackhaft und erfrischend. Gebraut wird auch eine dunkle Variante. Nach dem Essen trinkt man gerne einen Espresso oder einen türkischen Kaffee, man nennt ihn „Einheimischer" (domaća kafa), dazu gibt es stets ein Glas stilles Mineralwasser. Der Süden ist reich an Weinanbaugebieten. Von hier stammen sehr gute Weine wie der rote Vranac oder der weiße Krstac. Die Region Duklija ist bekannt für die lieblichen Sorten. Auch der Merlot, Sauvignon und Chardonay sind hier eine gute Wahl. Wie überall auf dem Balkan setzt man auch in Montenegro gerne auf Hochprozentiges. Im Norden des Landes bevorzugt man den Pflaumenschnaps Šljivovica, an der Küste genießt man eine montenegrinische Version des Grappa mit mindestens 45%, den Rakija. Beide Schnäpse werden auch in kleinen Betrieben zu hervorragender Qualität angeboten. Rein antialkoholisch aber sehr lecker sowie erfrischend ist die frische, dickflüssige Schafsmilch Jardum. Das Leitungswasser ist meist trinkbar, hervorragendes Trinkwasser spenden die wenigen natürlichen Berg- und auch Klosterquellen.

Spezialitäten:

Balšica tava – Kalbfleischstreifen mit einer Sauce aus Milch, Sahne und Eiern;

Brodet – mehrere Sorten Kleinfische im Sud aus Zwiebeln, Knoblauch, Kräutern, Wein und Olivenöl als Eintopf, mit Polenta serviert;

Buzara – Meeresfrüchte mit Kräutern, Olivenöl und Wein;

Crni Rižot – von Tintenfisch schwarz gefärbter Risotto;

Imam bajeldi – gebratene Auberginen mit einer deftig-würzigen Knoblauch-Zwiebel-Tomaten-Kräuter-Mischung;

Jagnjetina u mlijeku – in Milch geschmortes Lammfleisch;

Japraci – Kalbsrouladen mit Grünkohl oder Kraut;

Kačamak – montenegrinische Form einer Polenta, mit cremigem Käse;

Kajmak – Schichtkäse aus frischem Rahm, oft mit Kräutern;

Krap u tavu – Karpfen aus der Pfanne (oder andere Großfische);

Njeguška šnicla – Schweineschnitzel mit Schinken und Käse;

Pašticida – geschmortes Rindfleisch mit Zwiebeln und Karotten;

Paštrovski makaruli – Vollkornnudeln mit Olivenöl und Schafskäse aus der Lake - auch überbacken;

Pastrmka u kiselom mlijeku - Forelle in Sauermilch oder Joghurt eingelegt, wird kalt gegessen mit frischem Brot;

Priganice – in Öl frittierte Teigbällchen mit Honig oder Sirup serviert;

Riblja juha – Fischsuppe - regional unterschiedlich;

Rižot - Risotto mit verschiedenen Zutaten, Meeresfrüchten, Gemüse oder Pilzen;

Eine sehr typische Zubereitungsart ist das Garen von Fleisch unter dem Sartsch. Dies ist ein Metalldeckel in Form einer flachen Glocke, der mit Glut und Asche bedeckt wird. So bleibt das Fleisch saftig und die Beilagen werden schonend mitgegart. Ursprünglich handelte es sich dabei um eine traditionelle Kochmethode aus ländlichen Gebieten, zahlreiche Restaurants haben sie übernommen. Anders als in anderen südlichen Ländern legen die Montenegriner Wert auf ein Frühstück, oft mit frischem Brot, Käse, Milch und Joghurt, daher gibt es auch ein umfangreiches Angebot. Die Hauptmahlzeit ist das späte Mittagessen, meist mit gekocht zubereiteten Speisen und für das gesellige Beisammensein wählt man das ebenso recht späte Abendmahl ab 20 Uhr, jedoch mit kalten Gerichten.

Na dann wünschen wir: Prijatno und Živjeli! (Guten Appetit und Prost!)

Die Montenegriner sind, wie alle Südländer, ein lebensfrohes Volk und Feierlichkeiten jeglicher Art gehören zum festen Bestandteil des Alltags. Je nach Ort oder Region fallen diese, abgesehen von den landesweit Einheitlichen, recht unterschiedlich aus. Das ganze Jahr über finden über das Land verteilt Festivitäten statt, dies ist auch immer eine gute Möglichkeit einen Einblick in das Leben dieser fröhlichen, gastfreundschaftlichen und hilfsbereiten Menschen zu gewinnen.

Auch die Religionszugehörigkeit spielt eine große Rolle. So ist für die Orthodoxen Christen der Tag des Schutzheiligen Sava (27. Januar) der höchste Feiertag, er wird mit der gesamten Familie gefeiert. Jedem Arbeitnehmer wird generell an dem Tag ein Feiertag gewährt, an dem er seinen Schutzheiligen verehrt, so fallen die persönlichen Feiertage sehr individuell aus. Weihnachtsfestlichkeiten werden recht sparsam gestaltet, wobei das Osterfest eines der größten Feierlichkeiten darstellt. Ebenso ist der Karneval ein Top-Spektakel, wie auch für die Moslems das Ende des Ramadan, dieser wird über mehrere Tage und Nächte ausgiebig zelebriert. Silvester wird besonders in den Wintersportorten extensiv gefeiert. Feste sind somit in Crna Gora immer ein großes Ereignis.

Offizielle Feiertage:
1. + 2. Januar – Neujahr
7. + 8. Januar - Orthodoxes Weihnachtsfest
März / April - Orthodoxes Osterfest mit Karfreitag, Ostersonntag und -montag
1. + 2. Mai – Tag der Arbeit
9. Mai - Tag des Sieges
21. Mai (und zusätzlich 22. Mai) - Unabhängigkeitstag
13. + 14. Juli - Tag der Unabhängigkeit; Nationalfeiertag
29. November - Tag der Republik
24. + 25. Dezember – Weihnachten

Dazu Ramazan Bayram – Ende des Ramadan, über 3 Tage, jährlich wechselnd.

Eine Auswahl an sehenswerten und ereignisreichen Festen:

Januar/Februar: Mimosenfest in Herceg Novi – großer Festzug an der Uferpromenade zu Ehren der ersten Mimosenblüten; es gibt Stände mit frischem und geräuchertem Fisch und Wein vom Fass.

Februar: Prachtvoller Karneval in Kotor mit zahlreichen Maskenbällen, Umzügen, kulinarischem Angebot und Auszeichnung des schönsten Kostüms.

März: Tag der Kamelie (Blütenpflanze) in Kotor mit Wahl der Miss Kamelie.

April: Mehrere Theaterfestivals in Podgorica und Herceg Novi mit unzähligen Aufführungen unterschiedlichster Richtungen.

Mai: Karneval und Volksfest in Budva mit Themenabenden, Umzügen, Konzerten, Kultur- und Unterhaltungsprogrammen mit Karnevalsgruppen aus 12 Ländern und über 3.000 Teilnehmern, zusätzlich 1.100 Kindern aus 5 Ländern. An den steilen Hängen bei Kotor und in Nikšić wird der "Freeclimber Cup" Kletterwettbewerb ausgetragen.

Juni: „Montenegro Busker Fest" in Budva - eine originelle 10-tägige Veranstaltung mit Akrobaten und Artisten aus aller Welt vor der Altstadt. Ebenfalls in Budva: großes Musikfestival mit Rock, Pop und Folk.

Juli: (22.07.) „Fasinada" in Perast - Fischerprozession zur Kircheninsel Gospa od Škrpjela, seit 1452 werden dort Steine zur Befestigung des kleinen Eilandes abgeworfen. Die Feierlichkeiten sind verbunden mit viel Musik, Tanz und Wein. Am Plavsko jezero findet eine Segelregatta statt.

August: Sommerfestival in Kotor mit Bootsfahrten in der gesamten Bucht und viel Musik in der Innenstadt. Folklorefestival in Cetinje.

Oktober: Sirun Fest (Tag des Fisches) am ersten Samstag des Monats in Budva, alle Besucher werden kostenlos mit gegrilltem Fisch verköstigt, dazu gibt es Musik und Tanz sowie Sportveranstaltungen.

Dezember: Fisch- und Weintage in Virpazar, Olivenfest in Bar, Silvesterfeiern in den größeren Städten, entlang der Küste und in den Skigebieten.

Weitere interessante Events unter: www.montenegro.travel/de/events/yearly

Die Termine und Feste ändern sich von Jahr zu Jahr - Angaben ohne Gewähr.

Kulinarisches, Modisches, Kunsthandwerk und auch jede Menge Kitsch

Eines sollte man sich in Montenegro auf keinen Fall entgehen lassen: Streifzüge durch die bunten und lebhaften Märkte, egal in welchem Landesteil. Äußerst sehenswert sind die Stände mit frischen Produkten der jeweiligen Region. Obst, Gemüse, Fisch, Gewürze, Käse, Schinken, Blumen und hausgemachte Produkte wie Honig, getrocknete Datteln und Feigen, Oliven und Olivenöl kommen hier absolut frisch und in bester Bioqualität auf den Markt, meist viel höherwertiger als in der Heimat. Auch Handwerksarbeiten, Haushaltsutensilien, Kleidung, Stoffe, Kleinmöbel uvm. werden hier verlockend günstig angeboten. Zudem ist das rege und bunte Treiben sowie Handeln alleine schon sehr unterhaltsam.

Auch am Straßenrand bieten die Bauern ihre selbstgemachten Produkte zu geringen aber fairen Preisen an. Hier kann man häufig besondere Delikatessen erstehen, wie z.B. geräucherten Schafs- oder Ziegenkäse. Ebenso bekommt man oft frische und getrocknete Früchte. Mit dem Kauf unterstützt man direkt deren ohnehin geringes Einkommen. Desweiteren werden überall im Land, meist auf den Märkten, frische und getrocknete Kräuter wie Rosmarin, Salbei, Lavendel, Thymian uvm. angeboten. Diese sind ein gutes Mitbringsel. Das gilt auch für Gewürze wie z.B. Paprika. Selbstgebrannten Schnaps „Rakija, Loza oder Slivovica" kauft man am besten privat. In der Gegend um Njeguši ist der Honigwein eine beliebte Spezialität, ebenso der berühmte, auf eine besondere Art getrocknete und geräucherte Schinken, leider ziemlich teuer. 6 magere Scheiben gehen hier gerne für € 5,- über die Theke an den Touristen (Handeln ist möglich), die Bergluft wird gleich mit verkauft und hat eben ihren Preis. Gute Weine sind die bekannten Sorten Vranac und Krstac, diese sind sogar preisgekrönt. Auch sonst hat das Land sehr gute Weine wie Merlot, Riesling und Chardonnay.

In den Touristenorten gibt es zahlreiche Boutiquen mit wirklich sehr modischen Outfits. Meist erscheint das Angebot etwas zu up to date, mancher Stil ist noch recht unbekannt, gewöhnungsbedürftig und echte Geschmackssache. Die Preise sind kaum günstiger als in Westeuropa. Wer Bezahlbares sucht, wird sicher in den Läden und Ständen an den Uferpromenaden der Küstenstädte fündig. Richtiges Kunsthandwerk muss man regelrecht suchen, doch gibt es in den größeren Ortschaften, vor allem an der Küste, einige Ateliers. Mehrheitlich Maler bieten hier Ihre Bilder unterschiedlichster Stilrichtungen an, bevorzugt Landschaftsmalerei. Am besten versucht man sein Glück in Kotor, Budva oder Bar.

Wer Handarbeiten schätzt: Einheimische Frauen häkeln gerne und viel, der reichliche Überschuss der bunten Ware wird natürlich zum Verkauf angeboten. In den zahlreichen Kirchen und Klöstern gibt es mindestens ebenso massenhaft religiöse Gegenstände zu erwerben: Kruzifixe, Ikonen, Rosenkränze, Medaillen, Postkarten und, und, und. Jedes Kloster hat seinen eigenen Souveniershop.

Wer ein schönes, wertvolles Schmuckstück aus Edelmetallen erwerben möchte, wird in Montenegro sicher fündig. Nicht nur in den Küstenorten gibt es unzählige Juweliere und Schmuckläden mit umfangreichem Angebot. Ansonsten versucht man auch hier im Land Schnick-Schnack und Kitsch in allen Farben und Formen zu verkaufen, am schönsten sind noch Keramiken mit Olivenbemalung. Auch werden immer öfter Kopien kulinarischer Köstlichkeiten in den Souvenierläden angeboten, besser man greift auf die Naturalien auf den Märkten zurück.

In den Geschäften gelten Festpreise, auf den Märkten ist Handeln üblich.

Strand bei Budva

Almidylle

Bucht von Kotor - Ausblick
vom Lovćen - Nationalpark

Piva-Stausee

Kloster Ostrog

Skadar See mit Blick auf Albaniens Alpen

Phänomenale Landschaftsszenarien, traumhafte Badebuchten und einmalig schöne Sandstrände ganz im Süden zeichnen die Küste Montenegros entlang der östlichen Adria aus. Hinzu kommen sehenswerte und kulturträchtige Altstädte sowie zahlreiche alte und neue Kirchen. Ausserdem prägen idyllisch gelegene Klöster und wunderschöne Ortschaften mit vielen Sehenswürdigkeiten den relativ kurzen Meeresabschnitt. Die dicht besiedelte Küstenregion erstreckt sich vom südlichsten Ende Kroatiens, direkt am Eingang zur Bucht von Kotor bis zur Ada Bojana ganz im Süden und lässt sich in drei charakteristische Landschaften einteilen. Die sagenhafte fjordähnliche Bucht von Kotor mit ihren gewaltigen Steilwänden, die eindrucksvolle Felsenküste der montenegrinischen Riviera und Velika Plaža - die endlos langen sowie breiten sandigen Abschnitte und die Niederungsküste südlich von Ulcinj.

Die Bucht von Kotor (Karte f & b 1:150 000 H 2 und H 3) (Highlight)
Touristisches Aushängeschild des Landes und Stolz der montenegrinischen Küstenbewohner ist die Boka Kotorska. Sie wird oft als schönster Teil Montenegros bezeichnet, ist aber eher als untypisch für das Land zu benennen. Die zweigeteilte, 108 Kilometer umfassende Bucht, ähnlich eines norwegischen Fjordes mit 4 Becken, zieht sich 28 km in die Hochkarstzone des Landesinneren zwischen den Gebirgen Orjen und Lovćen. Sie ist von bis zu 1.000 Meter hohen und sehr steilen Bergen umgeben. Den Einlass bildet die 2 km breite Meerenge zwischen der kroatischen Halbinsel Prevlaka und dem Kap Arza auf der Halbinsel Luštica. Durch diese und die Landzunge von Vrmac wird sie in die äußere und innere Bucht gegliedert. Fälschlicherweise wird die Boka oft als Fjord bezeichnet, entstanden ist sie jedoch durch das Eindringen des Meeres in einen ehemaligen Canyon, übrig geblieben sind zahlreiche unterirdische Flussläufe und Quellen,

welche die bis zu 60 Meter tiefe Bucht zusätzlich speisen. Es herrscht ein besonderes Klima vor, das wärmste der gesamten Adriaregion. Die äußere Bucht ist überaus sonnig und mild und kann über 2.500 Sonnenstunden pro Jahr aufweisen, die Durchschnittstemperatur beträgt 16°. Das Orjen-Massiv hält kalte Winde und Regenwolken gut ab, trotzdem gibt es keine typisch mediterrane Trockenperiode, die durchschnittliche Regenmenge beträgt zwischen 1.500 und 3.000 mm pro Jahr. Beste Voraussetzungen für eine grüne und blühende Artenvielfalt, bereits im Januar beginnt die Blüte der Mimosenbäume. Die üppige Vegetation steht im starken Kontrast zum umliegenden kargen Karstgebirge. Dagegen erreichen die Regenmengen im Hinterland von Kotor europäischen Rekord. Hier werden bis zu 6.500 mm Niederschlagsmenge pro Jahr gemessen. Der sehr geschichtsträchtige Naturhafen gehört erst seit Ende des Ersten Weltkrieges zu Montenegro. Griechen, Illyrer und Römer prägten die Frühgeschichte, unvermeidbar war der byzantinische und slawische Einfluss im Mittelalter, im späten Mittelalter gehörte die Bucht zum Serbischen Großreich. In der Neuzeit stand das Gebiet unter venezianischem Schutz, bis sich im 19. Jhd. Frankreich, Rußland und Österreich-Ungarn abwechselnd die Macht über den wichtigen Flottenstützpunkt teilten. Doch immer schon brachten die zahlreichen Seefahrer Weltoffenheit und auch Reichtum in die Orte an der Boka, verewigt in den typischen Kapitänshäusern. Für einen Badeurlaub eignen sich die Orte mit ihren heute 60.000 Einwohnern in der Boka nur bedingt, es gibt sehr wenige felsige Meereszugänge oder nur betonierte Badeplattformen. Kulturelle Highlights in den Ortschaften und die einmalige Landschaft bieten aber enorm viel Besichtigungspotential. Die Bucht kann mit dem Fahrzeug in etwa 2 Stunden umrundet werden. An der 330 Meter schmalen Meerenge Verige, zwischen den beiden Orten Kamenari und Lepetani, setzen regelmässig in kurzen Abständen rund um die Uhr Fähren über.

Ein Großteil des Tourismus spielt sich an der Boka ab, vor allem konzentriert sich dieser um die alten Orte Herceg Novi, Perast, Risan, Kotor und Tivat. Hotels aller Kategorien gibt es zahlreiche und auch private Apartmanis bieten für wenig Geld einen angemessenen Komfort. Abstecher wert sind auch die kleinen Dörfer mit ihren sehenswerten, aus Naturstein erbauten alten Kirchen im Gebirge oberhalb der Bucht.

Seit dem Jahr 1979 steht der eindrucksvolle Landesteil aufgrund seiner geologischen Besonderheiten und der Geschichte seiner äußerst sehenswerten Ortschaften auf der Liste der UNESCO-Weltnatur- und kulturerbestätten.

Herceg Novi (Karte freytag & berndt 1:150 000 H 2) (Top-Tipp)

Die Ortschaft mit 30.800 Einwohnern liegt direkt am Eingang der Bucht von Kotor und besitzt mit dem imposanten Orjen-Gebirge im Hintergrund einen privilegierten und sehr reizvollen Panoramablick. Sie genießt den Ruf eines populären Badeortes, über 200 Sonnentage im Jahr und auch im Winter milde Temperaturen machen aus ihr ein beliebtes, ganzjähriges Touristenziel. Die Saison beginnt sehr früh, bereits im Februar, zum Fest der Mimosenblüte, zieht Herceg Novi viele Besucher an. Das Angebot an Unterkünften ist mannigfaltig und reichlich, es erfüllt die Ansprüche sowohl von Alleinreisenden wie auch Familien. Das abendliche Unterhaltungsangebot ist abwechslungsreich und kaum überschaubar. Wassersportbegeisterte kommen hier voll auf ihre Kosten. Entlang des Ufers der terrassenförmig angelegten Stadt mit ihren vielen Grünanlagen zieht sich eine 2,5 Kilometer lange **Promenade**, die **Pet Danica**. Die Strandabschnitte sind bis auf einen kurzen Sandstreifen im Westen betoniert. Hier

findet man auch einen Großteil der Hotels, Strandbars und Restaurants sowie Diskotheken und im Sommer Verkaufsstände mit dem üblichen Angebot an Strandwaren und Souvenirs. Herceg Novi ist auch als Kurort bekannt, reger Kurbetrieb findet während des ganzen Jahres statt, ab Juni sind in den Anlagen kaum noch Zimmer bzw. Anwendungen mit dem Heilschlamm aus dem Meer zu bekommen. Neben den zahlreichen Touristen finden sich hier auch gerne viele Persönlichkeiten aus Musik, Film und Politik ein. Auch für Maler ist die Stadt ein überaus beliebter Treffpunkt.

Geschichte

Herceg Novi wurde erst 1382 unter dem Namen Sveti Stjepan vom bosnischen König Tvrtko I. gegründet und kann somit nicht wie die meisten anderen montenegrinischen Städte auf antike Wurzeln verweisen. Sie ist auch die jüngste Stadtgründung im Adriaraum. Ursprünglich wollte man sich hier einen weiteren Hafen verschaffen, um nicht auf die Handelsstädte Dubrovnik und Kotor angewiesen zu sein. Im 15. Jhd. unterstand die Stadt dem Herzog Stjepan Vukčić Kosačas, daher auch der bis heute gebräuchliche Name Herceg, das Novi zeugt davon, dass es sich um eine neue Siedlung handelte. Zu Kosačas Wirken erlebte der Ort seine Blütezeit. Obwohl es eine slawische Gründung war, erhielt Herceg Novi Kommunalstatuten nach römischem Recht, welche denen der älteren Städte Budva und Bar glichen. Die Stadt war der einzige Ort an der Bucht, der nach 1420 nicht unter das Regiment der Venezianer fiel. 1482 wurde er direkt von den Türken eingenommen, als diese Herzegowina besetzten. Im Großen Türkenkrieg (1683-1699) konnte ein Verwaltungsbeamter Dalmatiens

die Stadt für Venedig erobern. Damals hieß die Ansiedelung Castelnuovo. Nach dem Fall Venedigs gehörte der Ort ab 1815 für ein Jahrhundert zur k. u. k Monarchie. 1919 wurde Herceg Novi Teil des Königreiches Serbien, Kroatien, Slowenien. Herceg Novi erhielt wieder seinen ursprünglichen Namen. Seit Oktober 1944 gehört die Stadt zur damaligen jugoslawischen Teilrepublik Montenegro.

Sehenswertes

Die Altstadt ist äußerst sehenswert und verfügt über zahlreiche barocke und orientalische Bauten, durch enge Gassen, steile Treppen und Stiegen miteinander verbunden. Eines der Wahrzeichen ist der erst 1850 errichtete trutzige **Uhrturm – Sahat Kula** durch dessen Bogen man die Altstadt betritt. Dahinter liegt der kleine Platz Trg Herceg Stefana und die orthodoxe **Kirche Sv. Arhangela Mihaila** aus dem späten 19. Jhd. mit einer weißen Marmorikonastase und recht unorthodoxen architektonischen Elementen. Hier findet man auch einige ruhiger gelegene Cafés und Tavernen. Eine weitere, sehenswerte Kirche ist **Sveti Jeronimo** mit dem freistehenden Glockenturm. Im nördlichen Teil der Altstadt liegt **Kanli Kula**, der Blutturm. Es handelt sich um die größte der Stadtfestungen, 1539 von den Türken errichtet. Sie war auch Gefängnis und Folterstätte, heute dient sie als Freiluftbühne (Eintritt: € 1,--). In unmittelbarer Meeresnähe liegt die kleine **Festung Citadela** aus dem 17. Jahrhundert. Sie wurde beim Erdbeben 1979 stark zerstört, große Teile stürzten ins Meer, übrig blieben nur die Außenmauern. Während der Sommerfestspiele dienen die Überreste als würdige Kulisse. Die **Festung Fortemare** westlich davon ist in einem etwas besseren Zustand und wird ebenfalls für die Sommerfestspiele genutzt. Diese wurde im 17. Jahrhundert von den Venezianern auf den Resten der ursprünglichen Verteidigungsanlage aus dem 14. Jahrhundert erbaut.

Nördlich der Magistrale liegt 165 Meter über dem Meer, mit einer sagenhaften Aussicht über die Stadt, die **Festung Spanjola** mit ihren vier erhaltenen Rundtürmen. Das ursprünglich türkische Fort hatte man während einer kurzen Besatzungszeit von den Spaniern (1538/39) erweitert und umgebaut. 1548 wurde der Komplex von den Türken weitgehend niedergerissen und in größerem Umfang wieder aufgebaut. Fortan wurde die Anlage aber fast nur noch militärisch genutzt und diente als Gefängnis. (Fußmarsch ab der Altstadt ca. 30 Minuten). Westlich außerhalb der Altstadt gelangt man nach etwa 200 Metern zu der ruhigen und gepflegten Grünanlage des **Boka-Parks** (auch Dvorana-Park). Hohe Bäume und exotische Pflanzen laden zu einer Ruhepause ein. Im Stadtteil Topla Richtung Igalo befinden sich zwei sehenswerte Gebäude: Die **Villa Andrić** in einem parkähnlichen Garten in der Ulica Njegoševa war das Haus des verehrten Literaturnobelpreisträgers von 1961 Ivo Andrić. In der **Mirka Komnenovića** liegt die gleichnamige, spätbarocke **Villa** direkt über dem Meer, in ihr ist das Heimatmuseum untergebracht. Hier findet man nicht nur die ortsüblichen Exponate sondern auch exotische Mitbringsel der Seeleute von Ihren langen Reisen um die ganze Welt (Eintritt: € 1,50).

Sehenswertes in der Umgebung

Schönere Bademöglichkeiten als der betonierte Stadtstrand bieten die östlich gelegenen Strände von Melijne, Zelenika und Bijela. In Igalo schwört man auf die heilenden Mineralquellen und die Heilkräfte des leicht radioaktiven Meeresschlammes, so z.B. im Kurzentrum „Dr. Simo Milošević", schon Tito verbrachte hier erholsame Tage. Im beschaulichen Badeort Njivice, der Stadt auf der Landzunge gegenüber gelegen, geht es etwas ruhiger zu, hier am Strand ist auch FKK-Baden möglich. In Savina, 5 Kilometer östlich von Herceg Novi, findet man ein orthodoxes Kloster mit Schatzkammer und dem Bischofskreuz des Hl. Sava.

Auf dem weiteren Weg im Uhrzeigersinn entlang der Bucht liegt die Meerenge von Verige, hier setzen von Kamenari nach Lepetani die bereits erwähnten Fähren im Viertelstundenrythmus über. Bei Donj Morinj liegt der Abzweig über die östlichen Ausläufer des Orjengebirges in den nordwestlichen Landesteil.

Risan (Karte freytag & berndt 1:150 000 G 3)

Im innersten westlichen Becken der Boka liegt unmittelbar unterhalb der 1.000 Meter hohen Kalksteinwände des Orjen-Massives die Kleinstadt Risan mit ihren 3.500 Einwohnern. Sie gilt als ein beliebter Urlaubsort, einer der wenigen, welcher über einen natürlichen Kiesstrand verfügt. Zudem ist er ein guter Ausgangspunkt für Wanderungen in das bergige Umland, auch Ausflüge mit dem Fahrzeug bieten sich an. Eine schmale aber wunderschöne Panoramastrecke führt über einen knapp 1.600 Meter hohen Pass Richtung Norden und bildet eine alternative Verbindungsstraße der Bucht mit dem montenegrinischen Hinterland.

Geschichte

Risan ist die älteste Siedlung der Bucht, man sieht es ihr aber längst nicht mehr an. Sie entstand im 4. Jhd. v. Chr. als griechischer Kolonialstützpunkt, unterlag aber schon bald darauf der illyrischen Kontrolle. Nach dem Zweiten Illyrischen Krieg im 3. Jhd. v. Chr. unterstand die Stadt Rom und wurde dann später unter Kaiser Augustus der Provinz Dalmatia zugeordnet. Bis zum 6. Jhd. war sie ein bedeutendes Handelszentrum mit etwa 8.000-10.000 Einwohnern – damals eine große Stadt, die Trümmer einer 1 Kilometer langen Stadtmauer zeugen hiervon. Aus dieser Epoche stammen die Überreste der prunkvollen Villen und die Funde von bedeutsamen römischen Mosaiken. Im 6. Jhd. dann wurde die Stadt,

nachdem sie zum Bischofssitz gewählt wurde, nach dem Einfall der Slawen aufgegeben. Ab dem 8. Jhd. fand wieder eine Besiedelung statt, Risan konnte jedoch die ursprüngliche Bedeutsamkeit nicht mehr erreichen und ab dem Mittelalter war Kotor wirtschaftliches und politisches sowie kirchliches Zentrum. 1370 gehörte sie einem montenegrinischen Fürstentum an, 1421 wurde Risan venezianisch und zu Beginn des 16. Jhd. nahmen die Türken das Gebiet ein. Der Ort hatte damals lediglich 300 Einwohner serbischer Herkunft, war zugleich aber osmanischer Garnisionsstützpunkt. 1687 verzeichneten die Venezianer eine Rückeroberung. Später wechselten russische, englische und französische Besatzungen, ab 1944 gehörte er zur jugoslawischen Teilrepublik Montenegro. In der Antike war Risan auch bekannt als selbstständige Münzprägestätte, bei neueren Ausgrabungen wurden sogar über 4.000 Münzen mit einem Gesamtgewicht von über 15 Kilogramm entdeckt – das war der bisher größte hellenistische Münzfund.

Sehenswertes

In Risans kleiner Altstadt blieb von den ehemaligen Prachtvillen nur die **Villa Rustica** zur Besichtigung, das 30 x 40 m große Gebäude mit Atrium liegt etwas erhöht von der Küstenstraße. Einige sehr gut erhaltene Mosaike aus der römischen Epoche um 200 v. Chr. sind zu zu sehen. Der Bau wurde zwischen 1930 und 1956 freigelegt (Eintritt: € 2,--; 8-20 Uhr). Im **Risan-Park** östlich der Straße spenden üppige Oleander angenehm Schatten. Jeden Vormittag findet am Rande der Altstadt ein bunter Obst- und Gemüsemarkt statt. Vor dem Ort an der Brücke gelangt man über einen Fußweg zu den **Wasserfällen des Orjen**, diese sind jedoch nur während starker Regenfälle im Gebirge aktiv. 6 km westlich Richtung Kamenari liegt der natürliche **Kiesstrand von Donji Morinj**.

Perast (f&b 1:150 000 H 3) (Top-Tipp)
Direkt gegenüber der Meerenge von Verige liegt Perast. Die kleine Gemeinde mit ihren gerade mal 350 Einwohnern gehört sicher zu den reizvollsten entlang der Boka. Der schmucke Ort mit seinen hübschen Palais, Steinhäusern und über 10 Kirchen steht komplett unter Denkmalschutz und ist überhaupt eines der schönsten Städtchen an der Adria. Von der Ferne bietet er mit seinen beiden vorgelagerten Inselchen ein perfektes Postkartenmotiv. Perast liegt sehr geschützt am Fuße der hohen Steilwände des Orjen und verzeichnet somit das mildeste Klima und die meisten Sonnenstunden der Bucht. Lange Zeit war hier nicht mehr als fast eine Ruinenstadt vorzufinden, obwohl bereits seit Mitte der 1950er Jahre eine Restaurierung der alten Bauwerke stattfand. Aber erst nach dem verheerenden Erdbeben vom April 1979 begann man mit dem langsamen Wiederaufbau des Ortes und dem Erhalt der historisch wertvollen Substanz.

Geschichte

Perasts Geschichte ist bedeutend jünger als die ihrer benachbarten Orte. Sie beginnt erst im Mittelalter und trägt aber außerordentlich zu ihrem bemerkenswerten Stadtbild bei. Erste Aufzeichnungen gehen auf das 13. Jhd. zurück, man erklärt sich die Entstehung aufgrund der strategisch günstigen Lage gegenüber der Meerenge. Anfangs lag die Verwaltung von Perast bei Kotor, aber der Ort war zwischen den lokalen Fürstentümern und der großen Nachbarstadt sehr umstritten. Die Einwohner begaben sich aber als erste der Bucht im 14. Jhd. unter den Schutz der Venezianer, als diese Kotor angriffen. Im 15 Jhd. begann man mit dem Bau von 9 Verteidigungstürmen, welche Perast anstelle von Stadtmauern gegen die Angriffe der Türken schützen sollten, die 1482 immerhin den Bereich zwischen Risan und Herceg Novi erobern konnten. Im 16. Jhd. wurde der Ort eine eigenständige Gemeinde unter der Herrschaft vereinigter Clans und es begann ein sichtbarer Aufschwung. Nach dem Ende der Türkenkriege erneut wieder unter dem Schutz der Markusrepublik, erlebte der Ort im 17. und 18 Jhd. schließlich seine Blütezeit. Der im 15. Jhd. begonnene Schiffsbau erreichte seinen Höhepunkt. Es gab 4 Reedereien, welche zusammen eine Flotte von über 100 Handelsschiffen unterhielten, darunter 50 große Segelschiffe. Der Reichtum fand sich in den prunkvollen Villen, Palästen und Häusern der Kapitäne und Seefahrer wieder, es flossen reichlich Spenden für den Bau der Kirchen. Perast hatte damals 1.600 Einwohner. 1797 endete die Herrschaft der venezianischen Republik mit deren Zerschlagung, die Bucht verlor an Bedeutung und die Bewohner verließen den Ort. 1910 lebten dort nur noch 430 Menschen.

Das verheerende Erdbeben von 1979

Der 15. April 1979, ein sonniger Ostersonntag, war einer der schrecklichsten Tage in der jüngeren Geschichte Montenegros. Ein gewaltiges Erdbeben mit der Magnitude von 7,7 auf der 12-stelligen Mercalli-Skala suchte weite Teile der Adriaküste heim. Um 7.20 Uhr richtete der heftige, 50-sekündige Erdstoß eine immense Katastrophe an. Sie kam nicht unerwartet, bereits eine Woche vorher bebte die Erde für vier Sekunden und dreiviertel aller Gebäude im Küstenort Ulcinj wurden beschädigt. Seismologen warnten bereits vor weiteren schweren Beben, doch dies wurde recht gleichmütig hingenommen. Man zählte 145 Tote und über 100.000 Obdachlose, welche über ein Jahr in Zelten leben mussten. Der Schaden betrug knapp 3 Milliarden Dollar, den wirtschaftlichen nicht mit eingerechnet. Entlang der gesamten Küste versank das wichtigste Gewerbe in Hotel- und Restauranttrümmer, mit verheerenden Ausmaßen. Viele der beschädigten Gebäude waren soweit zerstört, dass sich Reparaturen nicht mehr lohnten. Doch im Grunde handelte es sich um ein gewusstes, hausgemachtes Problem. Im einst idyllischen Land der Individualtouristen entstanden in Windeseile riesige, neue Hotelkästen mit mangelhafter Bausubstanz und somit Sicherheit. Obwohl vorhandener Instruktionen, umging man die Vorgaben mit dem Einwand, dies erhöhe nur unnötig die Baukosten. Die Bauten sollten innen wie außen einfach nur schön oder zweckmäßig sein, doch beides geht meist auf Kosten der Sicherheit.

Im Rekordjahr 1978 brachte es der kleine Jugoslawienstaat auf immerhin 90 Millionen Euro Deviseneinnahmen, diese sollten getoppt werden. Im Unglücksjahr aber flossen jedoch nur noch 15 Millionen, 60% der 130.000 Hotelbetten waren unbrauchbar, der Besucherstrom reduzierte sich um 70%. Fatale Folgen für ein Land, das im Vorjahr 300 Millionen Übernachtungen verbuchte. 1980 konnten erst wieder 15.000 Hotelbetten bereitgestellt werden, weitere 70.000 in Privatunterkünften. Bis Ende 1985 wurden mit einem Kredit von 310 Millionen Euro sämtliche Hotels renoviert bzw. komplett neu erbaut. Und das ohne die vergangenen Bausünden zu wiederholen.

Seit dem 16. Jhd. wird die ostadriatische Region immer wieder von Erdbeben heimgesucht, allein in Dubrovnik kamen bei 12 schweren Beben 5.000 Menschen ums Leben. Die Katastrophe von 1979 gilt als die schwerste jenes Jahrhunderts in dieser Region. Zwei der wichtigsten Industriebetriebe der damaligen Teilrepublik wurden komplett von der nachfolgenden Flutwelle zerstört und brachten das Wirtschaftswachstum für viele Jahre zum Erliegen: Die Werft von Bijela und der neu gebaute Terminal-Containerhafen von Bar.

Mit weitaus größeren Problemen aber hatten die arg mitgenommenen Altstädte zu kämpfen. Diese waren jahrelang gesperrt. Hier wurden besonders die prunkvollen Paläste, Kirchen, Kathedralen und weitere Zeugen von über 2.000 Jahren Kulturgeschichte stark beschädigt. Zwar stürzten aufgrund der robusten Bauweise nur wenige Gebäude ein, doch alle hatten Risse und waren unbewohnbar. Leblose Ruinen zeichneten die wertvollen Touristenmagnete lange aus und hielten Besucher fern. Viele der ehemals prachtvollen Bauten liegen immer noch in Ruinen dar, die aufwendige Restaurierung verschlang bis jetzt schon Unsummen. Trotz internationaler Hilfe fehlen die nötigen Finanzmittel und nur ein Bruchteil konnte bislang wieder hergestellt werden.

Sehenswertes

Die bemerkenswerten barocken Gebäude gleicher Stilart stammen allesamt aus der Blütezeit des 17. und 18 Jhd. Sie reihen sich entlang der Uferstraße und sind fast alle restauriert, weiter oben findet man derzeit nahezu nur Ruinen vor.

Der erste Bau (von Risan kommend) ist der große und umfangreich verzierte **Palata Bujović** aus dem Jahr 1694. Als einziger der Palais zugänglich, beherbergt er das sehr gut sortierte **Heimatmuseum**, hauptsächlich mit Objekten aus der Seefahrt, Dokumenten und Gemälden bestückt (Eintritt: € 2,50; 9 - 19 Uhr). Etwas abseits der Uferstraße liegt die **Kirche Sv. Jovana Krstitelja**. Die Kirche Johannes des Täufers mit zahlreichen barocken Elementen stammt aus dem Jahr 1596 und wurde bis Anfang des 18. Jhd. stets erweitert. Ebenfalls etwas erhöht findet man die imposanten Ruinen des **Palata Zmajević**. Er wurde 1664 erbaut und hatte durch seinen turmartigen Anbau eine wichtige Verteidigungsfunktion. Ursprünglich besaß der Bau einer einflussreichen Familie verschwenderische Fresken des berühmten Künstlers Tripo Kokolja (1671-1713). Weiter entlang des Ufers liegt vor der ehemaligen Textilfabrik der **Palata Smekja**, der größte erhaltene Palast Perasts aus dem Jahr 1764. Die markante Residenz einer bedeutenden Kapitäns- und Händlerfamilie weist viele auffallende barocke Stilelemente auf, die Steine stammen allesamt von der kroatischen Insel Korčula, wobei der hintere Teil erst 1936 fertiggestellt wurde. Das Gebäude östlich der Fabrik ist der erheblich kleinere **Palast der Familie Martinović**, erbaut 1623. Marko Martinović war ein angesehener Kapitänsausbilder, so auch der Admiräle des Russischen Reiches unter dem Zaren Peter der Große. **Wahrzeichen der Stadt ist die Pfarrkirche Sv. Nikola**. Der 1616 fertiggestellte Bau enthält eine reiche und prunkvolle Innenausstattung größtenteils aus Edelmetallen, einen venezianischen Altar und zudem zahlreiche Gemälde von Tripo Kokolja und bestätigt somit ebenfalls Perasts enormen Reichtum der damaligen Zeit. Der dazugehörige 55 Meter hohe, freistehende und auffällige Glockenturm von 1691 ist der höchste der gesamten Bucht. Er weist im Gegensatz zu den barocken Elementen des Kirchenschiffes Stilelemente aus der Renaissance und romanische Rundbogenfenster auf. 1740 begann man dann mit dem Anbau eines weiteren Kirchenschiffes, dieses wurde jedoch niemals fertiggestellt.

Sehenswertes in der Umgebung

Die beiden vorgelagerten, kleinen Inselchen sind einen Bootsausflug wert, schon allein wegen der Sicht auf Perast vom Wasser aus. **Sveti Đorđe**, die westliche der Inseln mit ihrem ursprünglichen Zypressenbestand, beherbergt ein ehemaliges Benediktinerkloster aus dem 12. Jhd. Lange Zeit war das Fleckchen zwischen den Orten Kotor und Perast umstritten, erst 1634 wurde es letzterem zugesprochen. 1654 fiel Sv. Đorđe den Türken zum Opfer und 1667 gab ein großes

Erdbeben der Abtei den Rest. Die heute einschiffige Kirche stammt aus dem 18. Jhd. Zudem befindet sich hier ein Friedhof mit berühmten Persönlichkeiten der Stadt. **Gospa od Škrpjela** (dt.: Jungfrau vom Felsen) ist eine künstliche Insel, man begann im 14. Jhd mit der Aufschüttung von Steinen um einen kleinen Felsbrocken auf dem Fischer angeblich eine Ikone mit heilenden Kräften fanden. Auch gesunkene Schiffe dienten der Festigung des Fundamentes. Ende des 17. Jhd. hatte die Insel ihre heutige Größe erreicht. 1452 wurde die erste Kirche errichtet, das heutige Gotteshaus stammt aus dem Jahr 1632. Das Innere ist üppig mit Gemälden des berühmten Peraster Malers Kokolja ausgestattet. Desweiteren zieren zahlreiche Silbervotivtäfelchen mit Fürbitten der Seefahrer den Gebetsraum. Das Gotteshaus enthält zudem ein Museum mit archäologischen Funden, eine ethnografische und nautische Sammlung (Bootsüberfahrt € 5,--; Eintritt € 0,50 10-17 Uhr). **Veranstaltungen:** Am 22. Juli findet alljährlich die Fasinada statt. Abends fahren ausschließlich die Männer von Perast mit Fackeln beleuchteten Booten zur Insel Gospa od Škrpjela und werfen Steine ab, eine symbolische Handlung, um den Erhalt der Wallfahrtsinsel zu stärken. Natürlich wird der Jahrhunderte alte Brauch mit ausgiebig Musik, Tanz und Wein gefeiert.

links erkennt man den Glockenturm, in der Mitte die Inseln - der letzte Blick Richtung Orjen-Gebirge

Kotor (Karte freytag & berndt 1:150 000 H 3) (Top-Tipp)

Die geschichtsträchtige und wunderschöne Kleinstadt mit knapp 5.500 Einwohnern am südöstlichsten Ende der Bucht ist Montenegros meistbesuchtes
Touristenhighlight. Zudem liegt der Ort gleichsam einer prächtigen Theaterku-
lisse vor landschaftlich phänomenalem Hintergrund. Von den bis zu 1.800 Meter
hohen Bergmassiven des Orjen und Lovćen umgeben, hat sie somit den Ruf der
attraktivsten Stadt des Landes. Sie ist eine sehr alte Handels- und Hafenstadt
und auch heute noch ein bedeutender Kulturmittelpunkt der Region. Zudem ist
sie Sitz eines katholischen Bistums und das Glaubenszentrum der serbisch-

orthodoxen Christen im Land.
Die Lage und das außerge-
wöhnliche Stadtbild mit bedeutenden kulturhistorischen Bau-
werken, verwinkelten Gassen,
Kirchen und Palästen innerhalb
der 4,5 Kilometer langen Stadtmauer war ausschlaggebend für
die Aufnahme in die Liste der
UNESCO - Weltkulturerbestätten,
der sie seit 1979 angehört. Dies
erfolgte kurz nach dem Jahr-
hunderterdbeben Anfang April
des gleichen Jahres. Nach dem
Wiederaufbau der Stadt, dafür
wurden fast nur Originalsteine verwendet, zogen die Bewohner erneut in ihre
Häuser, es kam wieder Leben in die Stadt und so ist Kotor auch heute noch eine
Ortschaft mit typisch mediterranem Flair. Was gegenwärtig der Tourismus
bringt, war früher die Bedeutung des viel genutzten Naturhafens. Die anlegen-
den Schiffe und deren gut beschäftigte Kapitäne trugen maßgebend zum Reichtum von Cattaro bei und prägten das bis heute erhaltene, einmalige Stadtbild.
Da der Tourismus Kotors hauptsächlich von Tagesbesuchern bestimmt wird, ziehen sich die meisten Urlauber in den nördlich gelegenen Vorort Dobrota zurück.
Neben Unterkünften mit Pools befinden sich dort einige schöne Badebuchten.

Geschichte

Kotors ereignisreiche Historie begann vor über 2.000 Jahren, als bereits die
Illyrer im 3. Jhd. v. Chr. den Naturhafen zu ihrem Schutz nutzten. Kurz darauf
fanden sich griechische Kolonisten ein und 168 v. Chr. begann die Besiedelung
durch die Römer, welche sie dann zur Kaiserzeit der Provinz Dalmatien
unterstellten. Mit einer Befestigung begann man erst während der Völker-
wanderung zur Zeit des Kaisers Justinian um 535 n. Chr. Bis zum 13. Jhd. fiel
Kotor aber immer wieder Plünderungen und Zerstörungen zum Opfer. Im 14.
Jhd. dann spielte die Stadt eine zunehmend wichtige Rolle im adriatischen
Handelsraum, so dass Konflikte mit Venedig und Ragusa (Dubrovnik) nicht
ausblieben. Zu dieser Zeit gehörte Kotor zum Serbischen Reich. Nach dem Tod
des mächtigen Zaren Stefan Dušan zerfiel das Serbische Großreich und die
Venezianer griffen Kotor 1369 an, eroberten die Stadt und zerstörten sie kom-
plett. Ende des 14. Jhd. war die Region Kotor für kurze Zeit eine eigenständige
Republik, bevor sie sich aufgrund Auseinandersetzungen mit den Ballsha, einer
Adelsfamilie des damaligen Zeta-Gebietes, unter den Schutz Venedigs stellte

und ihre Selbständigkeit aufgab. Zu damaliger Zeit hieß die Stadt Cattaro. Im 15. Jhd. begannen die Venezianer mit dem Bau der gewaltigen Stadtmauer, welche im Laufe der Jahrhunderte weiter verstärkt, jedoch erst im 19. Jhd. fertiggestellt wurde. Die Mauern erreichten eine Höhe von bis zu 20 Metern und waren bis zu 18 Meter dick. Sie erstreckten sich über 4,5 Kilomerer hinauf auf 260 Meter ü. M. bis zur Festung San Giovanni auf dem Berg oberhalb der Stadt. Auch einige Paläste aus der venezianischen Epoche prägen heute noch das Stadtbild. Feinden war man damals gut überlegen, so konnte man auch die Türken immer wieder vor der Stadtmauer abwehren. Nur gegen die schweren Erbeben war man stets machtlos. Das erste Schwere ereignete sich 1564, viele der Gebäude wurden zerstört, was man aber zum Anlass nahm, noch Pracht-vollere zu erbauen. Als sich die Republik Venedig 1797 auflöste, sprach man Kotor im Frieden von Campo Formio Österreich zu, bevor Anfang des 19. Jhd. eine Besetzung durch Frankreich erfolgte. Als die Österreicher 1814 erneut zum Zuge kamen, bauten sie den Hafen als Stützpunkt der k. u. k. Kriegsmarine aus, wovon die Schiffsbauer, Kapitäne und Seeleute profitierten. Damals entstand die erste Linienverbindung von Triest nach Kotor. Während des Ersten Weltkrieges jedoch lagen die U-Boote der Doppelmonarchie tatenlos in der Bucht, was zu einem blutigen Matrosenaufstand führte. Zum Königreich Jugoslawien gehörte Kotor ab 1918 und war auch in der folgenden Zeit ein wichtiger Kriegshafen. Erst nach der Unabhängigkeitserklärung 2006 wurden die militärischen Ein-richtungen aufgelöst. Aus dem ehemaligen Marinestützpunkt wurde daraufhin eine bedeutende Anlaufstelle für Kreuzfahrtschiffe, welche aber meist von Mai bis Oktober für nur eine Nacht vor Anker liegen und die touristischen Ein-richtungen der Stadt nutzen wie z.B. exclusive Restaurants und Diskotheken.

Sehenswertes

Aushängeschild des fast 2.000 Jahre alten Ortes ist die **mittelalterlich ge-prägte Altstadt**, umgeben von der oben erwähnten, sehr eindrucksvollen Stadtmauer. Sie verfügt über drei Tore, das 1555 erbaute Haupt- oder **Hafen-tor** liegt in unmittelbarer Hafennähe und führt direkt auf den Hauptplatz mit

Lukaskirche am gleichnamigen Platz - Stadtmitte

seinen zahlreichen Cafés und Geschäf-ten. Im Torbogen befinden sich spätgo-tische Reliefs. Am ebenfalls zentralen Waffenplatz steht der trutzige **Uhrturm Gradska Kula**, erbaut im Renaissance-Stil im Jahr 1602, das Uhrwerk stammt aus dem Jahr 1810. Während des Mittelalters diente er zuweilen als Ge-fängnis und war auch Folterstätte. Den weiteren Rundgang durch die schmalen Gassen startet man am besten im Uhrzeigersinn. Erst gelangt man zur **Zitadelle**, früher die stärkste Bastion.

der Palata Pima aus dem vierzehnten Jahrhundert

Heute bietet sich von hier ein guter Blick auf den Hafen. Am Wochenende hat eine der größten Diskotheken des Landes, das Maximus, dort ihre Pforten geöffnet. Etwa 150 Meter weiter liegt links die **Nikolauskirche**, ein recht junger Bau aus dem sehr frühen 20. Jhd., im neobyzantinischen Stil errichtet. Gegenüber am **Pjaza Sv. Luka** findet man die bescheidene einschiffige, romanische **Lukaskirche**. Erbaut wurde sie 1195, jedoch im 17. Jhd. an die Orthodoxe Kirche abgetreten. Nur 50 Meter weiter, auf dem kleinen Platz innerhalb des Nordtores, platzierte man die unauffällige und einfach ausgestattete Marienkirche **Sv. Marija Koleđata**. Sie stammt aus dem Jahr 1221, wurde aber vermutlich auf den Resten einer frühchristlichen Basilika aus dem 6. Jhd. erbaut. Das Nordtor führt über den

Svetog Tribuna, "zweifach" einfach schön

Fluss Škurda und war früher zusätzlich durch eine Zugbrücke gesichert, diese ist ab und zu noch im Einsatz. Angrenzend thront die **Bembo-Bastion**. Zurück in südliche Richtung erreicht man den Pjaza Muzeja oder Museumsplatz. Dort lohnt sich ein Besuch des **Grgurina-Palastes**. Der barocke Bau aus dem 18. Jhd. beherbergt das umfangreichste **Marinemuseum** Montenegros (Eintritt: € 4,--, täglich geöffnet). Zahlreiche Schiffsmodelle, Zeichnungen, Fotografien und Stiche sowie Waffen und ethnografische Exponate schmücken die alten Räume. Noch etwas weiter südlich gelangt man zu weiteren Palazzi. Rechter Hand liegt der prunkvolle **Palata Pima**. Der aufwendige Bau einer sehr reichen Familie der Oberschicht stammt ursprünglich aus dem 14. Jhd., wurde aber im Laufe der Jahrhunderte kontinuierlich erweitert und weist somit auch Elemete aus der Spätrenaissance und dem Barock auf. Besonders schön sind die langen, verzierten Balkone. In unmittelbarer Nähe befindet sich der **Drago-Palast** aus dem 12. Jhd. Als einer der ältesten Residenzen und einzig erhaltenes Beispiel eines gotischen Palastes ist er nur von außen zu besichtigen. Der linke Flügel wurde nach dem Erdbeben von 1667 im barocken Stil wieder aufgebaut. An einem der oberen Doppelfenster sind besonders künstlerische Steinmetzarbeiten zu erkennen. Um die Ecke, direkt im Zentrum der Altstadt, befindet sich der große Pjaza Sv. Tribuna mit sicherlich einer der schönsten Kathedralen Montenegros – **Svetog Tripuna** (Sankt-Tryphon-Kathedrale). Vom ursprünglich romanischen Bau aus dem Jahr 1166 sind noch wenige Reste erhalten, zum größten Teil aber stammt das dreischiffige, sakrale Bauwerk mit seinen imposanten Doppeltürmen aus der Zeit nach 1667. Die Inneneinrichtung erhielt erst nach 1979 wieder ihr prunkvolles Aussehen. Ein prächtiger Altar, reich verzierte Sarkophage und eine Schatzkammer machen einen Besuch lohnenswert (Eintritt: € 1,50). Auf dem Weg zum Südtor, welches an einem von unterirdischen Quellen gespeisten See liegt, passiert man die Pjaca od salate. Von hier führt ein ausgeschilderter Fußweg mit Treppenabschnitten (Hin- und Rückweg ca. 2 Stunden) zu den **Ruinen der Festung San Giovanni**. Von hier hat man einen traumhaften Blick über die Stadt und Teile der Bucht. Entlang der äußeren Stadtmauer findet hafenseitig täglich ein großer Obst- und Gemüsemarkt statt. **Anm.:** Die Kirchen sind selten bzw. sehr unregelmäßig geöffnet.

Veranstaltungen: Im Februar zelebriert Kotor sehr aufwendig und farbenprächtig den Karneval. Wie vielerorts im Land feiert man im März ein Blumenfest, hier wird der Kamelienblüte gedacht. Im Mai findet regelmäßig der Freeclimber-Wettbewerb statt. Die Jugendfilmtage veranstaltet Kotor im Juni, ebenso das Festival des Unterwasserfilms. Ende Juli folgt der Sommerkarneval, Mitte August ein Volksfest mit Booten in der Bucht und Musik in der Innenstadt.

Sehenswertes in der Umgebung

Unmittelbar südlich von Kotor biegt die alte Straße zur Jadranska Magistrala Richtung Küste über den Berg Vrmac ab. Auf halber Strecke erfolgt nach links der Abzweig zur kurvenreichen Passstraße in den **Lovćen Nationalpark**. Mit jeder Serpentine wird die Aussicht auf die unten liegende Bucht und Kotor spektakulärer. Die Straße ist zwar eng aber es gibt immer wieder Parkbuchten und Aussichtsflecken. Auf dem Weg von Kotor, 5 Kilometer westlich entlang der Jadranska Magistrala Richtung Tivat, liegt die kleine **Ortschaft Prčanj** mit nur etwa 1.220 Einwohnern. Bis Ende des 18. Jhd. war der Ort ein bedeutender maritimer Stützpunkt in der Boka. Auch hier zeugen stattliche Steinvillen mit schönen Fassaden und Gärten vom Reichtum und Wohlstand der hier ansässigen Kapitäne. Für fast jedes Haus gibt es eine eigene Bootsanlegestelle. Viele der damaligen Schiffsführer wählten Prčanj als Altersruhesitz, obwohl die Ansiedlung durch die Lage im Schatten des 700 Meter hohen Berges Vrmac wenig Sonne abbekommt, im Winter für einen ganzen Monat sogar gar keine. Eine beeindruckende Sehenswürdigkeit ist die große **Pfarrkirche „Geburt der Jungfrau Maria"**. Sie ist die Zweitgrößte im ostadriatischen Raum nach der Kathedrale „Velika Gospa" in Dubrovnik. 120 Jahre lang wurde nach den Plänen eines begnadeten venezianischen Architekten daran gebaut, bis sie 1909 endlich fertiggestellt wurde. In den prunkvollen Bau floss viel Geld der reichen und sehr gläubigen Kapitäne und Kaufleute denn die Größe des Gotteshauses steht in keinem Verhältnis zu der damaligen Einwohnerzahl. Die dreischiffige, barocke Kuppelkirche wird durch zahlreiche korinthische und dorische Säulen gestützt und besitzt eine umfangreiche Sammlung von Malereien und Skulpturen bekannter Künstler. Das älteste Gebäude des Ortes ist die **Palata tre Sorele**, die sogenannte Villa der drei Schwestern, erbaut im

Prčanj und die Villa "drei Schwestern" - Palata tre Sorele

15. Jhd. Bei dem alten verlassenen Steinhaus direkt an der Straße handelt es sich um den Sommersitz einer damals reichen Seefahrerfamilie aus Kotor. Im benachbarten **Dorf Donji Stoliv** fielen die Kapitänsvillen eine ganze Nummer kleiner, jedoch nicht weniger schön aus, ebenso die hübsche alte **Kirche Sveti Marija** mit ihrem jedoch überdimensionalen Glockenturm. Die Straße zwischen Kotor und Lepetani (hier an der Engstelle setzen die Fähren nach Kamenari über) ist äußerst eng, manchmal haben kaum zwei PKW nebeneinander Platz.

Tivat (Karte freytag & berndt 1:150 000 H 3)

Der knapp 20.000 Einwohner zählende Ort ist nach Herceg Novi die zweitgrößte Stadt an der Bucht von Kotor. Der jüngste Ort dieses Küstenabschnittes war früher ein kleines Fischerdorf von dem heute nichts mehr übrig ist. Nachvollziehbar führt sie im Vergleich zu den anderen Städten touristisch ein Schattendasein und hat als Fremdenverkehrsort nur bedingt Bedeutung. Es gibt nur

wenige Sehenswürdigkeiten, keine Altstadt, viele dominierende Plattenbauten und kaum mediterrane Optik, somit wird Tivat meist nur von Transitreisenden besucht. Doch seit der Errichtung der Luxusmarina Porto Montenegro erfährt der Ort wieder einen gewaltigen Zuwachs an Besucherzahlen und auch an Steuergeldern, das sich beides aber lediglich innerhalb der Mauern des noblen Yachthafens abspielt. Tivat rühmt sich mit den meisten Son-

die gepflegte Hafenanlage von Tivat und das alte Kastell

nenstunden im Jahr in der Bucht und teilt sich den Titel Blumenstadt mit Herceg Novi. In der Tat gibt es auch recht viele Grün- und Parkanlagen mit vielen exotischen und

mediterranen Pflanzen. **Tivats Geschichte** begann erst recht spät im 15. Jhd. als die Venezianer 1420 das kleine Küstendorf aufgrund der strategisch wichtigen Lage an der Einfahrt zur Bucht einnahmen und sich bis 1797 hier ausbreiteten. Ab da war der Ort militärisch stets ein wichtiger Standort. Bis 1918 gehörte die Stadt dann zur österreichungarischen Monarchie und ab 1919 zum neu gegründeten Jugoslawien. Heute bietet nicht nur der neue Luxus-Yachthafen Arbeitsplätze sondern auch der nahe gelegene Flughafen und

zahlreiche Gewerbebetriebe in der angrenzend gelegenen Grbalj-Ebene. Zu den wenigen Sehenswürdigkeiten gehört die **Vila Buća** im Renaissance-Stil aus dem Jahr 1548. Der vierstöckige, als Kulturdenkmal geschützte Gebäudekomplex beherbergt im Inneren eine ethnografische Sammlung sowie archäologische Exponate aus der Region. Die übrigen Teile der ehemals riesigen Gartenanlage werden im Sommer als Bühne für Theateraufführungen genutzt. Auch das **alte Kastell** aus dem 14. Jhd. in der Nähe des alten Hafens ist einen Blick wert. Zudem gibt es ein **Kulturzentrum** mit einem allgemeinen **Museum**. Außerdem gehört ein Besuch des **Porto Montenegro** auch für den Normalbürger zum Pflichtprogramm. Eine ansprechende Uferpromenade mit Bademöglichkeiten und zahlreichen Bars, Cafés und Restaurants laden zu einem Kurzaufenthalt ein. Es gibt in der Stadt Tauch- und Windsurfschulen. Tivats kleiner, internationaler Flughafen liegt 4 Kilometer südlich der Stadt. Er wickelt hauptsächlich den Charterflugverkehr für Pauschaltouristen ab, vorwiegend aus den GUS-Staaten aber zunehmend auch von etlichen Tourismusunternehmen aus Westeuropa.

Sehenswertes in der Umgebung:

Nordwestlich von Tivat, Richtung Lepetani, liegt oberhalb von Donja Lastva auf etwa 300 Höhenmetern das sehenswerte **Bergdorf Gornja Lastva**. Es besteht aus etlichen sehr alten, teils renovierten Steinhäusern, einer mittelalterlichen Marienkirche, einer Kapelle und einer alten Mühle. Die Bauweise ist typisch für die Architektur montenegrinischer Küstendörfer. In der Bucht vor Tivat befinden sich **drei Inseln**, auch als Krtoljski-Archipel bezeichnet. **Sveti Marko**, die größte von ihnen, beherbergt noch etliche Reste des einstigen Club Med, er wurde 1990 zu Beginn des Bürgerkrieges aufgegeben und bisher nicht wieder in Betrieb genommen. Westlich davon liegt das winzige Inselchen **Gospa od Milosti**, bestehend aus einem Klosterkomplex aus dem 15. Jhd. und einer weitläufigen Gartenanlage. Zu dieser Insel gelangt man per Charterboot ab Tivat. Auf der Blumeninsel **Miholjska Prevlaka**, über einen kurzen Fahrdamm zu erreichen, findet man die Ruinen eines Klosters, dem Erzengel Michael gewidmet, entstanden auf Fundamenten aus dem 9. Jhd. Das orthodoxe Kloster war im 13. Jhd. Bistumssitz des Zeta-Fürstenclans, wurde jedoch nach der Zerstörung durch die Venezianer 1452 bereits wieder verlassen. Nach der Entdeckung antiker Mosaike finden im Klosterkomplex weitere Ausgrabungen statt. Heute gibt es dort noch eine Kirche aus dem 19. Jhd. und einige Ferienhäuser.

Porto Montenegro in Tivat – Europas Luxus-Superyacht-Marina

Mit der Unabhängigkeit Montenegros im Jahr 2006 wurde auch das Schicksal des ehemaligen Militärhafens bei Tivat besiegelt. Mit dem damals zum Verkauf angebotenen Gelände witterte der kanadische Geschäftsmann Peter Munk ein großes Geschäft. Zusammen mit weiteren finanzkräftigen Investoren und Milliardären – Oleg Deropaska, Nathaniel und Jacob Rothschild sowie Bernard Arnault (alle Besitzer großer Yachten) verwirklichte er innerhalb weniger Jahre die Idee eines ersten Tiefsee-Luxus-Yachthafens in Europas. Aufgrund der natürlichen Tiefe an dieser Stelle der Bucht waren beste Voraussetzungen dafür gegeben. Es wurde ein großer Erfolg für die Geschäftsmänner. 2009 machte man die Luxusanlage der Öffentlichkeit zugänglich – ein megamordernes Kollektiv an Marina, Nobelboutiquen, Juwelieren, Luxusrestaurants, derzeit an die 200 exklusiven Residenzen und mit der Eröffnung des „Regent" 2014 hielt auch die Luxushotelerie Einzug. Es entstand eine harmonisch gestaltete Wohlfühloase für die Schönen und Reichen der Welt. Meist klingt leise Musik über das schick konzipierte Areal vor den derzeit 250 Liegeplätzen. Zahlreiche Sport- und Freizeitangebote, Bootsausflüge und ein 64 Meter langer Infinity-Pool sorgen für einen rundum gelungenen Aufenthalt der gehobenen Gesellschaft. Wer einen längeren Verbleib plant, schickt seine Kinder auf die internationale Schule. Von den Relikten des einstigen Militärhafens kann man sich im ansprechend gestalteten Nautik-Museum einen Überblick verschaffen, inklusive eines komplett erhaltenen U-Bootes. Bis zur endgültigen Fertigstellung in naher Zukunft sollen weitere 400 Liegeplätze entstehen, insgesamt bieten

dann 130 davon Platz für Yachten bis zu 150 Meter Länge. Des Weiteren existieren Pläne, in der Nähe des Flughafens einen 18-Loch Golfplatz entstehen zu lassen und die Werft bei Bijela in eine für Luxusliner umzubauen. Mit dem Porto Montenegro besitzt das junge Tourismusland ein gewaltiges Potential um eine Top-Destination in Europa zu werden. Die offizielle, sehr ausführliche Internetseite www.portomontenegro.com/de informiert in ebenso luxuriöser Aufmachung über sämtliche Einrichtungen und Services des Nobel-Villages.

Luštica-Halbinsel

Ein richtig schönes und auch etwas anderes bzw. untypisches Stück Montenegro findet man auf der nur knapp 47 km² großen, sanfthügeligen Halbinsel Luštica, welche die Bucht von Kotor vom offenen Meer trennt. Die Landschaft der Hügelkette wird bestimmt durch Kiefern dominierende Mischwaldbestände in höheren Lagen sowie mediterrane Sträucher und Olivenbaumkultur im nahen Küstenbereich. Die höchste Erhebung ist der 584 Meter hohe Obosnik, etwas unterhalb auf etwa 400 Meter befindet sich ein Aussichtspunkt mit einer wunderschönen Weitsicht. Zwischen Kroatiens südlichstem Ende Prevlaka und der Halbinsel liegt der strategisch günstig gelegene Eingang zur Bucht, weshalb Luštica in der Vergangenheit auch gerne für militärische Zwecke verwendet wurde, einige alte Festungsruinen und Verteidigungsanlagen aus der österreich-ungarischen Epoche sind noch zu sehen. Auch später noch diente die Halbinsel als Marinebasis und war bis Ende der 1990er Jahre militärisches Sperrgebiet. Luštica ist nur durch wenige Dörfer erschlossen, die meisten Unterkünfte, hauptsächlich private, befinden sich an der Buchtseite. Die dem Meer zugewandte, verkarstete Steilküste hingegen ist sehr zerklüftet und reich an wunderschönen Badebuchten. Zudem gibt es etliche attraktive Grotten, wie z.B. die Plava Spilja – die Blaue Grotte, sie ist jedoch nur per Boot zu erreichen. Schöne Badeabschnitte findet man in den Buchten Žanjice, Mirište, Arza and Dobreč und auch der Strand bei Pržno ist sehr einladend. Es gibt an die 20 kleinere, teils sehenswerte serbisch-orthodoxe und katholische Kirchen. Einer der wenigen Orte, welcher direkt am Meer liegt, ist **Rose** im äußersten Nordwesten. Der Hafen war schon zu römischer Zeit ein wichtiger Stützpunkt an der Adria, später auch Schutzhafen bei Stürmen. Es gab hier eine Zollstation und die Hafenmeisterei der Bucht. Mit dem Fort Rose, dem Fort Mamula auf der kleinen, gleichnamigen Insel und dem Fort Oštra (heute Kroatien) konnte man den kompletten Eingang der Bucht überwachen. Etliche alte Kapitänsvillen entlang der einzigen Häuserzeile zeugen vom ehemaligen Wohlstand Roses. Heute ist es ein beschauliches Fischerdorf mit einer handvoll guten Restaurants. Das Fort in Mamula diente übrigens während der beiden Weltkriege als Hochsicherheitsgefängnis. Ein Ausflug zur Insel per Boot kann in Budva gebucht werden.

Bigovos Promenade und Rose, 2 einladende Dörfer

Ein weiterer, wunderhübscher Küstenort mit viel montenegrinischer Originalität liegt auf dem Weg über die Nebenstrassen nach Budva in einer gut geschützten u-förmigen, felsigen Bucht: **Bigovo**. Der ursprüngliche Fischerort bietet viel typisches Flair, kleine Tavernen und wer abends hier vorbeikommt – unvergesslich schöne Sonnenuntergänge. Verfahren kann man sich dorthin kaum, zum Dorf hinunter führt der einzige asphaltierte Weg.

"Leben wie es sein soll" - Luštica-Bay – ein Projekt mit Weitsicht

Bislang führte die hübsche Halbinsel touristisch eher ein Schattendasein, doch dies hat sich in allerjüngster Vergangenheit geändert. Vor wenigen Jahren erwarb der finanzkräftige Immobilien-Planungskonzern "Orascom Development" 90% der Anteile (10% hält Montenegro) für die Entwicklung und Umsetzung eines Projektes der Superlative nach einem vielversprechendem Motto. Den luxuriösesten Yachthafen der Welt, Porto Montenegro als Vorbild im Visier, entsteht an der Südküste, in der Bucht von Trašte, ein ähnlichs Projekt: Luštica-Bay. Auf einer Fläche von knapp 7 km² entsteht bis 2020 eine komplett neue Stadt. Geplant sind 7 Hotels mit insgesamt 1.370 Zimmern, 2.080 exclusive Wohneinheiten wie Appartments, Stadthäuser und Villen, 2 Häfen, ein 18-Loch-Designer-Golfplatz, ein Kur- und Heilbad, eine Schule und Supermärkte. Natürlich mit der kompletten Infrastruktur: Straßen, Radwege, Parkanlagen und Wanderpfade, inclusive einem umfangreichen Freizeitangebot und rund-um-die-Uhr-Services. 2015 konnten die ersten Wohnungen bezogen und Leistungen genutzt werden. Natürlich bleibt das, was da entlang des Berghanges entsteht, jedoch nur einer zahlungskräftigen Klientel vorbehalten, dennoch orientiert sich das Projekt nicht ausschließlich am Wohlstand der zukünftigen Bewohner und Besucher. Dabei stellt der Konzern in den Vordergrund, die schöne Landschaft

romantische Altertümer sucht man hier vergeblich

und den Zauber des Ursprünglichen zu bewahren und die soziale Nachhaltigkeit zu fördern. Hierzu zählt, dass das Projekt auch nach der Fertigstellung weiter betreut wird. Auch geht es Orascom darum, die einheimische Bevölkerung von Anfang an in das Projekt mit einzubinden und langfristig Arbeitsplätze zu schaffen und den Menschen die Möglichkeit zu geben, in einer wunderschönen Umgebung zu leben.

Die montenegrinische Riviera und die Sandstrände bei Ulcinj

Eine sagenhafte Felsküste mit vorwiegend kiesigen Stränden aber glasklarem, tiefblauem Wasser erstreckt sich südlich der vor allem bei Serben beliebten Urlaubsstadt Budva bis hin zur lebhaften, zeitgemäßen Hafenstadt Bar. Entlang dieses Abschnittes konzentriert sich zum größten Teil der internationale Strandtourismus mit allen erdenklichen Annehmlichkeiten. Das sind moderne, meist auch recht luxuriöse Hotelkomplexe und Resorts vor der einmaligen Kulisse des Lovćen und der Paštrovići- und Rumija-Gebirgszüge. Erholung versprechen nur die Monate der Nebensaison, ansonsten herrscht hier Action, Trubel, Unterhaltung, meist recht lautstark. Die zahlreichen Hotelneubauten internationaler Investoren zielen vor allem in die gehobene Preisklasse. Der Besuch des kulturträchtigen Hinterlandes bietet eine kontrastreiche Abwechslung und die idyllisch gelegenen Klöster und Berggipfel mit toller Aussicht sind schnell erreicht. Südlich von Bar, jenseits des letzten auffälligen Bergmasives, trifft man auf eine komplett andere Landschaft. Hier zeigen sich die Badebuchten vor den Ausläufern der letzten Gebirgszüge von einer etwas ruhigeren Seite, sind nicht mehr so extrem verbaut. Und ab Ulcinj dominieren die weiten und flachen Sandstrände der Niederungsküste vor dem vorwiegend flachen Hinterland. Das typisch montenegrinische, bislang gewohnte Küstenbild verabschiedet sich gänzlich. Und nicht nur das: Spätestens hier taucht man spürbar ein in die orientalische Atmosphäre des Balkans. Moscheen und Bazars dominieren das Erscheinungsbild der Ortschaften, die Mehrzahl der Frauen tragen ihre Kopftücher, die Männer ihre Gebetskappen und der Ruf des Muezzin übertönt das Glockengeläut der plötzlich nur noch in der Minderzahl auftretenden Kirchen.

Budva (Karte freytag & berndt 1:150 000 J 4) (Highlight)

Die kleine Stadt mit nur knapp 20.000 Einwohnern zählt zu den ältesten Ansiedlungen an der Adriaküste und beherbergt einen vielfältigen Bevölkerungsmix aus Montenegrinern, Serben, Kroaten und auch Russen. Mit der scheinbar von Wasser umgebenen Altstadt und der vorgelagerten Felseninsel Sv. Nikola wirkt sie schon von Weitem überaus attraktiv. Es ist merklich eines der wichtigsten und beliebtesten Tourismuszentren des Landes, wobei hier vorwiegend Urlauber aus Russland, Serbien und auch anderen osteuropäischen Ländern ihre Ferien

verbringen. Der Ort bietet ein mildes Klima und warme 25° Wassertemperaturen im Sommer. Vor allem aber verdankt Budva seine Beliebtheit den zahlreichen Stränden im Ort und der unmittelbaren Umgebung. Das schmucke Küstenstädtchen kann bereits auf eine lange touristische Vermarktung zurückblicken, schon 1923 kamen die ersten Freizeitgäste hierher. Heute lassen sich in Budva abwechslungsreiche, aber in der Saison kaum ruhige und erholsame Tage verbringen. Neben der sehenswerten Altstadt existiert ein äußerst umfangreiches Freizeit- und Unterhaltungsprogramm jeglicher Art. Dies macht die Destination auch für Familien mit Kindern interessant. Wenige hundert Meter südlich der Altstadt beginnt der 1,6 Kilometer lange Sand-Kiesstrand **Slovenska Plaža**, in den Sommermonaten ist es einer der meist frequentiertesten des Landes. Fliegende Händler bieten vor allem billige Kleidung, Souvenirs und Fast-Food an. Cafés, Bars, Restaurants und Diskotheken vervollständigen das vielfältige Angebot. Wassersportler kommen voll auf ihre Kosten: Wasserski, Jetski, Paragliding und Bootsverleih werden in Massen angeboten. Auch können öffentliche Volley-, Fuss- und Basketballanlagen genutzt werden. Örtliche Reiseagenturen bieten Ausflüge zu zahlreichen Zielen im Hinterland an. Da der Ort recht zentral liegt, können viele Sehenswürdigkeiten in relativ kurzer Zeit erreicht werden, wie z.B. Kotor, Cetinje, der Lovćen-Nationalpark, Bar oder sogar die Tara-Schlucht. Neue, komfortable Hotelanlagen mit Wellness und jeglichem Schnick-Schnack, teils mit All-Inclusive, bieten Programm für abwechslungsreiche und ausgefüllte Urlaubstage. Es gibt sogar eine kleine Touristenbahn ins benachbarte Bečići. Unmittelbar nördlich der Altstadt beginnt beim Avala-

Resort ein Fußweg entlang der steilen Felsen zu den beiden schönen Abschnitten des **Mogren-Strandes**, getrennt durch einen kleinen Tunnel. Im Sommer wird hier Eintritt verlangt und ein Liegestuhl reiht sich an den anderen. Etwa 3 Kilometer nördlich von Budva befindet sich der lange und noch etwas ruhigere Strandabschnitt von Jaz. Doch nicht nur Beach & Fun machen Budva zu einem beliebten Ziel, auch die charmante, lebhafte Altstadt mit den unzähligen gemütlichen Lokalen und Shops zieht Besucher an.

Geschichte

Der älteste Küstenort Montenegros wurde einer Mythologie zufolge bereits vor über 2.500 Jahren von Kadmos gegründet, dem Sohn eines griechisch-phönizischen Königs. Demzufolge waren auch griechische Kolonisten die ersten, welche sich im 10. Jhd. v. Chr. hier niederließen. Ihnen folgten im 4. Jhd. v. Chr. illyrische Stämme, bevor sich im 2. Jhd. v. Chr. die Römer die Herrschaft über das einstige Budua sicherten. Damals lag der Bereich der Altstadt noch auf einer Insel, später entstand eine Sandbank, welche diese nun mit dem Festland verbindet. Von der ehemaligen Siedlung sind nur noch wenige, spärliche Überreste im Museum zu besichtigen. Im 12. Jhd. erfolgte eine Angliederung an das Serbische Großreich, bis diese 1442 von den Venezianern verdrängt wurden. Die Osmanen machten auch vor Budva nicht Halt, im 16. Jhd. wurde der Ort von ihnen zerstört und geplündert. Dennoch konnten sich die Venezianer bis zu deren Ablösung durch die Österreicher Ende des 18. Jhd. halten. Diese nannten Budva ihr Eigen, bis auch hier die Geschehnisse der Balkan- und Weltkriege ihren Einfluss nahmen. Die meisten Bauten entsprangen der venezianischen Epoche. Budvas Altstadt hat sowohl durch das Erdbeben von 1667 wie auch 1979 stark gelitten. Die meisten Gebäude mussten abgerissen werden, wurden aber nach österreichischen Archivplänen originalgetreu im venezianischen Stil wieder rekonstruiert. Die Mehrzahl der Hotels stammt aus der Zeit nach 1979.

Sehenswertes

Die unter Denkmalschutz stehende, autofreie **Altstadt Budvas** lädt durchaus zu einem mehrstündigen Aufenthalt ein. Venezianisch geprägte Bauten und enge, lebendige Gassen verleihen ihr einen typisch mediterranen Flair. Der große Platz vor dem Landtor wird dominiert von den modernen Unterkünften und Restaurants des Avala-Resorts dessen Ursprünge ins Jahr 1937 zurückreichen. Den gesamten Komplex errichtete man geschickt um etliche sehenswerte,

antike Mauerreste bzw. die Relikte einer Nekropole (Totenstadt), deren Gräber teilweise aus dem 5. Jhd. v. Chr. stammen. Zugang zur Altstadt besteht auch durch drei weitere Seetore und zwei Mauerdurchbrüche. Die Stadtmauern und die Wehrtürme entstanden erst zu venezianischer Zeit im 16. Jhd. als sich Budva gegen die Türken verteidigen musste. Vom Landtor führt die Ulica Njegoševa schnurgerade ins Zentrum der Altstadt. Rund um den großen Platz Trg Između Crkava vor der **Zitadelle** findet man etliche sehenswerte Kirchen. Überragt wird der Platz von der ehemaligen **katholischen Kathedrale Sveti Ivan Krstitelji** (Johannes dem Täufer geweiht) aus der Venezianerzeit. Die Grundmauern des dreischiffigen Baus stammen jedoch aus dem 9. Jhd., der markante Campanile aus dem Jahr 1876. Das Innere der Kirche dagegen ist sehr schlicht gehalten.

Südwestlich davon liegt die **orthodoxe Dreifaltigkeitskirche Sv. Trojstvo**, erbaut 1804. Auffällig ist die rot-weiße Musterung der Steine und der mit drei Glocken bestückte "Turm". Innen ist sie mit neueren byzaninischen Malereien versehen. Fast in die Mauern zur Seeseite integriert sind die kleinen **Kirchen Sveti Sava und Santa Maria**. Beide zusammen geben mit ihren äußerlichen Details ein hübsches Ensemble ab. Erstere stammt vermutlich aus dem frühen

12. Jhd., erbaut von Gesandten des Franziskanerordens, Zweitere wurde in ihrer jetzigen Form mit dem langgezogenen Anbau zwar erst 1667 errichtet, stammt aber ursprünglich aus dem Jahr 840, erbaut von den Benediktinern. Auch sie hat einen Dreiglocken"turm", dieser ist jedoch nicht bestückt. Beide Kirchen sind innen leer, das wertvolle Interieur ist während des Zweiten Weltkrieges verkauft worden. Über Treppen gelangt man zum höchsten Punkt der Altstadt. Die **Citadela** war der allererste Siedlungspunkt im Bereich der jetzigen Altstadt und schon lange eine Festungsanlage. Das Fort stammte einst von den Venezianern, in seiner langgestreckten, zweistöckigen Form wurde es aber erst zu Zeiten Österreichs fertiggestellt. Heute befindet sich im Inneren das sehenswerte **Schifffahrtsmuseum** und ein Restaurant. Zudem wird der große Platz als Freilichtbühne für zahlreiche Veranstaltungen im Sommer genutzt (Eintritt: € 2,-). Von hier oben bietet sich eine schöne Aussicht auf das Meer und Teile der Stadt. In Richtung des westlichsten Seetores Vrata Pizana 2 befindet sich das interessante **historische Stadtmuseum**. Es zeigt sowohl etliche antike Objekte, zurückgehend bis auf die griechische, illyrische und römische Zeit, als auch ethnografische Exponate sowie einige Kleidungsstücke aus dem 19. und 20. Jhd.

Veranstaltungen

Jährlich im Mai findet in Budva das Internationale Festival der mediterranen Musik statt, im Juni das Budva Music Festival mit Rock, Pop und Folk vor dem Landtor und im Juli können Freunde klassischer Musik an zahlreichen Konzerten teilnehmen. Während der Hochsommermonate treten in der Zitadelle häufig Musik- und Tanzgruppen aus aller Welt auf. Die montenegrinischen Open für Tennis werden im September ausgetragen. Ein Festivalhighlight ist der Tag des Fisches, das Sirun-Fest. Am ersten Samstag im Oktober gibt es für die Besucher kostenlos gegrillten Fisch, viel Musik und Tanz.

Sehenswertes in der Umgebung

Sveti Nikola, ein markanter Felsen mit hohen Klippen, Budva unmittelbar vorgelagert, ist mit 36 Hektar die größte Insel Montenegros. Vor langer Zeit war sie zu Fuß über eine Sandbank zu erreichen. Sie ist inzwischen unbewohnt, wird jedoch von kleinen Booten vom Hafen in Budva für Tagesausflüge angefahren. Es gibt etliche **schöne Badestrände und Buchten**. Von den zahlreichen Klöstern rund um Budva mit kulturhistorischer Bedeutung sind meist nur noch Ruinen übrig. Lohnenswert jedoch ist ein Besuch des alten **Klosters Podmaine**, im gleichnamigen nordöstlichen Stadtteil am Fuße der Paštrovići-Berge gelegen, welche auch ein wunderschönes Wandergebiet sind. Das Kloster wird auch oft **Podostrog** genannt und stammt ursprünglich

Blick auf die Altstadt vom Weg zum Mogren-Strand

ein romantischer Balkon in Budvas schöner Altstadt

das Kloster Podmaine oder Podostrog - Haupteingang

aus dem 15. Jhd. Nach dem Erdbeben 1979 wurde es sehr schön restauriert und ist heute wieder ein beliebtes Pilgerziel. Eine der beiden Klosterkirchen liegt versteckt unter dem äußeren Glockenturm. Im Gegensatz zu vielen anderen Fresken der montenegrinischen Kirchen und Klöster fallen diese hier, größtenteils noch aus dem 18. Jhd., dezenter und schlichter aus. Unmittelbar nordwestlich der Neustadt liegen auf dem Berg Spas die stattlichen **Überreste der Festung Mogren**, 1860 von den Österreichern erbaut. Von hier hat man einen wunderschönen Blick auf Budva.

Paštrovići – eine wunderschöne Landschaft mit Geschichte

Budvas sagenhaftes Hinterland hat fünf bergige und traditionelle Gebiete, eines davon trägt den Namen einer äußerst erfolgreichen Stammesfamilie – der Paštrovićis. In geschichtlichen Aufzeichnungen taucht der Name erstmals 1355 auf, als der serbische Kaiser Zar Stefan Dušan einen Adligen namens Nikolica Paštrovići auf eine diplomatische Mission nach Dubrovnik entsandte, wo er um militärische Hilfe für den Kampf gegen die Osmanen bat und mit Erfolg zurückkehrte. Als Dank und Belohnung erhielt der 12-Stammesverbund der Paštrovićis weite Landstriche um die Region Budva. Im weiteren geschichtlichen Verlauf spielten sie immer wieder eine Rolle und erwiesen sich zudem als außerordentlich erfolgreich bei Verhandlungen mit Venedig. Zwar anerkannten sie 1423 vertraglich die venezianische Herrschaft, dies brachte ihnen aber im Gegenzug die autonome Verwaltung ihrer Gebiete und freien Handel ein, mit der Garantie, keinen Zoll oder andere Abgaben entrichten zu müssen. Sie verfügten sogar über ein eigenes Gerichtswesen. Lediglich in Kriegen mussten sich die Paštrovićis der venezianischen Armee anschließen. Zum Gebiet gehörten im 16. Jhd. neun Dörfer, der Stammessitz befand sich auf Sveti Stefan. Fremde Siedler durften sich gerne im Stammesgebiet niederlassen, wurden jedoch nicht in die Gemeinschaft aufgenommen. Nach dem Ende der Oberherrschaft Venedigs 1797 sank die Anzahl der Paštrovići-Einwohnerzahl entlang des Küstengebietes stark ab, da sämtliche Vorzüge von der k.u.k. Monarchie gestrichen wurden und viele von ihnen in die montenegrinischen Bergregionen abwanderten. Heute ist der Name Paštrovići bezeichnend für einen wunderschönen, gebirgigen Landstrich zwischen der montenegrinischen Küste und dem Hinterland von Budva. Der höchste Gipfel ist der Velja Trojica mit 1.132 Metern, die schönste Rundum-Aussicht bietet der 1.087 Meter hohe Goli vrh. Es ist ein ausgezeichnetes Wandergebiet mit zahlreichen kulturellen und natürlich landschaftlichen Highlights: alte Kirchen, Klöster und Festungen, ursprüngliche Dörfer mit ihren gastfreundlichen Bewohnern und immer wieder sagenhafte Ausblicke. Eine schöne Route startet beim Kloster Praskvica aus dem 11. Jhd., 1,5 Kilometer südlich von Pržno. Sie führt über den sogenannten Jegor Weg zu einem der schönsten Dörfer mit einer tollen Sicht auf die Riviera - nach Čelobrdo. Der Weg wurde benannt nach einem russischen Priester, der 10 Jahre lang eigenhändig an der Verbindung des Ortes zur Küste baute. Auf der sehr informativen Internetseite: www.budva.travel/de/aktivitaten/aktivitaten/wanderwege/ findet man gut ausgearbeitete Wandervorschläge mit Angaben von Streckenlängen und Höhenunterschieden, auch als Download. Für Mobiltouristen eröffnet sich der Einblick in das Gebiet am besten bei einer Überquerung des Gebirgszuges über die Strecke von Budva nach Cetinje, mit immer wieder tollen Ausblicken auf die Küste, die mit dem 876 Meter hohen Seoštik-Pass ihren Höhepunkt erreicht. Kurz davor lohnt sich ein Abstecher zur alten Festung Kosmač, eine Verteidigungsanlage aus der Zeit der österreichischen Herrschaft, errichtet zum Schutz des Küstenabschnittes gegen die Stämme des Hinterlandes.

Der Küstenabschnitt zwischen Budva und Bar - Bečići, Pržno & Co.

Der kleine Ort **Bečići** liegt nur einen Katzensprung südlich von Budva, direkt an der Magistrale. Vom einst schönsten, knapp 2 Kilometer langen Naturstrand Europas (1935 gewann er den Grand Prix dafür) ist heute nicht mehr viel übrig. Nach langer touristischer Tradition ist er inzwischen mit teuren und luxuriösen Hotelkomplexen verbaut worden, Wellness, Sport und Unterhaltung inklusive. Wem das nicht reicht, fährt abends mit der Touristenbahn nach Budva. Die Strandabschnitte gehören zum größten Teil zu den mit russischen Investitionsgeldern errichteten Ferienanlagen und sind nur deren Gästen vorbehalten, somit ist Bečići also kaum für Tagesbesucher geeignet. Zudem gehören die Hotels ausschließlich der gehobenen Preisklasse an und werden vorwiegend vorab als Pauschalangebote über Reiseveranstalter gebucht. Das teuerste unter ihnen, auch mit 70 Milionen Euro die Baukosten betreffend, ist das Splendid. Hier übernachteten bereits Weltstars wie Madonna oder die Stones. Ein „einfaches"

Doppelzimmer mit Frühstück, Klima-anlage, TV, Telefon und Internet kostet ab Euro 200,--. Der Wellness-Spa-Bereich erstreckt sich über mehr als 5.000 m². Ein Blick auf den Strandab-schnitt im Sommer ist dennoch inter-essant – so sieht Urlaub Erster Klasse aus! Im Süden geht Bečići nahtlos in die vergleichbare Hotelsiedlung von **Rafailovići** über. Darauf folgt der na-türliche Strand der **Kamenovo-Bucht**, noch ohne Hotels, dafür natürlich mit dem üblichen Saisonangebot an Strand-bars. In **Pržno** ist sie noch ganz vage zu spüren – die Atmosphäre eines ehe-mals kleinen, traditionellen Fischerdor-

Traumstrand der bevorzugten Gesellschaft bei Bečići

fes mit seinen typischen Natursteinhäusern. Doch auch hier hat bereits das moderne Montenegro Einzug gehalten. Es gibt exklusive Hotels, Bars und Cafés direkt am Meer und für den Individualtouristen auch einige private Ferienappar-tements, alles natürlich in der riviera-typischen Preisklasse. Die beiden über-schaubaren Strandabschnitte sind auch für Tagestouristen zugänglich. Die Restaurants hier sind bekannt für ihre vielfältigen und ausgezeichneten Fisch-gerichte. Von Pržno gibt es einen schönen Pinienwald-Wanderweg entlang der Küste durch den **Milocer–Park** zu den **„königlichen" Stränden** bei Sveti Stefan. Auch zweigt hier die 4 Kilometer lange Zufahrt zum **Kloster Duljevo** ab. Es stammt aus dem 14. Jhd. und liegt landschaftlich wunderschön auf einem Plateau der Paštrovići-Berge etwa 450 Meter ü. M. Nach etlichen Zerstörungen durch Kriege und Erdbeben ist es inzwischen restauriert und auch wieder bewohnt. Schön sind die alten Wandmalereien und Fresken im älteren Teil der Kirche. Am südlichen Ortsrand von Pržno befindet sich das **Kloster Praskvica**, eines der ältesten an der Küste. Gegründet wurde es bereits im Jahr 1413, aller-dings belegen Archivfunde, dass bereits 1050 eine Klosterkirche errichtet wor-den war. Diese wurde dann um 1681 mit wertvollen Fresken ausgemalt, welche sich teilweise noch bis heute in einem hervorragenden Zustand erhalten haben.

der romantische Strand inmitten des Dorfes Pržno   Kloster Praskvica mit Blick auf die Bucht von Budva

Sveti Stefan und Milocer (Landkarte freytag & berndt 1:150 000 J 4)

Die malerische Insel Sveti Stefan ist zweifelsohne Montenegros Aushängeschild an der Rivieraküste und seit Eröffnung des Hotelbetriebs des „Aman Sveti Stefan" der Inbegriff von feudalem Luxus, gepaart mit romantischer Inselidylle. In keinem Reiseprospekt fehlt eine Abbildung des pittoresken kleinen Eilandes. Mit seinen attraktiven Natursteinhäusern wirkt Sveti Stefan nicht nur in seiner heutigen Form äußerst anziehend, es hat auch noch Geschichte. Diese geht zurück in das 15. Jhd., als sich 1442 Herzog Stefan aus Bosnien, der Gründer Herceg Novis, das gerade mal 1,5 Hektar kleine Inselchen zu Eigen machen wollte. Da das Gebiet aber stark von den 12 ortsansässigen Familienclans der Paštrovići beherrscht wurde, gab er seinen Plan bald auf. Die Paštrovićis machten aus dem schroffen, öden Felsen einen stark befestigten Ort der Verteidigung und schufen mit der Ansammlung von Fluchtburgen, Mauern und Häusern sogar ein wichtiges Handels- und Verwaltungszentrum der Region. Während der venezianischen Präsenz genoss Sveti Stefan Autonomierechte. Auf der Insel befinden sich drei Kirchen, die älteste war vermutlich eine der ersten Bauten auf der Insel und trägt auch deren Namen. Die anderen Kirchen stammen aus dem 19. Jhd. Doch was ist das Inselchen heute? Bereits 1952 wurden die letzten Bewohner auf das gegenüberliegende Festland zwangsausgesiedelt, um einer tolldreisten Idee zur Folge aus dem idyllischen Fischernest eine exklusive Touristenhochburg zu schaffen. Bereits 1955 entstanden aus den komplett restaurierten Gemäuern feine Apartments zur Vermietung. Der natürliche Damm, welcher Sveti Stefan mit dem Festland verband, wurde befestigt, so konnten die Wohnungen bequem erreicht werden. Nach der Unabhängigkeit 2006 erwarb die asiatische Luxus-Immobilien-Gesellschaft „Aman" für 30 Jahre sämtliche Rechte an Sveti Stefan und Teilen des davor gelegenen Festlandes. Nach umfangreichen Um- und Ausbaumaßnahmen eröffnete 2014 das „Aman Sveti Stefan", ein Luxusdörfchen für etwa 250 zahlungskräftige Gäste. € 900,- kostet die Nacht für ein Zimmer mit „Gassenblick", mit € 3.500,- darf man den Seeblick aus einer der Villen genießen. Besucher in Form von Tagestouristen werden nicht gerne gesehen und mit der Begründung, dass die Ruhe der Gäste nicht gestört werden dürfe, meist erfolgreich abgewimmelt. Doch wer für einen kurzen Bummel durch die engen Gassen € 20,- lockermacht oder die Reservierung für einen Restaurantbesuch nachweisen kann, erhält doch Zutritt.

Tourismus gehobener Klasse spielt sich aber auch landseitig ab. Vor dem Damm zieht sich das neue Sveti Stefan den Hang hinauf, das Hotel „Villa Montenegro" wurde ebenfalls von Aman aufgekauft und gehört zum Resort, ebenso pachtete Aman gleich den Park von Milocer hinzu. Dieser gleicht einem Botanischen Garten mit zahlreichen mediterranen und exotischen Pflanzen. Die Gebäude im Park Richtung Pržno stammen aus dem frühen 19. Jhd. und dienten der serbischen Königsfamilie Karađorđević als Sommersitz, heute residieren in den 27

der Sommersitz am „königlichen" Sandstrand

Zimmern ebenfalls Gäste. Herrlich ruhig liegen die beiden sandigen, „königlichen" Strandabschnitte, sind aber meist den Inselgästen vorbehalten bzw. zur Abschreckung intensiv kostenpflichtig. Der Blick vom pinienbewaldeten Park auf die Insel Sveti Stefan ist einmalig. Der Strandabschnitt südlich der Insel ist öffentlich und allgemein zugänglich, doch die Nutzung auch nicht umsonst.

Petrovac (Na Moru) am Meer und Umgebung

Der kleine, beliebte Küstenort liegt recht verkehrsgünstig mittig an der Küste zwischen Budva und Bar. Auch die alte, landschaftlich schöne Gebirgsstraße von Podgorica oder dem Skadar See kommend endet hier. Umgeben von Weinbergen, Pinienwäldern und Olivenhainen, an den Ausläufern der Paštrovići-Berge, ist er als Basis für einen Badeurlaub oder einige Wanderungen recht gut geeignet. Der Ort und der 550 Meter lange, rote Sand-/Kiesstrand der in sich abgeschlossenen Bucht ist durchaus eine gute Alternative zu den belebten Stränden bei Budva, wenngleich im Sommer nicht wesentlich ruhiger. Die zahlreichen Hotels bewegen sich preislich meist im höheren Bereich und werden vorwiegend von Pauschaltouristen gebucht. Und auch in Petrovac nagte der Tourismuszahn an der idyllischen Substanz des ehemaligen Fischerdörfchens. Wie zu erwarten, ist davon nach zwei Jahrzehnten Entwicklung nichts mehr übrig. An der Uferpromenade, hier recht ansprechend mit viel Grün, Palmen und Pinien, reiht sich das übliche Angebot an Bars, Fast-Food, Restaurants und Cafés aneinander. Am südlichen Strandende gelangt man durch einen 10 Meter langen Tunnel zum malerisch gelegenen Ausflugslokal "Ponta". Kulturell ist man flott durch die wenigen geschichtlichen Überreste durch. Die Ortsgründung geht

zurück auf die Illyrer, auch römische Ruinen fand man in der Nähe. Die Reste einiger Bodenmosaike aus dem 3. und 4. Jhd. nahe der kleinen orthodoxen Kirche Sveti Ilija im Zentrum sind derzeit nicht zugänglich. Weitere Aufzeichnungen belegen eine offizielle Gründung durch die Serben für das 12. Jhd., im weiteren geschichtlichen Verlauf durchlief Petrovac, das bis 1918 Lastva hieß, wie fast alle anderen Orte an der montenegrinischen Küste eine venezianisch-österreichische Biografie.

Übrig geblieben sind ein **venezianisches Kastell**, das österreichische Lazarett und eine Kirche auf den schroffen, zerklüfteten Nordfelsen. Im **restaurierten Lazarett** befindet sich heute ein Restaurant. Wem es in der Saison am mehr als gut belegten Stadtstrand zu voll wird, kann sich auch in die nur 500 Meter entfernte Bucht von Lučice zurückziehen, über einen Weg vom südlichen Ortsausgang am Sportplatz vorbei zu erreichen. Der angenehm grüne Strandabschnitt verfügt landseitig über keine Hotels und hier dürfte sich auch im Hochsommer noch das eine oder andere freie Fleckchen finden lassen. Die örtlichen Bootsverleiher bieten auch Exkurse zu etlichen schönen, **nur vom Meer aus zugänglichen Badebuchten**. Die beiden vorgelagerten **Inselchen Katič und Sveta Neđelja** sind beliebte Taucherziele. Auf Letzterer befindet sich eine kleine Kirche voller Votivgaben gestrandeter Seefahrer. Etwa 3 Kilometer nördlich, direkt an der Magistrale, liegt das sehenswerte orthodoxe **Kloster Reževići**. Bereits in der Antike befand sich hier eine Gottesstätte. Die heutige Anlage umfasst drei Kirchen. Maria Himmelfahrt ließ König Stefan I. 1226 erbauen, Archidiakons Stefan errichtete 1351 Zar Dušan zu Ehren der Adelsfamilie Paštrovići. Diese wurde jedoch zerstört und an ihrer Stelle entstand im 19. Jhd. ein größerer Bau. Die große Kirche der Hl. Dreifaltigkeit stammt aus dem Jahr 1770, erst 1839 erhielt sie den markanten Glockenturm. Ebenfalls im 19. Jhd. entstanden die Herbergen. Die erhaltenen Fresken aus mehreren Jahrhunderten sind teilweise mit tiefsatten Farben recht modern rekonstruiert worden. Die Mönche hier verkaufen selbstgemachten Käse, Olivenöl, Honig und andere Bioprodukte. Der Weg hinter dem Kloster führt zu einer kleinen Bucht, welche jedoch fast komplett mit einem Hotelkomplex zugebaut wurde. Ein weiteres **Kloster**, welches einen Besuch lohnt, ist **Gradište**. Es befindet sich bei Buljarica, etwas erhöht neben der Magistrale. Es ist bereits 1116, angeblich auf den Resten eines antiken Bauwerkes errichtet worden. Der Komplex beherbergt drei Kirchen und Pilgerunterkünfte. Die große Kirche Sv. Nikola enthält eine schöne Ikonastase aus dem späten 18. Jhd. Wie fast alle Klöster wurde es mehrmals zerstört und nach dem Erdbeben von 1979 erst wieder restauriert.

Die Buljarica-Bucht und Čanj
Der weite Küstenabschnitt von Buljarica besteht aus einem 2,25 Kilometer langen Kiesstrand, dem kleinen gleichnamigen, ursprünglichen Örtchen, viel grüner Fläche und zahlreichen Olivenhainen. Das dünn besiedelte

die Buljarica-Bucht mit ihrem langen Strand und viel Grün

Flachland wird landseitig komplett von Hügeln umschlossen und liegt sogar ein wenig unter dem Meeresspiegel, was die satte Vegetation begünstigt. Hier kann man noch wirklich erschwinglich Urlaub machen, das Unterkunftsangebot beschränkt sich auf Kleinhotels, Apartmanis, Pensionen und Privatunterkünfte. Selbst im Sommer ist der Strand überschaubar frequentiert, die Besucher verlieren sich einfach bei der Weite. Zudem führen in den südlichen Teil der Bucht keine vernünftigen Zufahrtswege. Leider ist so mancher Meter recht vermüllt.

Etwas nördlich vom Ortskern liegt das **Auto Kamp Maslina**. Der ehemals verwahrloste Platz wurde kürzlich wieder **sehr schön hergerichtet**, die Sanitäranlagen auf Vordermann gebracht und das Serviceangebot umfassend erweitert. Die schattigen Stellplätze im Olivenhain sind geräumig, zudem gibt es einen Zugangsweg zum Meer. Der junge Betreiber Michael Zaradic spricht perfekt deutsch und setzt hauptsächlich auf deutsche und holländische Gäste; gute Vorabinformationen**: www.campingmaslina.com** (auch auf deutsch). Einige Kilometer weiter, südlich des 280 Meter hohen Dubovica-Küstenberges, liegt Čanj. Auch dieser Ort wird eher dominiert von Unterkünften für Urlauber mit schmalem Budget und Liebhaber lauter Musik, zwei Diskotheken sorgen im Sommer unüberhörbar für nächtliche Unterhaltung. Am Wochenende wird der Strand von Tagesbesuchern aus Podgorica bevölkert (und zugemüllt), durch die neue Schnellstraße und den Sozina-Tunnel (mautpflichtig!) durch die Berge benötigt man gerade mal 45 Minuten bis hierher. Besser weicht man mit dem Boot zur malerischen und ruhiger gelegenen Pečin-Bucht, nördlich von Čanj aus.

Sutomore (Karte freytag & berndt 1:150 000 J 4)
Die überschaubare Küstenstadt ist praktisch der öffentliche Strand der Großgemeinde Bar und der Hauptstadt Podgorica und dieser ist etwa 2 km lang. Der Ort verfügt über eine Bahnanbindung, was ihn bei Reisenden mit öffentlichen Verkehrsmitteln beliebt macht. Hauptsächlich besteht er aus Hotels und anderen Unterkünften, recht günstig im 2-Sterne-Bereich mit einfacher Ausstattung. Diese haben aber auch meist nur von Mai bis September geöffnet, dann gibt es auch hier das übliche Angebot an Wassersport. Gut geeignet ist Sutomore als Ausgangspunkt für Wanderungen im Rumija-Gebirge. Geschichtliche Überreste sucht man vergebens, kulturhistorisch gibt es hier überhaupt nichts zu sehen. Für Freunde alter Mauern und Ruinen lohnt sich evtl. ein Ausflug zur alten Festung Haj Nehaj auf dem Berg Richtung Petrovac gelegen (gut ausgeschildert und von unten zu sehen, mit etwa 20 Minuten Fußmarsch auf steinigem

Gelände). Im 16. Jhd. verlief die Grenze zwischen venezianischem und osmanischem Territorium bei Sutomore und Petrovac, somit wurde auf dem schon vorher bewohnten Hügel, mit einer Kirche aus dem 13. Jhd., eine Verteidigungsanlage errichtet. Unklar ist, ob eine rein Venezianische zur Verteidigung des südlichen Grenzgebietes oder eine Osmanische. Sicher aber ist, dass sie nach der Verlegung der Grenze zwischen Bar und Sutomore (Berliner Kongress von 1878) von den Türken zerstört wur-

der große Strandabschnitt bei Sutomore lädt zum Baden ein

de. Auf jeden Fall wunderschön hier oben ist der Blick auf den Küstenabschnitt. **Tipp:** Etwas nördlich von Sutomore gibt es beim Ort Zagrade etliche wunderschöne kleine, fast einsame Badebuchten unterhalb eines weiten Pinienwaldes.

Bar und Stari Bar (Karte freytag & berndt 1 : 150 000 K 5) (Highlight)
Die drittgrößte Stadt Montenegros zählt knapp 15.000 Einwohner und ist zugleich die größte Hafenstadt des Landes. Das „weite Tor des Landes" liegt am Fuße des Rumija-Gebirges und trennt die montenegrinische Riviera von der Ausgleichsküste bei Ulcinj und der Ada Bojana ganz im Süden des Landes. Mit den umliegenden Gemeinden leben derzeit etwa 60.000 Menschen in der Region Bar, wovon aber weniger als die Hälfte Montenegriner sind. Serben, Albaner, Bosnier, Kroaten und Roma bilden die Restbevölkerung. Bar sticht leider schon von weitem mit seinen modernen, ausgedehnten Verlade- und Fährterminals sowie den riesigen, angrenzenden Tanklagern etwas unattraktiv ins Auge. Vom ursprünglichen Fischerdorf, welches sich nach Zerstörung der Altstadt 1878 an der Küste entwickelt hat, ist auch hier nichts mehr übrig. Mit dem Ausbau des Hafens nach dem Krieg entwickelte sich Bar zu einem wachsenden Wirtschafts- territorium mit zahlreichen Neubauten, einem ausgedehnten Straßennetz und einer erstklassigen Infrastruktur. Es ist eine sehr moderne, saubere und weit- läufige Stadt, welche bei näherem Hinsehen mit ihren zahlreichen Park- und Grünanlagen und sonstigen Annehmlichkeiten eine sehr angenehme Atmosphäre vermittelt. Allein ein Spaziergang im Hafenbereich und zur Sommerresidenz des Fürsten Nikola erweist sich als lohnenswert. Die Passagierfähren von hier ver-

kehren hauptsächlich nach Ancona Bari und Brindisi in Italien. Hier befindet sich auch die Endstation der Bahnlinie über Podgorica und die montenegrinische Bergwelt ins serbische Belgrad – kurz auch Titos Gebirgsbahn genannt. Neben dem Handel, welchen der Hafen mit sich bringt, stellt hauptsächlich der wachsende Tourismus einen be- deutenden Wirtschaftszweig dar, wenn auch nicht ganz so ausge- prägt wie in anderen Küstenorten. Nördlich der Marina gibt es bis zum Vorort Šušanj etliche Strand- abschnitte, hier konzentrieren sich die Unterkünfte, wobei das Hotel-

der Blick von Stari-Bar auf die Neustadt und den Hafen

angebot jedoch recht übersichtlich ist. Die Stadt bietet aber auch ganzjährig ein reiches Kulturangebot mit Theateraufführungen, Konzerten und Ausstellungen, im Mai findet hier alljährlich wiederkehrend das Fernsehfilm-Festival statt.

Geschichte
Auch Bars Umgebung war in der Antike illyrisch besiedelt und wurde später von den Römern eingenommen. Doch erst im 6. Jhd. entstand unter Kaiser Justinian eine befestigte Siedlung nachdem die Serben Teile der Gegend verwüstet hatten. Im 9. Jhd. gründete man das erste Bistum. Die Stadt wurde damals als Antivareos oder Antibarum in den Aufzeichnungen geführt, was soviel bedeutet „der italienischen Stadt Bari gegenüberliegend". Im 10. Jhd. bestimmte man den Ort als eines der Zentren des inzwischen von den slawischen Zeta besiedelten Gebietes, welche jedoch zum byzantinischen Reich gehörte. Die letzte byzantinische Periode endete 1183 als die gesamte Küste von den

Nemajiden, einer serbischen Herrscherdynastie der auch Zar Dušan angehörte,
eingenommen wurde. Ab Beginn des 14.
Jhd. wechselten die Herrscher über Bar oft.
Venezianer, Ungarn, Serben, und die Fürstenfamilie der Balšić beanspruchten abwechselnd das Territorium, bis ab 1443
endgültig die Venezianer die Oberherrschaft
übernahmen. Diese dauerte bis 1571, ab
dem Mittelalter bis zu diesem Zeitpunkt
konnte Bar aber stets innere Autonomie
bewahren und prägte sogar eigene Münzen.
Doch gegen die Osmanen war man hier

die Altstadt Stari Bar und das Rumija-Gebirge

über kurz oder lang machtlos. 1528 zum
ersten Mal besetzt, musste ihnen die Stadt
1571 von den Venezianern endgültig für die
nächsten 307 Jahre überlassen werden.
Entgegen sonstiger Osmanenstädte erlebte
Bar aber bereits im 17. Jhd. einen Verfall.
1877 wurden große Teile der Stadt bei
einem Angriff durch die Montenegriner
zerstört und 1878 erhielt das Fürstentum
Montenegro auf dem Berliner Kongress den
Zuspruch Bars und auch den von Ulcinj,
wodurch sie endlich einen Zugang zum

der Weg in die Altstadt - touristisch gestaltet

Meer für sich behaupten konnten. Doch
große Teile der Stadt verfielen und die
Bevölkerung wanderte ab an die Küste wo
das neue Bar entstand. 1908 stellte man
mit der Antivari-Bahn von Bar nach Virpazar die erste Bahnverbindung Montenegros fertig. Während des Ersten Weltkrieges war Bar vom österreichischen
Militär besetzt, erst anschließend wurde die
Stadt Teil Jugoslawiens. Die letzten Bewohner verließen Stari Bar nach dem Erdbeben
von 1979. Drei Jahre vorher wurde bereits der neue Normalspurbahnanschluss
über Podgorica nach Belgrad fertiggestellt.

die Reste der alten Stadt sind sehr sehenswert

Sehenswertes

Bars Wurzeln liegen wenige Kilometer oberhalb der geschäftigen Hafenstadt. Die
Altstadt Bars, malerisch und strategisch
günstig auf einem Felsplateau an den Hängen des Rumija-Gebirges gelegen, wurde
bei der Übernahme durch die Montenegriner 1878 von den Türken weitgehend
selbst zerstört und daraufhin verlassen.
100 Jahre später setzte das schwere Erd-

so reiste man vor Titos Zeiten in Montenegro

beben der Ruinenstadt nochmals arg zu, etliche der ursprünglich 240 Gebäude wurden aber inzwischen wieder rekonstruiert. Mit einem Spaziergang durch die alten venezianischen und türkischen Gemäuer, eingerahmt in eine ansprechende Landschaft fühlt sich jeder Besucher zurückversetzt in eine Vielzahl vergangener Epochen von über 2.000 Jahren Besiedelung. Zumal hier der übliche geschäftige Trubel innerhalb der obligatorischen Altstadtmauern fehlt. Doch den Weg vom Parkplatz dorthin säumen Bars, Cafés, Souvenirshops und kleine Gästehäuser. Nach der Besichtigung Stari-Bars lohnt sich eine Pause im muslimischen Gasthaus „Kaldrema" mit traditionellen, hausgemachten Spezialitäten. Ab dem Haupttor startet man den Rundgang am besten im Uhrzeigersinn, links vorbei am alten **Zollhaus**, hier gibt es eine kleine Ausstellung. Einige Meter vom osmanischen **Pulverturm** gelangt man auf die **Zitadelle** die ab dem 11. Jhd. entstand und zu venezianischer Zeit fertiggestellt wurde. Hier, vom höchsten Punkt, hat man den schönsten Blick auf die Stadt und das dahinterliegende Tal mit seinen Olivenbaumbeständen. Das **Aquädukt** jenseits der Mauern stammt aus türkischer Zeit und erwies sich aufgrund seiner abgeknickten Konstruktion als recht erdbebensicher. Am Pulverturm zurück, liegt links die kleine Kirche **Sveti Ivan** aus dem 15. Jhd. Als nächstes fällt ein gut restaurierter **venezianischer Palast** auf, wenige Meter weiter gelangt man links zur Kirche **Sv. Veneranda** aus dem 14.

das erdbebensichere Aquädukt in Bar

Jhd. Geradeaus durch die Ruinen erreicht man den Aussichtspunkt bei den Grundmauerresten der **St. Georgs-Kathedrale**. Westlich davon liegen die Reste der gotischen **St. Katharina-Kirche**, etwas weiter der restaurierte **Uhrturm**, von den Türken 1752 erbaut. Nördlich davon findet man zum recht gut erhaltenen Hamam, mit einer durchdachten Dampftechnik ausgestattet. Bevor man geradeaus weiter wieder das Haupttor erreicht, passiert man die Ruinen des **Fürsten- und Bischofspalast**. Selbstverständlich gab es auch etliche Moscheen, diese wurden aber in der Zeit nach der türkischen Niederlage wieder umgebaut. Stari Bar erlebte seine Blütezeit im 16. Jhd., damals bewohnten etwa 4.000 Menschen den Stadtbereich. Die Gebäude sind mittels Schilder gekennzeichnet (geöffnet 10-18 h, Eintritt: € 2,--, Faltplan erhältlich). Auch in der Neustadt von Bar gibt es Sehenswertes. Auffällig und bekannt ist das zentral gelegene, futuristische **Warenhaus oder Einkaufscenter** aus sozialistischer Zeit - **Robna kuća**. Es besteht aus drei miteinander verbundenen, hutartigen Bauelementen mit sechseckigen Fenstern und einer unterschiedlichen Anzahl an Stockwerken. Am Platz davor thront ein Obelisk mit dem Wappen Bars. An gleicher Stelle "tickt" eine **Sonnenuhr** mit einem im Boden eingelassenen Betonzeiger und Ziffernblatt. Ein Prunkstück neuestem Datums ist die moderne und elegant wirkende **serbisch-orthodoxe Kirche** an der

Robna kuća - Bars Neustadt in Gewitterstimmung

nördlichen Zufahrtsstraße gelegen, dem Schutzheiligen der Stadt Jovan Vladimir gewidmet. Die ehemalige **Sommerresidenz Dvorac Kralja** des Fürsten und späteren Königs Nikola befindet sich in der Nähe des Yacht- und Sportbootha-fens. Der hellgelbe Palast stammt aus dem Jahr 1885 und diente dem König und begeisterten Segler nicht nur als Feriensitz, hier empfing er auch bequem Staatsgäste, welche über den Seeweg anreisten. Er selbst war im Besitz meh-rerer bemerkenswerter Yachten, welche hier vor Anker lagen. Damals war dieser Bereich des Hafens ausschließlich der Königsfamilie vorbehalten. Das schöne Gebäude im Jugendstil ist von einem schattigen Park umgeben mit Pflanzen aus aller Welt, im Inneren beherbergt es heute das sehenswerte Heimatmuseum. Darin ausgestellt werden Funde aus Stari Bar, Antiquitäten, Ölpressen, Getreidemühlen, edles Mobiliar, Trachten und Kleidung aus der damaligen Zeit und die Geschichte über den Bau der Eisenbahnlinie zwischen Bar und Virpazar. Ebenfalls zur Anlage gehört ein kleines Palais, eigens für seine Tochter Zorka errichtet (8 h–14 h, 17 h–21 h, Eintritt € 2,--). (Von Stari Bar aus beginnt der etwa fünf Stunden lange Wanderweg auf den Gipfel der Rumija.)

Sehenswertes in der Umgebung

In der Nähe der Altstadt findet man mit der Ausschilderung „Stara Maslina" (Richtung Ulcinj) den vielleicht **ältesten Olivenbaum Europas – den Ölbaum von Mirocica**. Über 2.300 Jahre soll er alt sein und angeblich immer noch Früchte tragen! Eine Besichtigung des eingemauerten Baumes kostet € 1,--. Weitere, bestimmt sehr alte Exemplare gibt es in den üppigen Olivenhainen rund um Bar, an die 100.000 sollen es zwischen hier und Ulcinj sein. Das Oli-venöl der Region gilt als das beste Montenegros, wird auf traditionelle Art immer noch mittels Steinmühlen kaltgepresst und oft mit Knoblauch verfeinert. Die hochqualitative Ware aus dem Hause „Olio Prom" hat aufgrund seines hervorra-genden Geschmacks und der guten Bioqualität natürlich auch seinen Preis.

Der Küstenabschnitt zwischen Bar und Ulcinj

Sobald man den 256 Meter hohen Küstenberg Volujica südlich von Bar um-rundet hat, gelangt man zu einigen wirklich schönen, teils feinkiesigen Strand-abschnitten und Buchten vor der Kulisse des Rumija-Gebirges. Diese sind sogar noch nicht ganz so arg verbaut wie die Strände bis Bar, es geht etwas ruhiger zu, doch das Unterkunftsangebot ist gut. Gleich bei Dobra Voda befindet sich der 0,5 Kilometer lange Strand von Nisice. Daran schließt sich der Ferienort Utheja in der Bucht Uvala Maslina an. Durch die unterirdischen Süßwasserquel-len ist das Wasser hier ungewöhnlich türkis und klar. Die öffentlichen, teils feinkiesigen Strände bis Kruče sind zwischen 200 und 800 Meter lang, zudem gibt es etliche kleine Badebuchten. Das Hinterland ist übersät von Olivenhainen, welche der Maslina-Bucht auch ihren Namen gaben. Der Hauptstrand von Utheja wurde mit der „Blauen Flagge" ausgezeichnet, ein Güte-zeichen für Sauberkeit und nachhaltigen Tou-rismus. Auch hat hier das erste Feriendomizil des Landes, die „Apartments Utheja", 2012 das erste EU-Ecolabel als Nicht-EU-Land er-halten, das höchste Umweltsigel der EU für Tourismusbetriebe. Der Betreiber der fünf Ferienwohnungen legt großen Wert auf Um-weltschutz und effizienten Energieverbrauch.

blau, blau, blau... und der weiße Strand

Bucht von Valdanos

Die hufeisenförmige Bucht mit ihrem schmalen, aber doch 320 Meter langen Sand-/Kiesabschnitt ist eine der schönsten Montenegros. Beidseitig bilden schroffe Felsen den Abschluss, das hügelige Hinterland ist ausgesprochen grün, nach einem Streifen Kiefernbäume erstrecken sich endlose Olivenhaine. Das Durchschnittsalter der Ölbäume liegt bei 300 Jahren, manche stammen sogar noch aus griechischer Zeit, also v. Chr. Das Olivenöl der Gegend gehört zum besten des Landes. Bis zur jugoslawischen Ära war Valdanos Piratenstützpunkt und auch Quarantänehafen von Ulcinj. Danach diente sie dem Militär zu Erholungszwecken, noch heute sind Teile des Gebiets Sperrgebiet. Der Strand jedoch ist zugänglich und auch im Sommer übersichtlich frequentiert da es an Unterkünften fehlt. Der sozialistische Campingplatz mit seinen 200 Stellplätzen, Bungalows, Shops und Restaurants hat es jedoch nicht bis in die Gegenwart geschafft. In den Hügeln und Bergen rund um Valdanos gibt es zahlreiche Höhlen.

Das Rumija-Gebirge

Die Rumija im Südosten Montenegros erstreckt sich über nur 10 Kilometer und bildet mit den Paštrovići-Bergen eine natürliche Grenze zwischen der Adria und dem Skadar See sowie der Zeta-Ebene bei Podgorica. Dieses Gebirge war historisch auch stets wichtig und konnte nur an wenigen Stellen überwunden werden. Heute geht das mit dem Fahrzeug nur über den 805 Meter hohen Pass bei Sutorman. Der höchste Gipfel ist 1.594 Meter hoch, trägt den gleichen Namen wie das Gebirge und bietet wohl einen der spektakulärsten Blicke auf die Küste und auch auf weite Teile des Hinterlandes. Zur Adria fällt die Rumija sehr steil ab und bildet mit über 1.500 Metern eine der höchsten Höhendifferenzen Montenegros. Der Gebirgszug ist ebenfalls ein ausgezeichnetes, küstennahes Wandergebiet, so ist z.B. der Gipfel ab der Altstadt von Bar in etwa 5 Stunden zu erwandern. Auch um die Gegend des kleinen Ortes Vladimir, zwischen Krute und Donja Klezna, nahe der albanischen Grenze gibt es einige gute und auch entsprechend ausgeschilderte Wandertrails (alle mit Länge, Zeit und Schwierigkeitsgrad; manchmal sogar mit guten Zusatzinfos auf großen Tafeln) in das Gebiet. Und von Sutomore aus erreicht man ebenfalls in etwa 5 Stunden den Gipfel der Vrsuta auf 1.183 Metern Höhe. Kürzere Wanderungen sind ebenso direkt ab der Passstraße gut möglich, auch hier allesamt bestens ausgeschildert und gekennzeichnet. Am Übergang von der Rumija zu den Paštrovići-Bergen wurde 2005 der 4.189 Meter lange, gebührenpflichtige Sozina-Tunnel für eine schnelle Passage der Gebirgszüge ermöglicht, somit sind die Passstraßen inzwischen kaum befahren und damit auch in einem entsprechendem Zustand. Der Rumija-Gipfel hat auch eine höchst religiöse Bedeutung. Ein Zeichen der Intoleranz gegenüber den katholischen Christen im Land, welche alljährlich in einer großen Pfingstprozession vom Dorf Velij Mikulići auf den Gipfel ziehen und dem Märtyrer und Schutzpatron der Stadt Bar Jovan Vladimir gedenken, setzte man mit einer unüberdachten Dreistigkeit aus serbischem Haus im Juni 2005. Die serbisch-orthodoxe Kirche wollte ihr Standbein in Montenegro bekräftigen und das ausgerechnet im von Katholiken und Moslems geprägten Gebiet um die Rumija. Mit Hilfe eines serbischen Armeehubschraubers (damals stand das gesamte Militär noch unter Belgrads Kommando) platzierte man ohne Genehmigung der montenegrinischen Behörden mitten auf dem Gipfel die 8 m² große Blechkapelle der Heiligen Dreifaltigkeit. Die Nacht-und-Nebel-Aktion hatte weniger einen religiösen Hintergrund, sondern war eine absolut unverschämte Machtdemonstration und Provokation Montenegros zum damals bevorstehenden Unabhängigkeitsreferendum.

Einen guten Zweck erfüllt das Kirchlein heute dennoch - als Schutzhütte für Wanderer.

Ulcinj (Karte freytag & berndt L 6) (Tip-Tipp)

Die knapp 22.000 Einwohner zählende, südlichste Stadt Montenegros ist nicht nur optisch äußerst muslimisch geprägt. Allein 75% der Bevölkerung sind muslimische Albaner, hinzu kommen nur 13% Montenegriner sowie wenige Serben

die Altstadt thront auf dem Felsen hoch über Ulcinjs Neustadt

und Bosniaken, welche sich zur katholischen bzw. orthodoxen Kirche zugehörig zählen. Somit ist die Stadt ein regelrechter Schmelztigel dreier religiöser Kulturen - und das spürbar. Ulcinj wirkt mit seinen unzähligen Minaretten und dem hektischen, quirligen Straßentreiben einfach alles andere als montenegrinisch und hat den ganz aussergewöhnlichen, orientalischen Flair einer charakteristischen Balkanstadt. Serbische Straßenbezeichnungen sucht man meist vergeblich und auch die offizielle Stadtsprache ist albanisch. Seit Jahrzehnten bereits ist Ulcinj eine beliebte Urlaubsdestination. Vor dem Jugoslawienkrieg war sie das hauptsächlich für Deutsche, Franzosen, Italiener und Engländer, heute bevölkern im Sommer vorwiegend Kosovo-Albaner und im Ausland lebende Albaner den Ort denn nirgendwo sonst im Land können sie sich mittels ihrer Muttersprache verständlich machen. Somit ist auch die touristische Infrastruktur sehr gut entwickelt und das reichliche Unterkunftsangebot von Privatzimmern bis hin zu guten Hotels bewegt sich im bezahlbaren Rahmen. Der Ort verfügt über mehrere Strandabschnitte und Badebuchten. Sobald die Badesaison beginnt, ist der "Kleine Stadtstrand - Mala Plaža", oder albanisch "Plazhi i vogël" mit seinem dunklen Sand immer überfüllt. Kleinere Abschnitte schliessen sich südlich an und ganz am Ortsrand, unterhalb des Hotels Albatros, befindet sich der "Plaza za Zene", ein Strand nur für Frauen, dessen warme Schwefelquellen angeblich die Fruchtbarkeit fördern. Ulcinj trug lange Zeit den ungeschriebenen Beinamen eines Piratenstützpunktes und Sklavenmarktes. Dem fiel auch der

bekannte spanische Nationaldichter und Schriftsteller Miguel de Cervantes (Don Quijote) zum Opfer. Mitte des 16. Jhd. diente er der spanischen Marine und wurde 1571 in eine Schlacht gegen Türken im Ionischen Meer verwickelt. Verwundet schaffte man ihn nach Ulcinj, wo er bis zum Freikauf, angeblich fünf Jahre später, als Sklave gehalten wurde. Jedes Jahr am ersten Samstag im April wird mit Konzerten, Sportveranstaltungen und anderen Festivitäten der "Ulcinj-Tag" gefeiert - der Beginn der touristischen Saison, die Olivenernte des vergangenen Jahres und auch die Eröffnung der Segelsaison.

Stadtstrand von der Altsadt aus mit dem Hafen

Geschichte

Ulcinj kann auf eine über 2.500 Jahre alte Geschichte zurückblicken, welche mit der Besiedelung durch illyrische Stämme auf dem Felsen der Altstadt und in unmittelbarer Umgebung begann. Daneben ließen sich bereits im 5. Jhd. v. Chr. griechische Kolonisten nieder, wobei die illyrischen Königreiche jedoch ihren Einfluss erhalten konnten. 163 v. Chr. übernahmen die Römer die Herrschaft über das damalige Olcinium und es entstand eine befestigte Stadt mit vorwiegend römischen Bürgern. Bald hatte sie den Status einer eigenständigen Stadt, war jedoch zum größten Teil in ihren Rechten und Pflichten Rom gegenüber Rechenschaft schuldig. Nach der Teilung des Reiches gehörte Ulcinj zu Ostrom und sämtliche Bürger bekannten sich zum Christentum. Bald darauf existierte auch ein Bischofssitz und das Bistum konnte sich bis zu Beginn der osmanischen Herrschaft seinen Einfluss sichern. Zwischen dem 9. und 12. Jhd. gehörte die Stadt zu verschiedenen Fürstentümern innerhalb des Serbischen Reiches und entwickelte sich zu einem äußerst wichtigen Hafen und Handelszentrum der Serben. Unter der Herrschaft der serbischen Balšić konnte der Status weiter gefestigt werden, denn ihre Einwohner galten inzwischen als gefürchtete Piraten. Nach kurzem venezianischem Einfluss zählte die Stadt ab 1571 zum Osmanischen Reich. Ebenso wie andere Küstenorte konnten sich die Montenegriner 1878 Ulcinj endlich im Krieg gegen die Osmanen erobern. Da die Türken jedoch vehement ihren Anspruch auf Ulcinj vertraten, konnte die Stadt erst im November 1880, nach Intervention der damaligen Großmächte, endgültig dem Fürstentum Montenegro angegliedert werden.

die alte Kirchenmoschee - teilrestauriert

Sehenswertes

Ulqinj hat eine äußerst **sehenswerte Altstadt**, welche sich malerisch auf einem vorliegenden Felsplateau am nordwestlichen Stadtrand emporzieht. Dieses war bis 1444 ein gutes Stück größer, damals stürzten bei einem Erdbeben große Fels- und Gebäudeteile ins Meer, einige davon sind von der Mauer aus noch zu sehen. Auch die Erschütterungen von 1667 und 1979 kosteten der Stadt viel Substanz, doch die meisten der alten Bauwerke konnten inzwischen originalgetreu rekonstruiert und restauriert werden. In ihren Ursprüngen wurde die Altstadt fast ausschließlich zu militärischen Zwecken genutzt, wobei man einen eigenen Brunnen und Vorratsräume hatte und sich somit auch eine Zeitlang eigenständig versorgen konnte. Gewohnt wurde vorwiegend um den natürlichen Hafen unten am Meer. Den Rundgang beginnt man am besten durch das stattliche **südliche Hafentor**, welches über eine schmale Treppe vom Parkplatz bzw. den Ankerplätzen aus zu erreichen ist. Unmittelbar dahinter befindet sich rechts etwas erhöht der restaurierte **Palata Venezia**, die Räumlichkeiten wurden zu Apartments umfunktioniert. Auch im **Palast** der serbischen Herrscher- und Adelsfamilie Balšić **(Dvori Balšića)** aus dem 14. Jhd. kann man heute in geräumigen Apartments, teils mit toller Aussicht, gut ein paar schöne Urlaubstage verbringen.

Durch die malerischen schmalen Gassen gelangt man zum höchsten Punkt der Altstadt. In der **Zitadelle**, welche erst zu venezianischer Zeit fertiggestellt wurde, ist das sehenswerte **Stadtmuseum** untergebracht. Ausgestellt werden neben Trachten und Gebrauchsgegenständen aus Haushalt und Handwerk in den Mauergewölben auch archäologische Fundstücke und Berge von Kanonenkugeln. Im **vierstöckigen Wehrturm (Kula)**, welcher ebenfalls den Namen der Familie Balšića trägt, ist eine Kunstgalerie untergebracht. Die einstige **Kirche der Hl.Maria**, 1510 von den Venezianern errichtet, wurde später mit einem Minarett versehen und in eine Moschee umfunktioniert, sie trägt nun auch den Namen Kirchenmoschee. Daneben werden hier etliche antike Exponate ausge-

stellt, sehenswert ist zudem die originalgetreue **Miniaturnachbildung der Altstadt**. (Eintritt: im Sommer von 9-14 h, 16-19 h, im Winter 8-15 h; € 1,--.) Ebenfalls sehenswert hier oben sind die ungeheuer starken Mauerabschnitte, die sogenannten **Zyklopenmauern**, aus unterschiedlich großen Steinen unregelmäßig zusammengesetzt. Durch das Landtor gelangt man auf die Buda Tomovič, welche in die Neustadt führt. Doch Ulcinj ist nicht nur innerhalb der alten Stadtmauern sehenswert. 200 Meter vom Landtor stadteinwärts passiert man eine der acht Moscheen der Stadt, die **Xhamia Sinan Pasha** mit dem schlanken Minarett aus dem Jahr 1719. Direkt nebenan befindet sich ein **Hamam**. Leider sind beide meistens verschlossen, vom Innenhof der Moschee kann man jedoch einen Blick in den Zentralbereich der Badeanstalt werfen. Unten an der Strandpromenade liegt die hübsche **Xhamia e Detarëve**. Auch Seemannsmoschee genannt, wurde sie im 14. Jhd. ursprünglich als Leuchtturm errichtet und erst im späten 17. Jhd. zu einer Moschee umfunktioniert. Weiter bergauf Richtung Magistrale befindet sich rechts die **Hauptmoschee Xhamia Namazgjahu**, errichtet 1728. Diese wichtige Moschee, auch **Xhamia Pazarit** genannt, wurde vor kurzem aufwendig renoviert. Schräg dahinter fällt der weit sichtbare **Uhrturm Sahat Kula** von 1754 auf. An der Hauptstraße am Kreisverkehr etwa 100 m links liegt die kleine **Xhamia e Lamit** aus dem Jahr 1689. Richtung Velika Plažha gibt es noch zwei weitere nennenswerte Moscheen. Gleich rechts am Kreisverkehr Sheshi i Ullirit die 1995 neu restaurierte und moderne **Xhamia e Kryepazarit, auch Xhamia e Majapazarit** genannt, ursprünglich 1749 errichtet. Und 100 Meter weiter und dann links etwas nach hinten versetzt die schlichte **Xhamia e Bregut** aus dem Jahr 1783, restauriert 1986. Auf der anderen Straßenseite des Boulevard Đerđ Kastrioti Skanderbeg findet jeden Vormittag ein wirklich original **orientalischer Markt bzw. Bazar** statt. Traditionell gekleidete Frauen bieten am Zelena Pijaca alles an was die Landwirtschaft hergibt. Die Männer sind für die handfesteren Nahrungsmittel wie Fisch und Fleisch zuständig. Dafür haben sie früher Feierabend, ab mittags lichtet sich jedoch das Spektakel. Feilschen ist hier durchaus üblich.

Sehenswertes in der Umgebung

Ulcinjska Solana - Wenige Kilometer südlich vom Zentrum überquert man den Kanal Port Milena. Dahinter erstreckt sich landseitig die große Meeressalzsaline von Ulcinj. Mit 1.500 Hektar ist sie eine der Größten im Mittelmeerraum. Zahllose kleine Wasserläufe durchziehen das Gebiet, diese verlaufen sich aber in den Dünen, welche das Meer vom Hinterland trennen. Gleichzeitig strömt Meerwasser über den Kanal landeinwärts und verdunstet in den Sümpfen. Das Gebiet ist zugleich reich an unzähligen Vogelarten und ein wichtiges Brut- und Überwinterungsquartier. In manchen Jahren werden hier bis zu 100 Krauskopfpelikane und 200 Löffler gleichzeitig gesichtet. Auch Bussarde, Fischadler, Falken und Milane sind hier beheimatet. Durch die zunehmende touristische Erschliessung und Wilderei im Herbst ist die Oase der Zugvögel zunehmend in Gefahr.

Šasko jezero - Das Gebiet um den kleinen See zwischen der Saline und dem albanischen Grenzübertritt liegt landschaftlich äußerst reizvoll zwischen mehreren Hügelketten (ausgeschildert). Auch er ist ein sehr wichtiges Rückzugsgebiet für zahlreiche Vogelarten, inzwischen gibt es auch Beobachtungsstationen. Zudem ist das nur 4 km² große Gewässer sehr fischreich. Ebenfalls interessant sind auch die Ruinen der ehemaligen mittelalterlichen Siedlung Svač (Šas), welche im 11. Jhd. Bischofssitz war. Viele der Gebäude sind immer noch als Kirchen erkennbar, die großen Mauerreste gehörten zur Kathedrale Johannes des Täufers. Durch Funde belegt, fand hier schon in der Antike eine Besiedelung statt. Die Stadt wurde bereits im 13. Jhd. zerstört aber kurz darauf wieder aufgebaut. 1571 fiel sie dann den Türken endgültig zum Opfer.

Velika Plažha - Nur 2 Kilometer südlich von Ulcinj erstreckt sich vom Kap Djeran bis zur Ada Bojana der längste Strand der Ostadria. Knapp 13 Kilometer lang ist die sogenannte Copacabana von Montenegro und somit findet man auch in der Hochsaison immer noch ein freies Plätzchen. Der feine, vorwiegend dunkle Sand ist äußerst reich an Mineralstoffen wie Salz, Jod und Schwefel und hat dazu mit seiner leichten Radioaktivität nachweisbar positive medizinischen Wirkungen für Erkrankungen des Bewegungsapparates. Der Strand bietet durch den flachen Einstieg und geringe Wassertiefe auch optimale Badebedingungen und ist bestens für zahlreiche Sportaktivitäten geeignet, unter anderem Surfen, Wasserski, Segeln und sogar Kitesurfen (besser am südlichen Strandabschnitt). Es existiert ein gutes Angebot an Unterkünften mit Sportplätzen, Restaurants, Strandbars und Cafés, vor allem im nördlichen Hotelkomplex. Hier ist der Strand auch am saubersten, es gibt Sonnenschirme, Liegen und auch riesengroße Baldachinbetten, selbstverständlich kostenpflichtig.

Im südlichen Bereich sind mehrere **Campingplätze** mit unterschiedlichem Standard vorhanden, teilweise ganzjährig geöffnet. Das Hinterland ist durch die Wasserläufe der Saline ausgesprochen grün, mit mediterranen Kiefern, Laubbäumen und immergrüner Macchia bewachsen. Am nördlich angrenzenden kleinen Yachthafen "Porto Milena", unterhalb des Kap Djeran, kann man noch eine beachtliche Anzahl typischer, dem traditionellen Fischfang dienlicher Holzhütten bestaunen. Diese sogenannten Kalimere bilden einen recht idyllischen Anblick.

Ada Bojana - Unmittelbar an der albanischen Grenze befindet sich die bekannte Nudisteninsel (Ada = Insel) Bojana zwischen den beiden Mündungsarmen des gleichnamigen Grenzflusses. Bereits seit den 1950er Jahren zieht sie FKK-Anhänger an. Die durchschnittlich 6 km² kleine, dreieckige Insel besteht fast komplett aus dunkelgoldenem Sand. Bis 1858 gab es hier nur zwei winzige Inselchen, bis ein Schoner aus Trogir im Fluß versank. Man nimmt an, dass diverses Schwemmgut der Bojana und durch die Strömungen reichlich Sand die Lücken zwischen dem Wrack und den Inseln gefüllt haben und so erst eine Sandbank und bald darauf die maximal 3 Meter hohe Ada entstanden ist. Die Insel ist nur über eine schmale Brücke über die Bojana zu erreichen. Am beidseitigen Flussufer reihen sich kleine Holzrestaurants bzw. die Kalimere mit ihren exotischen Fischfangvorrichtungen aneinander. Die ursprünglichen Lokale bieten leckere Fischgerichte. Meerseitig gibt eine einzige riesige Ferienanlage, deren Appartments bis zu 500 Gäste aufnehmen kann, teilweise sind die Bungalows und Unterkünfte aus sozialistischer Zeit bereits renoviert. In der Hochsaison besteht ab der Schranke nur Zutritt für Gäste, welche eine Buchung vorweisen können. Es herrscht FKK-Pflicht an den Stränden. Neben dem Hotelkomplex gibt es Sportplätze und ein Restaurant, der Campingplatz hat schon bessere Zeiten gesehen. Die Infrastruktur umfasst im Sommer auch einen kleinen Minimarkt und es gibt die Möglichkeit mehrere Wassersportarten zu betreiben. Ein Spielplatz für die Kleinen und Unterhaltungsprogramme mit Musik und Tanz sorgen für Abwechslung. Mehrmals täglich fährt ein Bus nach Ulcinj. Doch nicht nur die Liebhaber der Freikörperkultur kommen hier auf ihre Kosten. Im unberührten und dicht bewachsenen Naturschutzgebiet des nördlichen und östlichen Hinterlandes gibt es auch sehr viele seltene Pflanzen- und Vogelarten.

Montenegros Mittelland und die Hauptstadt Podgorica - Wunderschöne Berglandschaften und wilde Flussläufe, kulturträchtige Ortschaften und zahlreiche Klöster, fruchtbare Ebenen mit endlosen Wein-, Tabak- und Obstplantagen, zwei phänomenale Nationalparks sowie die quirlige und geschäftige Hauptstadt des Landes bilden das abwechslungsreiche Herzstück Montenegros. Nur unweit der belebten Küstenregion, getrennt von nur einem schmalen Gebirgszug, zeigt sich Crna Gora von einer ganz anderen, sehr vielfältigen und fast ruhigen aber spektakulären Seite.

Der weitläufige Nationalpark Skadar See mit seiner interessanten Geschichte und unglaublich mannigfaltigen Flora und Fauna, die alte Hauptstadt Cetinje am Rande des berühmten Lovćen Nationalparks, das junge, lebendige, moderne Podgorica und deren gebirgiges Umland sowie die Schluchten der Morača und Cijevna lohnen sich auf jeden Fall für einen längeren Aufenthalt und faszinierende Entdeckungstouren weit abseits von ausgetretenen Touristenpfaden.

Der Skadar See (Karte freytag & berndt J 5/6/7 + K 6/7) *(Highlight)*

Auf montenegrinisch heißt das Naturwunder Skadarsko jezero, auf albanisch Liqeni i Shkodrës, benannt ist er nach der albanischen Stadt Shkodër. Die beiden Länder teilen sich den See, 2/3 gehören zu Montenegro. Er ist der größte Süßwassersee der Balkanhalbinsel, seine Größe schwankt zwischen 370 km² und 530 km² nach der Schneeschmelze in den Bergen. Er ist durchschnittlich 14 Kilometer breit und 48 lang, wobei jeweils im Nordwesten und im Nordosten ein langer, schmaler Arm weit ins Land hineinreicht. Mit nur durchschnittlich 7 Metern Wassertiefe erreicht das Gewässer durch das heiße und trockene Klima der Ebene im Sommer eine warme Temperatur von bis zu 28°C. Vorwiegend wird der See von einem der Hauptflüsse, der Morača gespeist. Daneben auch von einer großen Anzahl an Gebirgsflüssen, welche im Karstgestein der Berge verschwinden und als unterirdische Quellen im See wieder zum Vorschein kommen. Die tiefste Quelle, der Raduš (im südlichen Teil des Sees), reicht über 60 Meter in die Tiefe. Sie verhindern das Austrocknen des Sees in den trockenen Sommermonaten und gewährleisten das stabile Ökosystem.

Kormorane beim "Baden"

Als sogenannte Kryptodepression liegen sogar große Teile des Seegrundes unterhalb des Meeresspiegels. Der Abfluss erfolgt über die Bojana auf albanischer Seite in die Adria, von der er durch das 1.600 Meter hohe Rumija-Gebirge im Südwesten getrennt, nur 20 Kilometer entfernt liegt. Somit ist das Südufer auch von den felsigen Ausläufern der Berge geprägt. Entlang der gesamten Nordostseite erstreckt sich ein breiter Gürtel sumpfiges Flachland, welcher eine einzigartige Naturlandschaft mit einer großartigen Tier- und Pflanzenwelt beherbergt, viele der Arten sind sogar endemisch. Die Ufer sind hier extrem dicht mit Wasserpflanzen bedeckt. Im Sommer ist der See übersät mit blühenden Seerosen, Wasserlilien und essbaren Wassernüssen. Die umliegenden Felder und Wiesen hinter dem Schilfrohr sind überwuchert von Kräutern und Heilpflanzen. Die meisten der 50 Inseln sind durch den dichten, grünen Naturteppich kaum auszumachen. Auf den Größeren von ihnen kann man unter einem vielfältigen Baumbestand noch alte Klöster und Festungen entdecken. Der Skadar See ist berühmt für seinen Vogel- und Fischreichtum, nirgendwo sonst in Europa existiert eine solche Artenvielfalt. An die 280 Vogelarten konnten bisher rund um den Skadarsko jezero gezählt werden, unter ihnen der sehr selten gewordene Krauskopfpelikan, der hier in einer der letzten Kolonien Europas lebt. Anders als der Pygmäenkormoran, welcher hier in der weltweit zweitgrößten Kolonie dieser Vogelart beheimatet ist. Des Weiteren gibt es eine Großzahl an Störchen, Reihern, Haubentauchern und Ibissen in den versumpften Uferteilen, ganz vereinzelt wurden auch schon Flamingos gesichtet. Die felsigen Abschnitte werden von Seeadlern, Geiern, Falken und Trappen zum Beutefang bevorzugt.

Birdwatching – auf der Spur der Ornithologen

Beste Zeit für die Beobachtung von brütenden Vogelpaaren am Skadar See ist das Frühjahr und der Frühsommer. Fast endlos scheint die Liste der zu beobachtenden Tiere: Kormorane und Zwergscharben, Haubentaucher, etliche Reiherarten, Löffler, Schwarzhalstaucher, Wasserrallen, Bläßhühner, Enten, Möwen und viele mehr teilen sich das Paradies in friedlicher Eintracht. Schwieriger gestaltet es sich, den seltenen Krauskopfpelikan aufzuspüren. Die Anzahl der Brutpaare schwankt von Jahr zu Jahr stark. Viele sind es ohnehin nie und in manchen Jahren hat man sogar gar keine gesichtet - als eine Folge von schweren Unwettern wurden die Nester mit dem Nachwuchs zerstört. Die wenigen Nistplätze befinden sich im nordöstlichen Arm des Sees, dem Hotsko jezero und Humsko blato Richtung Albanien. Das sumpfige Gebiet Panceva Oka erreicht man über Podgoricas Vorort Tuzi und Podhum. Hier befindet sich einer der ausgeschilderten Beobachtungstürme. Mit etwas Glück kann man dort die Nester der Pelikane entdecken oder weiter draußen auf dem See auf den winzigen schwimmenden Inseln mit dichter Vegetation. Jedoch sind diese selbst mit einem guten Fernglas nur schwer auszumachen. Weit Erfolgreicher ist man meist per gechartertem Boot, welches man bei der Infostelle in Vraninja buchen kann (hier bekommt man auch Infos über die aktuellen Vogelbeobachtungstürme). Die ortskundigen Führer finden zielsicher die Nistplätze. Größere Chancen bieten sich während der Sommermonate am großen Salzsee bei Ulcinj, viele Vögel verlegen ihr Sommerquartier hierher. Die Tiere sind nicht scheu und die Möglichkeiten nahe sie heranzukommen sind gut. Auch hier gibt es ausgeschilderte Beobachtungstürme, die Zufahrtsstraßen jedoch sind meist schlecht. Ebenso ist der Herbst eine sehr schöne Zeit für Vogelbeobachtungen am Skadar See. Große Schwärme von Zugvögeln legen hier oft einen kurzen Zwischenstopp ein.

Durch das auch im Winter milde Klima, die Temperaturen sinken kaum unter 5°C und die vorteilhafte geografische Lage zieht der See Massen von Zugvögel an. An die 50.000 Exemplare aus dem hohen Norden nutzen das Ziel als Rast- und Brutplatz, für viele andere ist es eine Station auf dem Weg in den warmen Süden. Die reiche Vogelpopulation teilt sich das noch intakte Ökosystem mit einem enormen Fischreichtum, der an die 50 Arten umfasst. Neben den bekannten Forellen, Hechten, Karpfen, Barschen, und Zandern gibt es auch Aale und die kleinen Ukeleien oder Felchen.

Zu den Landbewohnern gehören Schildkröten und Eidechsen, natürlich auch Schlangen und manchmal trifft man auch auf Wildschweine. Der endemische Skutari-Wasserfrosch bildet ein wichtiges Element in der Nahrungskette des Sees. Unter Ornithologen ist das Gewässer ein äußerst beliebtes Forschungsziel, es gibt mehr und mehr Vogelbeobachtungsstationen.

Für die ansässige Bevölkerung bietet er Arbeitsplätze mit akzeptablen Verdienstmöglichkeiten. Das allgemeine touristische Angebot und der Verleih von Booten ist ein einträgliches Geschäft. Zudem bringt der erfolgreiche Fischfang jährlich ein gutes Zusatzeinkommen. Mutmaßungen zufolge soll auch ein reger Schmuggelverkehr mit albanischen Gütern stattfinden. Natürlich birgt der zunehmende Fremdenverkehr auch eine große Gefahr für die vielfältigen Tier- und Pflanzenbiotope. In Zusammenarbeit mit der deutschen GIZ erstellte Euronatur bereits tragende Konzepte zum Erhalt des einzigartigen Lebensraumes, im Einklang mit einem ertragreichen Tourismus. Aber eine weitaus größere Gefahr droht dem Naturwunder durch die Pläne der Regierung den Fluß Morača zur Energiegewinnung heranzuziehen. Die vier geplanten Staumauern wären eine riesige Katastrophe für den gesamten Nationalpark.

Gutes Essen spielt in der der Region um den Skadar See eine wichtige Rolle und hält zahlreiche gastronomische Highlights bereit. Westliche Küche vermischt sich mit orientalischen Einflüssen und den mediterran leichten Zubereitungen des Mittelmeerraumes. Frischer Fisch ist immer erhältlich, besondere Spezialität ist Karpfen in jeglicher Form, ebenso die geräucherte Variante ist äußerst lecker. Beliebt sind auch Gerichte mit Aal und den kleinen Felchen. Die Weine besitzen eine ausgezeichnete Qualität und die Winzer sind stolz auf ihre Produkte. Beliebt sind besonders die milden roten Rebsorten aus dem nahegelegenen Crmnicatal.

Geschichte

Der mit nur 18.000 Jahren geo-
logisch sehr junge Skadar See war
ursprünglich mit dem Mittelmeer
verbunden, was durch Funde von
versteinerten Meerestieren im See
belegt wurde und auch die Kryptodepression erklärt. Tektonische
Plattenverschiebungen, Vulkanaus-
brüche und letztendlich die schwin-
dende Eiszeit ließen das Feld, ein
sogenanntes Polje, dort entstehen
wo sich heute der See befindet.
Das umliegende Gebirge war
damals stark vergletschert. Zwar
gab es bereits um 1100 unserer
Zeitrechnung einen See, seine
heutige Größe erhielt er aber erst
sehr spät, als 1858 bei einem
gewaltigen Unwetter der albanischen Fluss Drin über seine Ufer
trat und eine immense Über-
schwemmung anrichtete. Dabei
wurde auch der Flusslauf der Buna
(albanisch für Bojana) verschoben
und das fruchtbare Becken mit
dem kleinen Gewässer füllte sich
mit den Wassermassen. Der See
hat aber nicht nur eine geologische
Historie. In der jüngeren Besiede-
lungsgeschichte gehörte die ehemals riesige Kornkammer Montenegros zum serbischen Königreich

der Zeta und wurde lange Zeit von den Herrschern der Nemanjić-Dynastie
regiert. Damals entstand auch eine Vielzahl von Klöstern. Im 14. Jhd. übernahmen die Türken für fast 500 Jahre die Herrschaft über große Teile des
Gebietes, nur das nordwestliche Schwemmland blieb den montenegrinischen
Herrscherfamilien. Nach erfolglosen Versuchen ihr verlorenes Land zurückzuerobern, waren sie gezwungen die Hauptstadt 1482 von Žabljak Crnojevića in das
höher gelegene Cetinje zu verlagern und sich mehr und mehr in das nordwestliche Hinterland zurückzuziehen. Als das Osmanische Reich zerfiel, wurden
im Berliner Kongress von 1878 die Grenzen neu festgelegt. Skadar bzw.
Shkodër, einst die Hauptstadt des Zeta-Königreiches, sprach man Albanien zu.
Im Gegenzug gehörten die Ortschaften entlang der Südküste fortan zu Montenegro. Im Zweiten Weltkrieg erlangte der See wiederum geschichtliche Bedeutung als in Virpazar ein Partisanenaufstand stattfand, ein großes Denkmal dort
erinnert daran. Bereits während der jugoslawischen Ära wurde der montenegrinische Teil des Sees und seine Uferräume 1983 zum Nationalpark erklärt. 2005
erfolgte die Aufnahme der 40.000 Hektar geschützten Landes in die internationale Liste des RAMSAR-Naturschutzabkommens für gefährdete Feuchtgebiete.

Sehenswertes

Zum Baden ist der See durch seine überwucherten Ufer nur bedingt geeignet und an den meisten Stellen nicht zugänglich. Einzig das felsige Südufer bietet hierzu Möglichkeiten. Am besten kann man das im **Dorf Murići** tun, wunderschöne Strände mit direktem Wasserzugang laden zum Verweilen ein. Neben den reizvollen Buchten bietet die kleine Ortschaft unheimlich viel montenegrinische Originalität. Deren Bewohner produzieren vorzügliche Bioprodukte. Ziegenkäse, Honig, Oliven und Olivenöl aus den umliegenden Hainen haben beste Qualität. Hier gibt es auch Übernachtungsmöglichkeiten, doch dann wird eine Gebühr für den Nationalpark über € 4,-- fällig. Auch bei Seoca existieren mehrere Zufahrten zum See und beim verlassenen Ort **Skje** ist man meist mit den Fischern alleine. Neben der einzigartigen Natur sind auch die zahlreichen alten Ortschaften und Fischerdörfer ein attraktives Ziel. Ein Abstecher lohnt sich auf jeden Fall zum kleinen Ort **Žabljak Crnojevića**, jenseits der Morača Richtung Podgorica gelegen. Dort befinden sich die gut erhaltenen Reste einer ehemals bedeutenden Festung. Ursprünglich stammte sie aus dem 10. Jhd. Im

Mittelalter war sie Sitz der serbischen Zeta-Dynastie Crnojević und später regierten die Njegoš von hier, bis die Anlage 1478 von den Türken eingenommen wurde und der Regierungssitz nach Cetinje verlegt wurde. Der venezianische Baustil ist noch gut zu erkennen. Unterhalb des Hügels liegt die kleine Kirche **Sv. Đorđe**. Einst befand sie sich innerhalb der Festungsmauern und wurde von den Osmanen zu einer Moschee umgebaut. Nicht nur die Burg ist sehenswert, der Blick vom Hügel über Teile des Skadar Sees ist eindrucksvoll.

Man erreicht den verschlafenen Weiler über Golubovci und Ponari. Verfolgt man den Weg weiter nach Süden, gelangt man zum **Kloster Kom**, malerisch auf einem der Hügel im See gelegen. In ihm wurde Montenegros großer Dichterfürst Njegoš zum Fürstbischof (ein Geistlicher mit weltlicher Herrschaft) erklärt. Von Podgorica kommend überquert man einen etwa 1 Kilometer langen Fahrdamm. Zu beiden Seiten erstreckt sich bereits die wundervolle Landschaft des Sees mit vielen kleinen Inselchen und der typischen Skadar-Vegetation. An dieser Stelle befindet sich auch das **Fort Lesendro** aus dem 14. Jhd. Von den Montenegrinern erbaut, machten es sich recht flott die Türken zu Eigen. Hier verlief dann die Grenze zwischen dem Osmanischen Reich und Montenegro. Leider ist es durch das parallel zur Fahrbahn verlaufende Bahngleis schlecht zugänglich. Am Nordende des Damms gibt es ein gut sortiertes **Informationszentrum** mit einer kleinen, aber interessanten Ausstellung über die einzigartige Tier- und Pflanzenwelt (€ 3,--). Dort bekommt man auch Informationsmaterial und Karten über den Nationalpark und kann Bootstouren zu einigen **Vogelbeobachtungsplätzen** buchen. Ebenso erhält man hier für Euro 5,-- pro Tag eine Angellizenz. Eine **Höhlenvinothek** gewährt einen Überblick über die regionalen Weinsorten.

Wichtigste touristische Anlaufstelle ist der alte Ort **Virpazar** mit seinen gerade mal 350 Einwohnern, welche vom Fischfang und dem Tourismus leben. Es existiert eine Handvoll Unterkünfte und Restaurants, zu erwähnen ist das **Hotel Pelikan** mit seiner urig-traditionellen Einrichtung. Die Zimmer sind gemütlich und das Essen im Restaurant vorzüglich. Familie Zec organisiert zudem Boots-touren (nicht ganz billig!) zu den Felseninsel, nach Rijeka Crnojevića oder einfach nur Rundfahrten über den Westteil des Sees. Es werden auch Boote verliehen. Infos auf englisch unter: www.pelikan-zec.com. Im Ort findet freitags ein bunter Wochenmarkt statt. Interessant sind auch die Veranstaltungen rund ums Jahr. So z.B. der Tag des Skadar Sees am dritten Juniwochenende, das Wettangeln im Juli und das Volksfest im September. Alle sind verbunden mit einem unerschöpflichen kulinarischen Angebot. An das Nordufer gelangt man nur auf einer schnurgeraden Straße ab Golubovci über Berislavici nach Plavnica. Es ist die einzig zugängliche Stelle zum See entlang dieses Sumpfgürtels. Die Landschaft ist umwerfend. Beide Voraussetzungen hat ein russischer Investor genutzt und inmitten dieser Wildnis das Plavnica Eco Resort errichten lassen. Einen riesigen Komplex mit exklusiven Wohneinheiten, Swimmingpool, Restau-rants und einem reichhaltigen Ausflugsangebot. Der „Eco-Faktor" sei zwar dahin-gestellt, einen kurzen Abstecher ist es aber dennoch wert (www.plavnica.me).

Die Klosterroute und die wichtigsten Inseln (Top-Tipp)

Eine Fahrt entlang des felsigen Südufers ist ein landschaftlich einmaliges Erlebnis. Der See liegt meist tief unterhalb der Route und die Ausblicke sind phänomenal. Wer von Virpazar kommend Richtung Südosten fährt, sollte öfter mal anhalten und den Blick rückwärts richten. Die albanischen Dörfer entlang der Strecke mit ihren teils sehr alten Kirchen sind allesamt sehr ursprünglich und sehenswert, deren Bewohner beneidenswert um ihren Ausblick. Das erste von insgesamt **neun Klöstern** in unmittelbarer Nähe zum Skadar See entstand 1233. **Sveti Nikola** liegt malerisch auf der Halbinsel Vranjina mit ihrem 300 Meter hohen und markanten Doppelhügel im Mündungsdelta der Morača, 20 Ki-lometer südlich von Podgorica. Hier befand sich der Bischofssitz einer Diözese des serbischen Zeta-Staates. Da das Gebiet um den Skadar See immer schon Schauplatz zahlreicher Gefechte war, wurden einige der Klöster vor allem zur Zeit der Türken zerstört und fristen zwischen Wasserpflanzen und Vögeln ein einsames Dasein. Nur ganz wenige werden heute noch oder wieder von Nonnen und Mönchen bewirtschaftet. Südlich von Virpazar, in der Bucht Zaliv Lučica, liegt das **montenegrinische Alkatraz**. Auf der Insel Grmožur existieren noch

die gut erhaltenen Reste einer **türkischen Festung**. Als man das Gebiet den Montenegrinern zusprach, wurde die Insel zu einem Gefängnis umgewandelt in dem unter König Nikola hauptsächlich Nichtschwimmer inhaftiert wurden. Heute leben hier nur noch Seevögel. Zu erreichen ist der 500 m² große Felsen per Boot vom Ort **Godinje**. Dieser selbst ist wegen seiner einzigartigen und für die Grmnica-Region typischen Architektur aus dem 17. Jhd. sehr sehenswert.

Um sich vor den Angriffen der Türken zu schützen, waren die Keller der Häuser durch ein Tunnelsystem und unterirdische Gänge miteinander verbunden, so konnten sie zehn Belagerungen überstehen. Jedes Haus hatte seine Veranda auf der sich die Familie nach langen Arbeitstagen traf. Diese Konstruktion war für die damalige Zeit einzigartig. Im unteren Teil des Dorfes traf man sich auf einer großen Tenne zu gesellschaftlichen Feierlichkeiten. 1907 erlangte Godinje Weltberühmtheit. Das wunderhübsche Mädchen Milena wurde eigens von König Nikola nach London gesandt, um an einem Wettbewerb zur Wahl der schönsten Frau der Welt teilzunehmen, den sie gewann. Seither sind die montenegrinischen Frauen bekannt für ihre Schönheit. Ein Haus im Dorf zeigt alte Zeitungsartikel über die kleine Geschichte. Lange Zeit war der Ort fast vom Aussterben bedroht, heute gewinnt er durch seine landwirtschaftlichen Produkte und den Weinanbau wieder an Bedeutung. Die sieben Hektar große Insel **Starčeva Gorica** beherbergt das gleichnamige Kloster aus dem Jahr 1378. Nach Jahrhunderte langer Ruhezeit wird die recht gut erhaltene Anlage heute wieder von wenigen Mönchen bewirtschaftet. Neben der einschiffigen Basilika mit ihrem Glockenturm existieren noch etliche Nebengebäude, welche als Herbergen zur Verfügung gestellt werden. Auf dem Kirchenfriedhof befindet sich das Grab des ersten Buchdruckers slawischer Literatur, Božidar Vuković (1466 – 1540). Auf der 15 Hektar großen Insel **Beška**, welche man schwimmend erreichen kann, gibt es zwei mittelalterliche, einschiffige Klosterkirchen. Die der **Hl. Jungfrau Maria** aus dem Jahr 1440 und die größere **St. Georg**, erbaut 1440 mit einem Glockenturm oberhalb des Eingangs. Erstere war stark einsturzgefährdet, wurde aber vor etlichen Jahren wiederhergestellt. Auf der Insel leben inzwischen wieder ein paar Nonnen. Auch auf der Insel **Moračnik** existiert eine restaurierte Klosterkirche aus dem 14. Jhd. Am südlichen Ende des Zehn-Hektar-Eilandes befindet sich eine **serbisch-orthodoxe Klosteranlage**, welche bereits im frühen 15. Jhd. urkundlich erwähnt wurde. Es existieren Pläne, den gut erhaltenen Komplex mitsamt den Wohngebäuden wiederzubeleben. Auf **Planiku**, der letzten der größeren Inseln der Südküste, existieren noch die spärlichen Ruinen einer **mittelalterlichen Festung**. Die Inseln sind allesamt (bis auf Grmožur) nur per Boot von Virpazar oder dem attraktiven Dorf Murići zu erreichen. Die Tiere der Region ernähren sich hauptsächlich von den Kräutern an den Hängen des Rumija-Gebirges. Der lokale Rakija ist unbedingt einen Versuch wert. Im Herbst findet man in den Wäldern der Gegend zahlreich Esskastanien und schmackhafte Pilze. Beim albanisch geprägten Ort Ostros verlässt man die Route am See und gelangt über das Dorf Krute in kurzer Zeit nach Ulcinj.

Karuč & Co. (Karte freytag & berndt 1:150 000 H 5) (Top Tipp)

Ein absolutes Muss ist ein Abstecher zu den schmalen Ausläufern und den winzigen Dörfern im äußersten Nordwesten des Sees. Hier, wo das Wasser und die Pflanzen am farbintensivsten sind, scheint die Zeit stillzustehen. Fast ist es

unmöglich, so viele Blau- und Grün-töne mit der Kamera einzufangen. Schon König Nikola wusste dieses einmalige Idyll in dem milden Klima zu schätzen und ließ sich beim wunderhübschen Dorf Karuč einen Winterpalast mit einer grandiosen Aussicht auf den See erbauen. Von diesem sind jedoch nur noch die Grundmauern erhalten. Inzwischen gibt es einige einfachere Unter-künfte, die Konobas hier bieten vor-zügliche Fischgerichte und andere traditionelle Speisen. Zudem besteht die Möglichkeit, die Fischer auf ihren Fangzüge bis tief in den Malo blato hinein zu begleiten. Ein einmaliges Erlebnis!

Rijeka Crnojevića (Karte freytag & berndt 1:150 000 H 5) (Top Tipp)

Drei Wege führen in die überschaubare aber historisch bedeutsame Ansiedlung mit nicht mal 200 Einwohnern am gleichnamigen, malerischen Flusslauf Crno-jević nahe des Skadar Sees. Über Podgorica, Cetinje oder Virpazar kommend sind sie alle landschaftlich reizvoll und abwechslungsreich, jedoch meist schmal und nur einspurig befahrbar. Die Bewohner leben fast ausschließlich vom Fisch-fang, ein wenig vom Bootsverleih und Touren auf dem Skadar See. Touristisch wird der Ort oft überbewertet, jedoch lohnt sich dennoch ein Besuch, allein schon der traumhaften Landschaft und der Lage nahe der Flußschleife wegen.

Einst war die Kleinstadt eine der schönsten Montenegros, hat jedoch aufgrund der vielen verwahrlosten und leerstehenden Gebäude etwas an Reiz verloren. In den letzten 70 Jahren reduzierte sich die Einwohnerzahl um 65%, viele zogen nach Cetinje oder Podgorica. Auffällig ist die schöne Architektur der alten Steinhäuser, teilweise stammen sie noch aus dem 17. und 18. Jhd., die meisten jedoch aus dem 19. Einige der Gebäude sind noch erstaunlich gut erhalten. Damals war Rijeka Crnojevića der größte montenegri-

nische (!) Hafen und ein wichtiges Handelszentrum. Gegründet wurde der Ort aber bereits um 1481 und trägt, wie der Fluss, den Namen des damaligen Adelsgeschlechts der Crnojević. Man errichtete ein Kloster und etablierte hier den Bischofssitz. Für ganz kurze Zeit war er sogar Hauptstadtstation auf dem Rückzug von Žabljak nach Cetinje. Der urhistorische Kern Rijekas liegt jedoch erhöht auf einem Felsen südwestlich und trägt den Namen Obod. Von der einst großen Festung aus dem Jahr 1475 sind nur noch Ruinen zu sehen. Doch auch nach dem Rückzug der Herrscher nach Cetinje blieb der Ort im Tal ein beliebter Sommersitz und seine Umgebung war im 19. Jhd. bevorzugtes Jagdrevier des Prinzen Nikola. Touristischer Anziehungspunkt und Wahrzeichen jedoch ist die wirklich sehr hübsche, alte Seinbrücke **Stari Most** - ein gelungenes Postkarten-motiv. Sie wurde 1853 unter Prinz Danilo Petrović-Njegoš II. errichtet und trägt daher auch den Namen Danilov Most. Mit 43 Metern und zwei Bögen umspannt sie den schmalen Fluß. Am schönsten wirkt das ganze bei Nacht, dann lassen Unterwasserscheinwerfer das Bauwerk noch reizvoller erscheinen. Auf der linken Flussseite ließ der Prinz das **Haus Mostina** erbauen, bis heute ist es sehr gut erhalten und beherbergt eine ausgezeichnete Konoba, welche aufgrund der leckeren Fischgerichte sehr zu empfehlen ist. Auch sonst ist das gastronomi-sche Angebot an traditionellen Speisen reichhaltig und sehr vorzüglich. Recht angenehm lässt es sich auch auf der kürzlich renovierten Uferpromenade flanieren. Rijeka Crnojevića ist ein idealer Ausgangspunkt für Kajak- und Kanu-paddeln, Bootsfahrten in der Rijeka-Schleife bis zum Skadar See sowie Angeln,

Schwimmen und Wanderungen. So existiert ein schöner Rundweg entlang des Flusses und zur Höhle Obodska Pećina wo der Fluß ent-springt, zurück geht es auf der südlichen Flussseite über Obod. **Tipp:** Den wirklich allerschönsten und atemberaubendsten Ausblick auf die Rijeka-Schleife um die sanften, üppig grünen Hügel hat man vom Hotel Gazidova aus, 2 Kilometer außerhalb auf dem Weg Richtung Podgorica gelegen - es bietet sich das Fotomotiv schlecht-hin. Mehr jedoch nicht, das Hotel ist seit längerer Zeit außer Betrieb.

Cetinje (Landkarte von freytag & berndt 1:150 000 H 4) (Highlight)

Die äußerst ansprechende Kleinstadt mit etwa 16.500 Einwohnern liegt 670 Meter ü. M. am Fuße des Lovćen-Gebirges und gleichnamigen Nationalparks. Die Stadt wird hauptsächlich von Montenegrinern bewohnt, einen kleinen Anteil bilden Serben. Sie liegt sehr verkehrsgünstig und kann in kurzer Zeit von Podgorica, von der Küste über eine abwechslungsreiche Bergstraße von Budva aus, ab Virpazar am Skadar See oder auch ab Kotor und den Nationalpark erreicht werden. Die ehemals königliche Hauptstadt Montenegros bildet immer noch das kulturelle Zentrum des Landes und das gegenwärtige Stadtbild ist eng mit ihrer bewegten Geschichte verbunden. Auf einer kleinen Fläche repräsentiert Cetinje eine unglaublich architektonische Vielfalt aus den vergangenen Jahrhunderten. Die prachtvollen Herrscherpaläste, die prunkvollen Botschaftsgebäude der Großmächte, die alten Hausfassaden und zahlreiche

immer noch aktiv: der Amtssitz des Präsidenten

Museen zeugen vom historischen und kulturellen Erbe. Nicht nur als eine der großen Museumsstädte der Welt ist Cetinje ein wahres Highlight und ein Besuch der eindrucksvollen Denkmäler gehört unbedingt zu einem Besuch Montenegros. Außerhalb des historischen Kerns ist nur noch die wunderschöne Lage erwähnenswert, ansonsten ist es eine Kleinstadt wie jede andere, deren Bewohner mangels Industrie oder Handwerk an zunehmender Arbeitslosigkeit leiden und in die Hauptstadt oder an die Küste ziehen. Glücklicherweise existieren etliche Hochschulen und Universitäten, deren Studenten die Lebendigkeit der Stadt aufrechterhalten und durch aktive Kunstprojekte potentielle Hoffnungsträger des kulturellen Bestehens bilden. Cetinje ist auch bekannt für die im zweijährigen Abstand im Sommer stattfindenden Cetinjer Biennale. Bei dem bereits von Prinz Nikola II. ins Leben gerufenen Festival treffen sich junge und auch etablierte Künstler des gesamten Balkanraumes zu mehrtägigen Veranstaltungen.

die Schloßkapelle Crkva Rođena Bogorodice (Crkva na ćipuru)

Geschichte

Cetinjes historische Wurzeln und ihre ergreifende Vergangenheit lassen sich bis in das 15. Jhd. zurückverfolgen. 1482 verlegte Ivan Crnojević, Oberhaupt der damaligen Herrscherfamilie des Zeta-Reiches, die Hauptstadt recht schnell von

der unsicheren Umgebung in der Ebene um Rijeka Crnoje-vića hierher in die Berge östlich des Lovćen. Die Gründung des bedeutenden Klosters erfolgte 1484, womit man den spirituellen Grundstein der 1516 folgenden Fürstbischöfe legte, welche bis Mitte des 19. Jhd. das geistliche und weltliche Oberhaupt der Montenegriner bildeten. Die Flucht nach Cetinje erwies sich jedoch als recht nutzlos, denn die nachfolgenden Jahrhunderte waren von Zerstörung durch verschiedene Gegner und Wiederaufbau geprägt. 1692 unterlag die Stadt endgültig den Türken und wurde von ihnen, wie auch das Kloster, welches immerhin Bischofssitz war, restlos zerstört. Doch bereits 1696 errichtete der Fürstbischof Danilo Petrović fast an gleicher Stelle ein neues Kloster. Der Ort kam noch eine ganze Weile nicht zur Ruhe. Erst im 19. Jhd., nach den Beschlüssen des Berliner Kongresses, konnte Cetinje aufatmen und erlangte unter dem Fürstbischof Petar II. Petrović-Njegoš ihre Blütezeit. Er führte weitreichende politische und soziale Neuerungen ein. Es wurden Straßen befestigt und Verwaltungsgebäude errichtet. 1838 entstand eine neue Fürstenresidenz, heute unter dem Namen Biljarda bekannt. Sein Nachfolger Fürst Nikola setzte dessen Werk der Modernisierung fort. Dies umfasste neben der Einrichtung mehrerer Schulen und einem Krankenhaus auch die Verlegung von Wasserleitungen und Straßenbeleuchtungen. Damals lebten an die 1.500 Menschen in der Stadt. Als dann 1878 Montenegros Unabhängigkeit international anerkannt wurde, errichtete man die zahlreichen, prunkvollen Botschaftsgebäude. Bis 1918 konnte Cetinje ihren Hauptstadtstatus beibehalten, erhielt ihn dann vorübergehend während des Zweiten Weltkrieges wieder und verlor ihn jedoch 1946 endgültig an das damalige Titograd, das heutige Podgorica. Die Stadt Cetinje ist aber immer noch Amtssitz des Staatspräsidenten.

Sehenswertes

Durch ihre abwechslungsreiche und spannende Historie kann Cetinje mit einer Vielzahl von Sehenswürdigkeiten aufwarten, deren Besuch sich ausnahmslos lohnt. Ein optimaler Ausgangspunkt für den Rundgang und Museumsbesuche ist der große, ausgewiesene Parkplatz am östlichen Ortseingang nahe des Klosters. Von hier gelangt man über den großen **Park Vladičina bašta** zu einem Wanderweg, welcher auf den **Adlerfelsen Orlov krš** mit einem wunderschönen Panoramablick über die gesamte Stadt führt. Dort befindet sich das kleine **Mausoleum** von Danilo I. Petrović, dem Begründer der gleichnamigen Dynastie. Der kleine Kuppelbau mit dem Sarkophag wurde 1896 gebaut. Auf dem Weg dahin passiert man das **moderne Amphietheater**, welches auch für Aufführungen während der Biennale genutzt wird. Über den gleichen Weg zurück gelangt man zum **Kloster Cetinje**. Dieses durchlebte eine immer wieder von Zerstörungen geprägte Vergangenheit. Seinen heutigen Standort erhielt es 1792 und konnte sich dort endlich ungestört entwickeln. Es wurde dem orthodoxen Heiligen Sveti Petar geweiht und trägt auch dessen Namen. Die Klosterkirche enthält **sehenswerte Fresken** und die Reliquienschreine von Danilo II. Petrović und Mirko Petrović. Weitere bedeutende Reliquien sind **eine Hand von Johannes dem Täufer** und ein echter **Splitter des Christuskreuzes**. Desweiteren beinhaltet der Komplex eine **wertvolle Bibliothek** mit histori-schen Drucken des ortseigenen Be-triebes von nebenan aus dem 15. Jhd. Die **Schatzkammern** und der kleine **Gebetsraum** stehen dem Besucher ebenfalls offen. Vor den Toren des Klosters kann man einen original montenegrinischen **Dresch-platz** erkennen. Dieser Ort war früher für das gesellschaftliche Zu-sammenspiel von größter Bedeutung und die dortigen Zusammenkünfte symbolisierten das Gemeinschafts-denken der Montenegriner. Schräg nebenan liegt einer der zwei ehemals **königlichen Paläste**, welche heute jeweils ein sehr sehenswertes **Mu-seum** beherbergen. Unübersehbar,

sehr viele Gebäude könnten Geschichten erzählen

hinter einem burggleichen Bollwerk aus dicken Mauern und Türmen, verbirgt sich die riesige **Biljarda**. Es war die Wohnresidenz von Petar II. Petrović-Njegoš, auch der damalige Senat war hier untergebracht. Die Planung und Finanzierung des 1838 errichteten, festungsähnlichen Gebäudes übernahm damals die befreundete russische Zarenfamilie. Seinen Namen erhielt das 70 Meter lange Gebäude aufgrund eines außergewöhnlichen Geschenks von der österreichischen k.u.k Monarchie zur Einweihung, ein Billardtisch fand unter Mühen den Weg über die steilen Wege vom Hafen in Kotor bis hierher! Eine von Petars Leidenschaften gehörte diesem Spiel. Die 25 Zimmer des Prachtbaus wurden jedoch nur bis 1867 von der Fürsten-Familie bewohnt, danach zog man in den neuen Palast. Der berühmte Billardtisch gehört zu den Ausstellungs-stücken des heutigen **Njegoš-Museums**, welches anschaulich des Leben der damaligen Herrscherdynastie dokumentiert. Desweiteren enthält es wertvolle Gebrauchsgegenstände der Familie, Waffen, Geld, Bücher und Handschriften des Fürsten und großen Dichters. Ebenso eine umfangreiche Bildergalerie mit hunderten von Werken bedeutender Künstler, welche den großen Geistlichen verehrten. In einem Pavillion im Südteil befindet sich ein in Europa groß- und einzigartiges Relief. Die **detailgetreue und sehr präzise 3-D-Karte Monte-negros** im Maßstab 1:10 000 stammt aus dem Jahr 1916/17 und wurde von der österreichischen Besatzungsmacht in Auftrag gegeben. Sie diente militärischen Zwecken und somit war jede kleinste Siedlung und jeder Weg jener Zeit darauf verzeichnet. Sogar einige der Kulturdenkmäler und Sehenswürdigkeiten sind originalgetreu dargestellt. Schon vom Parkplatz fällt die kleine **Schloßkapelle Crkva Rođena Bogorodice (Crkva na ćipuru)** auf. Das serbisch-orthodoxe

Kirchlein wurde 1886 auf den Grundmauern des ursprünglichen Klosters errichtet. Die Grabkirche ist die letzte Ruhestätte von Stadtgründer Ivan Crnojević sowie König Nikola I. und seiner Frau Milena. Man würdigte Sie mit aufwendigen Marmorsarkophagen. 1485 nahm man auf dem Areal die erste Druckerei Europas, welche kyrillische Schriftstücke produzierte in Betrieb. Auf dem Weg zum Trg Kralja Nikole passiert man ein **Denkmal des Stadtgründers Ivan Crnojević**. Am Platz selbst liegt rechter Hand **der zweite der königlichen Paläste, Ddvor Kralja Nikola**, erbaut für König Nikola I., in welchen die Familie 1867 übersiedelte. Bis 1910 wurde der auch innen architektonisch interessante Bau mehrfach erweitert und seit 1926 befindet sich in den Räumlichkeiten das **Nationalmuseum Montenegros**. In den originalgetreu belassenen Zimmern und Salons unterschiedlicher Stilrichtungen findet man zum Einen allerlei historisch Interessantes zu den zahlreichen Kriegen, besonders gegen die Türken, wie Fahnen, Kanonen und andere Trophäen. Zum Anderen aber auch Sammlungen von Gebrauchsgegenständen, Jagdwaffen, Briefmarken, seltene Bücher, bedeutende Gemälde, Fotografien und Porträts, welche allesamt einen guten Einblick in das königliche Leben gewähren. Schräg gegenüber, in das frühere Gebäude der serbischen Botschaft übersiedelte man erst vor wenigen Jahren das **Ethnografische Museum**, das bedeutendste seiner Art im Land. Hier kann man sich einen umfangreichen Überblick über die montenegrinische Volkskunde und Teile der Geschichte verschaffen. Neben aufwendigen und farbenfrohen Trachten, Schmuck, Musikinstrumenten, Teppichen, Gebrauchsgegenständen und anderen Kuriositäten wird auch deren Herstellung selbst anschaulich dargestellt. Biegt man an der **Fußgängerzone Njegoševa** rechts ab, passiert man das kleinere Gebäude der **Deutschen Botschaft**. Etwas weiter das einem Landhaus nachempfundene des **Vereinigten Königreiches Großbritannien** in dem heute eine Musikschule unterrichtet. Zwischen den beiden großen Grünanlagen des **Dvorski-Park und Gradski-Park** befindet sich das berühmte **Blaue Palais „Plavi Dvorac"**. Das auffällige, blaugraue Gebäude mit dunkelroten Säulen wurde 1895 als Residenz des Thronfolgers Danilo errichtet. Der Bau enthält Elemente mehrerer Epochen und diente später öfter als Vorbild anderer Repräsentationsbauten der königlichen Familie. Innen ist der Prachtbau standesgemäß ausgestattet, jedoch meist nur im Rahmen öffentlicher Ausstellungen zugänglich. Von hier erreicht man in

kurzer Zeit die **sehenswerten Gebäude der türkischen Botschaft** in der Baja Pivljanina (hier liegt auch das moderne **Theater Zetski Dom**) und auch das der **ehemaligen Russischen Botschaft** in der Vuka Mićunovića. Schlendert man die Njegoševa links entlang, durchquert man eine stilvolle Häuserzeile mit alten Fassaden, teilweise bereits authentisch restauriert. Von der Biljarda über den Trg Revolucije gelangt man nach 150 Metern zu Cetinjes größtem Gebäude, dem

gepflegt: das berühmte Blaue Palais „Plavi Dvorac"

Vladin Dom (Regierungshaus).

In Montenegros erstem Stahlbetonbau tagten ab 1910, das Jahr in dem Nikola zum König gekrönt wurde, die Stadtverwaltung und die Nationalversammlung. Heute beherbergt der Bau das **Geschichts- und Kunstmuseum** der Stadt. Im linken Teil des Barockbaus sind die historischen Exponate zu finden, im rechten Flügel die **Kunstgalerie**. Hier kann man nicht nur nationale Kunstwerke bestaunen, sondern ebenso internationale Werke von Chagall und Picasso. In der kleinen **Blauen Kapelle** hat die berühmte „Madonna von Philermos", eine Schutzheiligenikone des Malteserordens aus dem 11. Jhd., nach ihrer langen Odysse durch Europa ein Zuhause gefunden. Am Ende des Fußgängerboulevards liegt rechts der **Jugendstilbau des Französichen Konsulates** und schräg gegenüber etwas unscheinbar und nur durch die Plakette, den roten Teppich und die Garde zu erkennen, der **Amtssitz des Präsidenten**. Ein letztes, aufwendig gestaltetes Gesandtenshighlight ist das der österreich-ungarischen Monarchie, zu finden etwa 300 Meter weiter in der nördlichen Baja Pivljanina in einem kleinen Park. In vielen der ehemaligen Botschaften sind heute weiterführende Schulen untergebracht. Cetinjes älteste Kirche liegt etwas abseits in einem kleinen bewaldeten Park an der Ulica Jovana Tomaševića. Das kleine Walachenkirchlein Sveti vlah oder Vlaška crkva wurde 1450 von den dort ansässigen Viehhirten erbaut. Einige alte Grabsteine um das 1864 erneuerte bzw. restaurierte Gotteshaus lassen das Alter erahnen. Davor erinnert das Kriegsdenkmal mit der „Fee von Lovćen" an auf See verunglückte Übersee-Montenegriner, welche ihren Landsleuten im Ersten Weltkrieg zu Hilfe kommen wollten. **Tipp für Museumsbesuche:** Der Eintritt in jede Kunstausstellung kostet zwischen € 3,-- und 5,--. An der Biljarda ist eine Sammel-Tages-Eintrittskarte für alle Museen und Ausstellungen zum Preis von € 10,- erhältlich.

Petar II. Petrović-Njegoš - ein Revolutionär Montenegros

Die Familie Petrović mit dem Beinamen Njegoš bildete in der Zeit von 1697 bis 1918 die vierte Herrscherdynastie Montenegros. Im 19. Jhd. enstand daraus die Fürstendynastie der Petrovići. Petar II. Petrović-Njegoš war eine außergewöhnliche Persönlichkeit innerhalb dieser Familie. Er wurde am 13.11.1813 in Njeguši geboren und erhielt den Namen Radivoje Tomov. Rade, wie er genannt wurde, befasste sich bereits sehr früh mit Volksepik und Heldenliedern. Erst ab 1825 lernte er Lesen und Schreiben als er in Cetinje ins Kloster eintrat. Bereits 1830 nahm er die Nachfolge seines geliebten Onkels Petar I. an, übernahm seinen Vornamen und erlangte als Fürstbischof von Montenegro die weltliche und geistliche Macht über das Land. Seine literarischen Fähigkeiten eignete er sich allesamt im Selbststudium an und entwickelte sich so zu einem äußerst fähigen und zu Lebzeiten schon angesehenen und großen Dichter der Volksepik im serbischen Sprachraum. Sein berühmtes Werk „Der Bergkranz", ein äußerst poetisches Heldenepos und Hauptwerk der südslawischen Literatur als dessen Shakespeare er galt, handelt vom Befreiungskampf der Serben gegen die Türken. Als Fürstbischof investierte er seine Zeit in viele Reisen und knüpfte wichtige internationale Beziehungen in ganz Europa. Nach der Rückkehr aus Russland 1834 eröffnete er die erste Schule des Landes und führte die moderne Buchpresse ein. Er modernisierte Montenegro mit königlicher Macht. Um die Festigung des Staates als Einheit bemüht, entmachtete er rücksichtslos die Oberhäupte noch verbliebener Clans. Durch seine Politik verfestigte sich nach der türkischen Herrschaft die Zugehörigkeit zur serbischen Nation. Russland war sein größter Verbündeter um das Land gegen die Türken zu sichern. Petar II. wurde nicht alt, er starb 1851 im Alter von nur 40 Jahren in Cetinje urplötzlich an einer Lungenentzündung. Sein Nachfolger als Fürstbischof wurde von 1851 bis 1860 sein Neffe Danilo II. Petrović-Njegoš, der aber das Bischofsamt aufgab und bereits ab 1852 nur noch als weltlicher Fürst die Macht über Montenegro innehielt. Die Dynastie reicht bis in die heutige Zeit, den jetzigen Anspruch auf den Thron hätte der 1944 geborene Nikola II. Petrović-Njegoš.

Lovćen Nationalpark (Karte freytag & berndt 1:150 000 H 5) (Highlight)
Diese, auf den ersten Blick etwas unspektakulär wirkende, gebirgige Landschaft
zwischen den Städten Kotor, Budva und Cetinje birgt bei näherem Hinsehen
unverkennbare Besonderheiten. Der Lovćen ist, obwohl eher mit vergleichsweise
niedrigen Gipfeln ausgestattet, eines der Hauptgebirge des Landes. Von zahlreichen Aussichtspunkten eröffnen sich unvergessliche optische Eindrücke. An
klaren Tagen bietet sich von exponierten Stellen ein phänomenaler Rundblick
über das gesamte Land. Von der Küste bis zum Durmitor und Prokletije, vom
Orjen bis zum Skadar See und nach Albanien. Hinzu kommt der bei den
Montenegrinern mythenhafte Status eines Nationalheiligtums, welcher ihn zu
einem populären Pilgerziel macht. Er ist über Zufahrtsstraßen zu erreichen, die
an sich schon ein Erlebnis darstellen. Von Kotor windet sich, über den nur 965
Meter hohen Krstač-Paß, welcher den niedrigsten Punkt des Nationalparks
bildet, eine atemberaubende, meist enge Serpentinenstraße mit 32 Spitzkehren
und immer wieder spektakulären Ausblicken auf die Steilhänge des Massivs und
die Bucht von Kotor hinauf. Diese 32 Kilometer lange Strecke gilt übrigens als
eine der 100 schönsten Panoramastrecken der Welt. Von Cetinje sind es nur 20
Kilometer bis in das Herz des Lovćen und auch die Nordroute über das Polje um
Njeguši ist landschaftlich sehr reizvoll. Der höchste Gipfel ist der 1.749 Meter
hohe Štirovnik, unübersehbar ein militärisches Sperrgebiet. Angeblich war
dieser „schwarze Berg" mitunter Namensgeber des Landes. Seit 1952 ist ein 63
km² großes Gebiet rings um den höchsten Punkt des Karstmassives als Nationalpark ausgewiesen, nicht der Natur wegen, sondern um einem kulturhistorischen Denkmal eine würdige Umgebung zu schaffen. Doch durch die mitunter
unmittelbare Nähe zur Küste konnte sich hier für über 2.000 Tier- und Pflanzenarten, darunter auch sehr seltene, ein durchaus schützenswerter Lebensraum entwickeln. Aber hauptsächlich jenes ungewöhnliche Monument zieht,
wenngleich auch der atemberaubende Panoramablick in Wirklichkeit den aus-
schlaggebenden Anreiz für einen Ausflug bietet, Scharen von Besuchern an. Das
auf den ersten Blick sehr schlicht und unspektakulär wirkende Mausoleum
befindet sich in ausnahmslos exponierter Lage auf dem 1.675 Meter hoch
liegenden Gipfel des Jezerski vrh, dem zweithöchsten Berg des Lovćen. Von der
Aussichtsplattform der mitunter selbstgewählten Ruhestätte des berühmten
Dichterfürsten Petar II. liegt einem Montenegro dann buchstäblich zu Füssen.

Der höchst gelegene Grabtempel der Welt wurde vom berühmten kroatischen Architekten und Bildhauer Ivan Meštrović nach vierjähriger Bauzeit 1974 fertiggestellt. Zuvor wurde Petar II. in einer Kapelle, welche er bereits 1845 an dieser Stelle errichten ließ, 1854 bestattet. Diese war im Ersten Weltkrieg im Rahmen eines Feldzuges gegen die Montenegriner von den Österreichern teilweise zerstört worden, wurde 1925 jedoch wiederhergestellt.

Skadar See am Horizont und das Mausoleum ganz nahe

Während dieser Zeit ruhte der exhumierte Leichnam Petars in Cetinje. Vom 80 Meter tiefer liegenden Parkplatz führen 461 Stufen, die letzten durch einen Tunnel, zum stattlichen Mausoleum, dessen Grundsteine sechs Meter tief in den Felsen reichen. Am Ende der sechs seitlichen Nischen liegt ein großer Gewölberaum, bewacht von zwei imposanten weiblichen Steinfiguren in montenegrinischer Tracht. Die 9

Meter hohe Grabkammer selbst besteht aus feinstem kroatischen Marmor, den Himmel bildet ein Mosaik, zusammengesetzt aus 200.000 winzigen, vergoldeten Plättchen. Dominiert wird die Hauptnische von einer stattlichen, 28 Tonnen schweren Granitfigur, welche den Fürsten detailgetreu mit einem Adler, dem Wappenvogel Montenegros darstellt. Unter diesem Gewölbe liegt die Krypta, welche den schlichten Marmorsarkophag mit den sterblichen Überresten des beliebten Fürsten beherbergt (Eintritt; € 3,--).

Für Mehrtagesausflüge ist der Lovćen-Nationalpark zwar gerüstet, jedoch aufgrund fehlender Versorgungsmöglichkeiten nur bedingt geeignet. Unterkunftsmöglichkeiten von einfach bis komfortabel bietet das Hotel Ivanov Konak auf

der 1.230 Meter hoch gelegenen Alm Ivanova Korita, ca. 20 Kilometer von Cetinje. Ihm angeschlossen ist ein Restaurant, zudem bietet die Anlage auch Campmöglichkeiten. Das Besucherzentrum der Alm ist ein idealer Ausgangspunkt für Wanderungen im Nationalpark. Entsprechende Karten sind hier erhältlich. Der Eintritt zum Park beträgt € 2,-. Im Rahmen eines Tagesausfluges ist das Ziel innerhalb kurzer Zeit von der Küste oder der Hauptstadt Podgorica zu erreichen.

Njeguši (Karte freytag & berndt 1:150 000 H 3)

Am nördlichen Rand des Nationalparks liegt malerisch in einem weiten, fruchtbaren Polje das traditionelle und recht sehenswerte Bergdorf Njeguši. Der Weg dorthin war für viele Jahrhunderte die einzige Verbindung zwischen Cetinje und Kotor. Dieses ist nicht nur aus ethnografischer Sicht einen Umweg wert, es ist äußerst bekannt für einige seiner kulinarischen Besonderheiten. Der Ort ist ein guter Ausgangspunkt für Wanderungen im Nationalpark, ausgenommen auf den Gipfel des Štirovnik. Dieser ist, wie bereits erwähnt, militärisches Sperrgebiet. Es existieren etliche Unterkunftsmöglichkeiten in kleinen, rustikalen Holzhütten. Die bäuerliche Siedlung mit den teilweise alten, architektonisch regionstypischen Steinhäusern ist aus zwei Gründen sehr berühmt. Zum Einen ist es der Geburtsort des berühmten Dichters und Fürstbischofs Petar II. Petrović-Njegoš (1813-51). Sein unscheinbares und schlichtes Geburtshaus beherbergt ein kleines Museum mit Gegenständen und Erinnerungsstücken aus seinem kurzen Leben (Eintritt € 2,--). Zum Anderen ist es die Schinkenhochburg des Landes. Von hier stammt das Beste was die Räucherkammern Montenegros hergeben, obwohl die Schweine hierfür nicht die landeseigenen sind, sondern aus Serbien und Holland importiert werden. Somit haben die exzellenten Stücke des Njeguški pršut eben ihren Preis. Die Herstellung des erstklassigen Schinkens hat eine lange Tradition und erfolgt auf eine ganz spezielle, natürliche Weise. Die Produktion und außergewöhnliche Qualität ist abhängig von einem optimalen Verhältnis des Kontinental- und Mittelmeerklimas. Das ist meist Anfang November der Fall, wenn die Temperaturen um die 10° liegen. Die zwischen 8-12 kg schweren Schweinekeulen werden mit Meersalz eingesalzen und anschließend gepresst. Danach wird der Rohschinken unter dem Dachstuhl aufgehängt und über einem Buchen- und Nadelholzgemisch etwa einen Monat lang geräuchert. Im Anschluss werden die Schinkenstücke luftgetrocknet und erreichen nach etwa 12 Monaten ihren einzigartigen Geschmack. Fast ebenso berühmt ist der Sir, ein halbfester, etwas trockener Schnittkäse und das getrocknete Schafsfleisch. Die Köstlichkeiten werden im ganzen Dorf zum Verkauf angeboten und zahlreiche Konobas offerieren ihre leckeren, üppigen Brotzeitplatten, Rakija, Wein und Honigmet.

Podgorica (Karte freytag & berndt 1:150 000 H 6)

Montenegros Hauptstadt, welche bis 1992 noch Titograd hieß, hat gerade mal 178.000 Einwohner, die gesamte Gemeinde mit 57 Dörfern der Umgebung 186.000, das ist fast ein Drittel der Gesamtbevölkerung. Die Mehrzahl sind Montenegriner, daneben leben hier Serben, Albaner, wenige Bosniaken und eine Minderheit an Roma. Die Stadt liegt sehr zentral in der fruchtbaren Zeta-Ebene und ist von etlichen Mittelgebirgszügen umgeben. Im weiteren Umland liegen die ausgedehnten Plantagen des Weingutes Plantaže. Dazu wird hier Tabak, Getreide und Obst angebaut. Die fünf Flüsse, welche die Ebene durchziehen, machen eine ausreichende Bewässerung möglich. Sämtliche Besuchsziele im Land sind von hier mit wenig Zeitaufwand gut zu erreichen. Auf den ersten Blick wirkt die ehemals verschlafene Kleinstadt recht nüchtern, vom osmanischen Einfluss ist nur noch sehr wenig übriggeblieben. Nach den Zerstörungen im Zweiten Weltkrieg entstanden vorwiegend sozialistisch geprägte Wohnblöcke, erst Ende des letzten Jahrtausends orientierte man sich an zeitgemäßer Architektur und errichtete zunehmend moderne Büro- und Wohnhäuser mit viel Glas und noch mehr Beton. Ein wenig Reiz entwickelte sich inzwischen durch die reichlichen und großzügig angelegten Park- und Grünanlagen, die schattigen

Konobas entlang der Flussufer und auch die zahlreichen Brücken lockern das einheitliche und strenge Stadtbild auf und verleihen Podgorica dann doch einen ganz angenehmen Flair. Die Flüsse Morača und Ribnica teilen die Stadt in drei Bezirke: die Altstadt Stara Varoš, die Neustadt Nova Varoš und das moderne Regierungsviertel Novi Grad. Aus Mangel an Sehenswürdigkeiten lohnt sich ein längerer Aufenthalt nur für kulturell Interessierte. Neben dem National- und Stadttheater gibt es auch ein Puppen- und Kindertheater sowie eine Vielzahl von kleinen Kunstbühnen. Mehrere große Galerien bieten eine umfassende Übersicht über ein breit gefächertes Spektrum an Kunstrichtungen. Podgorica ist zwar das Zentrum der montenegrinischen Industrie, im Grunde jedoch eine arme Stadt. Selbst die riesige Aluminiumhütte vermag die enorm hohe Arbeitslosenquote nicht zu senken. Sie und auch die meisten anderen Betriebe im Textil- und Landwirtschaftssektor entstanden noch zu Titos Zeiten. Bessere finanzielle und zukunftsorientierte Möglichkeiten bietet der Dienstleistungssektor und die staatlichen Behörden. Ein wichtiger Arbeitgeber ist das riesige Weingut Plantaže. Es gibt zahlreiche Universitäten, Akademien und private Lehrinstitute sowie 34 Grund- und 10 weiterführende Schulen. Neben Athen hat Podgorica bereits ab Frühjahrsende und im Sommer die höchste Lufttemperatur aller europäischen Städte, 40° und mehr sind an der Tagesordnung. Abkühlung bietet dann ein erfrischendes Bad in einem der Flüsse, besonders an den Ufern der Morača gibt es etliche Badestrände. Wer sich abends und nachts vergnügen will, findet hierzu in den zahlreichen zentral gelegenen Pubs, Kneipen, Biergärten und Bars abwechslungsreiche Gelegenheiten. Da Podgorica auch das politische und wirtschaftliche Zentrum des Landes ist, mangelt es nicht an Hotels und Unterkünften in allen Preisklassen. Der internationale Flughafen Aerodrom-Podgorica befindet sich 12 Kilometer südlich des Zentrums - sein offizieller IATA-Name: TGD für Titograd.

Geschichte

Podgoricas Geschichte ist relativ kurz, sehr bewegt und schnell erläutert. Zwar entstand bereits zu Zeiten der Römer hier eine Siedlung, jedoch wurde der Ort erst ab 1326 namentlich in Aufzeichnungen erwähnt. Das Umland war schon vorher von den Illyrern besiedelt. Das politische Leben spielte sich damals hauptsächlich in den Küstenstädten und später in der nahe gelegenen Hauptstadt Cetinje ab. Im 14. Jhd. gehörte Podgorica zum Serbischen Reich unter Zar Stefan Dušan und im 15. Jhd. unterstand das Gebiet unterschiedlichen Fürstentümern. Damals hieß die Stadt Ribnica. Kurzzeitig gehörte der Ort auch zu Venedig, bis er 1466 von den Osmanen eingenommen wurde. Diese errichteten hier eine Festung zum Schutz gegen die montenegrinischen Bergstämme. Die Bedeutung Podgoricas als strategisch wichtiger Ort und bedeutender Handelsplatz stieg. Im Berliner Kongress von 1878 sprach man die Stadt Montenegro zu, was gleichzeitig auch das Ende der osmanischen Herrschaft bedeutete.

Cetinje war aber damals bereits Hauptstadt, obwohl Podgorica mit 13.000 Einwohnern schon recht groß war. Diese bestanden aber hauptsächlich aus muslimischen Slawen und Albanern, die Orthodoxen zogen Cetinje als Wohnort vor. Während des Ersten Weltkrieges war die Stadt von Österreichern besetzt und gehörte nach dessen Ende zum Königreich Jugoslawien, womit die Ära der Petrović beendet war. Deutsche und Italiener teilten sich die Besatzung im Zweiten Weltkrieg. Damals wurde die Stadt bei über 70 Luftangriffen zum größten Teil zugrunde gerichtet, nur einige alte, robuste Bauwerke aus der osmanischen Zeit konnten der Zerstörung standhalten. 1944 schafften es jugoslawische Freiheitskämpfer die Stadt zurückzuerobern. Zu Ehren Josip Broz Titos benannte man Podgorica 1946 in Titograd um und endlich wurde sie Hauptstadt der Teilrepublik Montenegro. Der Name hielt sich lange bis nach Titos Tod 1980, erst seit 1992 trägt sie wieder ihren alten Namen und seit dem Unabhängigkeitsreferendum 2006 ist Cetinje nur noch Sitz des Präsidenten.

Sehenswertes

Montenegros Hauptstadt zählt wahrlich nicht zu den schönsten Metropolen Europas und die drei Stadtteile bieten nur wenig Besichtigungspotential. Dafür ist das Kulturangebot reichlich. Museen, Galerien und Theater (auch interessant wenn man der Sprache nicht mächtig ist) sowie die zahlreichen Park- und Grünanlagen, ideal für Veranstaltungen, schaffen einen angenehmen optischen und erholungswerten Ausgleich zum architektonischen Einerlei. Empfehlenswert ist ein Rundgang durch die verwinkelten Gassen der **Altstadt Stari Varoš**. Südöstlich vom Zusammenfluss der Ribnica in die Morača findet man die wenigen Überbleibsel aus osmanischer Zeit. Das sind eine handvoll typischer Wohnhäuser, südlich des Bul. Svetog Petra Cetinjskog ist über Treppen hinab die **türkische Brücke Adži-Paša** über die Ribnica aus dem 15. Jhd. zu erreichen und zwei Moscheen aus dem 16. Jhd. - die **Džamija Mechihat Han** (Handwerkermoschee) und die **Džamija Melihce**. Die anderen Moscheen sind neueren Datums. Einige spärliche Ruinen am Flussufer zeugen davon, dass es auch einmal eine Festung gegeben hat. Sehenswert ist der **Uhrturm Sahat Kula** am Trg Vojvode Bećira Osmanagića aus dem Jahr 1667. Die alte italienische Uhr des osmanischen Wahrzeichens wurde erst bei der Renovierung 2012 durch eine neue mit Funk-Mechanik ersetzt. Damals war sie die einzig öffentliche Uhr der Stadt. Hinter dem Turm liegt das **Naturhistorische Museum** Montenegros. Nach dem Motto "Natur verbindet uns" wird hier auf einer Fläche von über 300 m² Montenegros biologische Vielfalt dokumentiert. In 13 Themenbereichen bringt man dem Besucher den Wert der Natur und die Stellung des Menschen zu ihr sehr anschaulich nahe (Eintritt frei). Nähere Infos unter: www.pmcg.co.me/en. Am südöstlichen Ende des Stadtbezirks befindet sich die **Mall of Montenegro** mit ihrer großen **Markthalle** im Untergeschoß. Über den **Kraljev-Park** und **Karađorđev-Park** nördlich der Ribnica erreicht man nach Überquerung des Bul. Svetog Petra Cetinjskog die Neustadt Nova Varoš mit ihrem quadratisch angelegten Straßennetz. Einige der Boulevards werden abends zu Fußgängerzonen erklärt. Unzählige Einkaufsmöglichkeiten, Bars und Restaurants laden zu einem Bummel durch diesen Stadtteil ein. Der zentrale **Platz der Republik „Trg Republike"** mit seinem mittigen Springbrunnen umfasst 15.000 m² und wird oft für öffentliche Veranstaltungen genutzt. Hier befindet sich auch die **Staatsgalerie „Art"** mit Ausstellungsobjekten moderner Kunst sowie die große **Stadtbücherei Radosav Ljumović**. Am Rande des **Šuma Gorica-Parkes** im nördlichen Stadtteil liegt die **älteste Kirche Podgoricas** aus dem 11. Jhd., die kleine aber sehenswerte **Sveti Đorđe**. Im Inneren sind nur noch wenige Fresken erhalten. Schön ist aber auf jeden Fall der Blick vom Hügel dahinter auf die Stadt. Verfolgt man den Weg ab der Kirche weiter, gelangt man zu einem auffälligen Denkmal für gefallene montenegrinische Partisanen. In der südlichen Marka Milanjova liegt das **Stadtmuseum** Podgoricas - **Muzej i Galerije** - mit einer umfangreichen und wertvollen historischen, archäologischen und ethnografischen Sammlung der Gegend über einen Zeitraum von mehr als 2.000 Jahren (Eintritt: € 3,--; Di-So 9-21 h, Sa 10-14 h). Etwas weiter südöstlich, am Ende der Vuka Karadžića, findet man ein sehr hübsches, **architektonisch interessantes** Haus aus dem letzten Jahrhundert. Im Anwesen des ersten, ehemaligen Zahnarztes der Stadt Kusleova ist heute eine der **schönsten öffentlichen Galerien** untergebracht. Das **Nationaltheater** liegt am Bulevar Stanka Dragojevića, nahe dem östlichen

Morača-Ufer. Durchquert man dann den **Njegošev-Park**, erreicht man die Morača und kann den Fluss über die Fußgängerbrücke Moskovski Most überqueren. Die Moskauer Brücke, erst Ende 2008 fertiggestellt, wurde von einem russischen Unternehmen erbaut und war ein Geschenk an die Stadt. Wenige Meter nördlich fällt das derzeit bedeutendste **Wahrzeichen Podgoricas** auf: die **Most Milenium**.

Obst- und Frucht-Markthalle und osmanische Altstadt

Die kühne Schrägseilbrücke überspannt mit 160 Metern die Morača. Ein einziger 57 Meter hoher Pylon hält mit zwölf Schrägseilen die insgesamt 24 Meter breiten Fahrbahnplatten. Zum entgegengesetzten Ufer hin wird der Pylon mit weiteren 24 Schrägseilen im Gegengewicht gehalten. 7 Millionen Euro kostete die sehenswerte Konstruktion der **Millenium-Brücke**. Eröffnet wurde sie am 13. Juli 2005, Montenegros Nationalfeiertag. Das Regierungsviertel Novi Grad liegt westlich der Morača. Neben den modernen, neuen Regierungsgebäuden, welche erst ab 2001 nach und

nach entstanden, sticht hier die elegante **serbisch-orthodoxe Auferste-hungskathedrale** am Bulevar Džordža Vašingtona ins Auge. Für Liebhaber progressiver Kirchenbaukunst lohnt sich durchaus ein Besuch. 2013 fertig-gestellt, ist sie die Größte ihrer Art im Land, die Gesamtfläche der Innenräume beträgt 4.000 m² auf 1.300 m² bebauter Fläche. Die knapp 36 Meter hohe Kuppel, welche ein 4 Meter hohes Kreuz beherbergt, ist weithin sichtbar. Die Front zieren zwei 27 Meter hohe Glockentürme mit insgesamt 17 Glocken, die größte von ihnen wiegt stolze 11 Tonnen. Im Inneren ist sie reich und aufwen-dig geschmückt: Ikonen auf teilweise vergoldetem Hintergrund, prunkvolle Fresken, wertvolle Wand- und Bodenmosaike, Steinplastiken und geschnitzte Holzfiguren. Auch die Krypta im Untergeschoss ist mit umfangreichen Malereien verziert. Der Bau gilt als Wahrzeichen des Stadtteils. Im idyllischen und schat-tigen **Petrovića Park** thront auf dem Kruševac-Hügel der relativ kleine **Stadt-palast** der königlichen Familie Petrović, auch Dvor Petrovića genannt. In den Nebengebäuden befindet sich die **zeitgenössische kleine Galerie** montene-grinischer und manchmal auch internationaler Künstler (Mo-Fr 9 - 21 h, Sa 10 - 14 h; Eintritt: € 2,--). Sämtliche Ziele sind bequem zu Fuß zu erreichen. Einen zentralen Parkplatz gibt es beim Hotel Crna Gora am Bulevar Svetog Petra Cet-injskog in der Neustadt. Am südlichen Stadtrand Richtung Aluminium-Kombinat und Skadar See liegt westlich der Hauptstraße der **Hügel Dajbabska Gora**. Auf ihm erbaute man zwischen 2008 und 2011 einen 55 Meter hohen Sendeturm mit **Aussichtsplattform**, den Toranj na Dajbabskoj Gori. Der sechs Millionen Euro-Bau ist ein weiteres Wahrzeichen der Stadt. Zu erreichen ist er am besten über den letzten südlichen Kreisverkehr der Stadt, hier Richtung Danilovgrad fahren. Nach etwa 1 Kilometer links abbiegen, nach weiteren 400 Metern rechts.

Veranstaltungen
In Podgorica dreht sich ganzjährig alles um Kunst, Kultur und Sport. Die Stadt öffnet ihre Tore für die ganze Welt. Das beginnt jedes Jahr im März mit dem internationalen Kindergesangswettbewerb und endet dann im Dezember mit den weit über die Landesgrenzen hinaus berühmten Kulturtagen. Im April findet das internationale Festival des alternativen Theaters statt, im August die Filmtage, im Sommer das Musikfestival Sunčane Skale. Hinzu kommen noch zahlreiche Fußballturniere und Sportwettkämpfe, viele finden unter freiem Himmel statt.

Sehenswertes in der Umgebung
Duklja - Montenegros bedeutendste antike Stätte, auch Doclea genannt, liegt 4 Kilometer nördlich von Podgorica auf einem weiten, flachen Plateau zwischen den Flüssen Morača und Zeta. Ursprünglich wurde sie im 1. Jhd. v. Chr. vom illyrischen Stamm der Docleati gegründet und entwickelte sich aufgrund der günstigen klimatischen und strategischen Lage rasant zu einer für damalige Verhältnisse riesigen Stadt mit etwa 10.000 Einwohnern. Bald darauf gehörte sie zum Römischen Reich und war im 1. Jhd. n. Chr. unter Kaiser Vespasian ein bedeutendes kulturelles und wirtschaftliches Zentrum Dalmatiens. Als Ende des 5. Jhd. das Weströmische Reich langsam seinem Untergang entgegensteuerte, konnte sich auch Duklja nicht vor dem Verfall, Plünderungen und Erdbeben retten. Die Slawen bauten im 7. Jhd. die eroberte Stadt wieder auf. Doch als im 10 Jhd. nordalbanische Stämme zahlreiche Übergriffe unternahmen, war sie vor dem endgültigen Niedergang nicht mehr zu retten. Die letzten bewohnbaren Gebäude, Tempelanlagen und Kirchen zerstörten die Türken. Im 19. Jhd. fanden

einige Ausgrabungen statt, eines der wertvollsten Fundstücke war die Glasplatte aus einer Nekropole mit eingravierten frühchristlichen Darstellungen. Heute scheinen die antiken Überreste wie willkürlich auf dem Gelände verteilt, wobei einige Details noch in bemerkenswert gutem Zustand sind. Das Gelände ist frei zugänglich, es existieren keine Erläuterungstafeln und die vermutlich einzige Gesellschaft sind zahlreiche Schildkröten und Eidechsen. Anfahrt: Auf der alten Straße nach Danilovgrad ab Millenium-Brücke am rechten Morača-Ufer flussaufwärts fahren. Nach 2,8 Kilometer rechts abbiegen (links ist ein Restaurant), die Zeta überqueren und gleich wieder rechts, nach 1 Kilometer ist Duklja erreicht.

Die Cijevna - Wenige Kilometer von Podgorica entfernt, in Richtung der albanischen Grenze, befindet sich einer der schönsten und wildesten Flüsse der montenegrinischen Karstregion. Das äußerst saubere, wasser- und fischreiche Gewässer der Cijevna entspringt in der nordalbanischen Alpenregion, durchläuft zahlreiche tiefe und enge Schluchten und mündet nach 63 Kilometer nördlich vom Skadar See unterirdisch in die Morača. An deren Unterlauf in der Zeta-Ebene bei Tuzi kann man eine unter ausländischen Besuchern ziemlich unbekannte Naturbesonderheit vorfinden: Montenegros Niagara-Fälle. Dieses eindrucksvolle Schauspiel zieht an den Wochenenden zahlreiche Montenegriner aus der Umgebung an. Mehrere imposante Wasserfälle stürzen aus bis zu 10 Metern Höhe in mehrere aufeinanderfolgende verkarstete Becken. Sie sind zwar nicht so spektakulär wie die amerikanisch-kanadische Variante, aber für europäische Maßstäbe doch recht eindrucksvoll und passabel. An warmen Sommertagen lädt der Fluss davor zum Baden ein. Was wäre ein populäres Ausflugsziel ohne entsprechende Einkehrmöglichkeiten. Das gleichnamige Restaurant „Niagara" ist mit seiner liebevollen Einrichtung schon eine kleine Sehenswürdigkeit an sich und bietet vorzügliche Fischgerichte und andere Spezialitäten. Die Fälle sind einfach zu finden: Von Podgorica die E762 Richtung Tuzi fahren. Nach ca. 2 Kilometer an der Bahnunterführung den Abzweig nach rechts wählen, ausgeschildert hier ist „Rakića Kuće". Dem Flussverlauf 2 weitere Kilometer folgen. Ebenso lohnenswert und ohne Trubel ist ein Abstecher in die einsame und wilde

Gegend im Bereich des Oberlaufes der Cijevna. Der Fluß, welcher stellenweise in bis zu 15 Meter tiefen Spalten verschwindet, teilt sich die enge Schlucht mit einer schmalen Straße, die direkt an der Grenzlinie zu Albanien endet. Das sehr ursprüngliche und fruchtbare Naturschutzgebiet ist ein wichtiges Rückzugsgebiet von seltenen und endemischen Tierarten, besonders auch Vögeln.

Kučka krajina, Medun und die Runde über Korita (Top-Tipp)

Ein wunderschöner Tagesausflug von Podgorica führt in eine sehr abgelegene Gegend, eine Hochebene mit einer ganz ursprünglichen Atmosphäre. Es ist eine eindrucksvolle Panoramastrecke über 70 Kilometer in die Bergwelt nahe der Hauptstadt, welche jegliche Hektik vergessen lässt. Einst war das als Kučka krajina bekannte Gebiet nur sehr dünn von Schäfern besiedelt, die in aller Ruhe ihre Bergweiden bewirtschafteten. Heute trägt die Strecke den Namen **„Runde über Korita"** und wird sogar beworben, um den Fremdenverkehr zu fördern. So gibt es zwischenzeitlich etliche infrastrukturelle Verbesserungen mit vielen Wegweisern, Aussichtspunkten und Rastplätze mit Sitzbänken sowie ausgewiesene Wanderwege. Das touristische Potential an den Ausläufern des Prokletije wurde hier bereits erkannt.

Erster Halt auf der Reise in die Vergangenheit ist das kleine Dorf Medun, 12 Kilometer nördlich von Podgorica. Der monumentale Komplex oberhalb des ursprünglichen Weilers enthält unübersehbare Zeitzeugen aus bewegten früheren Tagen. Die Überreste einer einst illyrischen Festungsanlage aus dem 4. Jhd. v. Chr. zeigen mit den riesigen Quadern von der ausgereiften Cyklopenbautechnik des hoch entwickelten Stammes. Das damalige Meteon entwickelte sich schnell zu einer großen Stadt, deren Burg später sowohl von den Römern und sehr viel später von den Türken zur Verteidigung genutzt wurde. Nahe des Dorfes befindet sich das Geburtshaus von Marko Miljanov (1833-1901), einem legendären Kriegshelden, bedeutenden Staatsmann und berühmten Schriftsteller. Seine Werke umfassten melodramatisch das Leben und den Kampf seines Stammes gegen die Feinde des Landes. Er war einer der wichtigsten Figuren der montenegrinischen Geschichte und berühmt angesichts seiner Erfolge gegen die Osmanen. Heute ist in dem schönen Steinhaus ein interessantes Gedenkmuseum untergebracht, welches sich seinem Leben als Kämpfer und Poet widmet und Einblick in viele örtliche Geschehnisse des 19. Jhd. liefert. (Eintritt: € 1,--; ein Audio-Guide in englischer Sprache ist erhältlich). Miljanovs Grab befindet sich neben der Dorfkirche Sv. Nikola aus dem 18. Jhd. Von Medun hat man bei gutem Wetter einen sensationellen Blick auf Podgorica und die Zeta-Ebene. Bis Korita schlängelt sich die Straße auf knapp 1.350 Meter mit etlichen Aussichtspunkten und Abzweigungen zu Wanderwegen. Im Anschluss beginnt eine abwechslungs- und kurvenreiche Fahrt zurück in die Ebene. Es folgen authentisch albanisch geprägte Dörfer und spätestens zwischen Deljaj und Stjepovo bietet sich von der sogenannten „Kehle des Falken" ein einmaliger Blick in die tief unten liegende Schlucht der Cijevna und die auffälligen Serpentinen im albanischen Teil des Cem/Cijevna-Schluchtengebietes. Ein traumhafter Ort um die Zeit zu vergessen. Ein kurzer Abstecher lohnt sich auch zum Dorf Rašovići bei Fundina. Ein Denkmal erinnert an den Sieg von 5.000 Montenegrinern 1876 über 20.000 Osmanen. Auffallend sind die Gräber zwischen Dorf und Monument.

Montenegro – ein Land der Weine

Die alten Griechen? Die Römer? Die Slawen? Wer vor langer Zeit den ersten Rebstock nach Montenegro gebracht hat, wird wohl für immer ein Geheimnis bleiben, doch dass das Land auf eine sehr lange Geschichte der Weinkelterei zurückblicken kann, ist zumindest im Südosten offensichtlich. Seit vielen Jahrhunderten ist der Wein ein wesentlicher Bestandteil der montenegrinischen Kultur und ihrer Bräuche und beschreibt eine lange Geschichte seiner Heimat. Besonders in den Weinbergen zwischen Skadar See und Cetinje, zwischen Bar und Ulcinj, in der fruchtbaren Zeta-Ebene und im Crmnicatal reifen unter der mediterranen Sonne die besten und süffigsten Weine des Balkans. Und bereits zu Zeiten des ehemaligen Jugoslawiens waren der rote Vranac und der weiße Krstač weit über die Landesgrenzen hinaus berühmt. In den ursprünglichen und alten Dörfern mit den typischen Steinhäusern hat der Weinanbau eine besonders lange Tradition mit

fast über jeder noch so kleinen Terasse wächst Wein

Erfolg. Unabhängige Winzer produzieren hier stolz unter ökologischen Voraussetzungen und mit viel Sorgfalt vorzügliche Weine der hauseigenen Rebsorten. In deren kleinen, liebevoll dekorierten Weinkellern herrscht eine außergewöhnlich harmonische Atmosphäre, hier ist eine Weinprobe noch ein kleines Erlebnis. Zu finden sind die privaten Kleinbetriebe anhand zahlreicher Ausschilderungen problemlos. Hinzu kommt das berühmte Weingut 13.Jul-Plantaže in der Tiefebene nahe der Hauptstadt. Es handelt sich um eine der größten Weinplantagen weltweit. Auf knapp 2.400 ha wachsen mehr als 11 Millionen Rebstöcke und in den Kellern des Gutes lagern über 30 Millionen Liter montenegrinischer Wein. Das Herzstück des Betriebes ist der 2007 eröffnete Šipčanik Weinkeller. Der 356 Meter lange und durchschnittlich 13,5 Meter breite Tunnel liegt 30 Meter unterhalb des größten Weinberges und bietet optimale klimatische und technische Reifebedingungen für 2 Millionen Liter edler Tropfen. Zum Weinkeller gehört eine Weinhandlung mit 28.000 Flaschen Wein, bis zu 10 Jahre alt, Verkostungsräume, hochmoderne Veranstaltungs- und Konferenzsäle für bis zu 700 Personen. Ansonsten exportiert der Marktführer des Balkans seine Produkte in mehr als 30 Länder. Die Weine von Plantaže haben bereits zahlreiche, auch internationale Preise erzielt, mitunter den ersten Preis 1907 für den Vranac an der London Wine Fair. Das traditionsreiche Unternehmen offeriert neben den herkömmlichen Weinproben auch umfangreiche Verköstigungen. Per Kutsche oder einem originellen Touristenzüglein werden Besichtigungsfahrten durch die weiten Plantagen angeboten. Nähere Infos und eine Übersichtskarte der Weinstrasse der kleinen Winzer zum Downloaden unter: **www.plantaze.com**; eine weitere Übersicht und das Programm des Weingutes 13.Jul-Plantaže unter: **www.podgorica.travel/en/expore-podgorica/wine-tourism**

Kloster Ostrog (Karte freytag & berndt 1:150 000 F 5) (Highlight)
Durch eine für Montenegro überaus untypische, sattgrüne Auenlandschaft entlang des Flusses Zeta gelangt man in weniger als 50 Kilometer von Podgorica zu einem der wichtigsten Touristenhighlights und zum, wie es auch oft genannt wird - religiösen Gravitationszentrum des Landes - die Ostrog-Klöster. Sie zählen zu den Meistbesuchten des Balkans und nicht nur serbisch-orthodoxe Gläubige, sondern auch Katholiken und Moslems treffen sich hier zum Gebet. Der bekannteste und wichtigste Wallfahrtsort Montenegros wurde spektakulär auf 900 Meter Höhe in eine Steilwand des Prekornica-Gebirges gemeisselt und ist auch durch seine einmalige Lage mit dem sensationellen Blick über die Bjelopavlićko-Ebene für Nicht-Gläubige ein lohnendes Ziel. Schon von Weitem fällt der architektonisch außergewöhnlich schöne und schneeweiße Bau des oberen Gebäudekomplexes Gornji Ostrog um die zwei kleinen Felsenkirchlein auf und hebt sich markant vom graubraunen Gestein der schroffen Felswand ab.

Zum unteren Kloster Donji Ostrog, gut 200 Höhenmeter tiefer gelegen, gehören die kleine Kirche Sveti Trojica und großflächig angelegten Klostergärten. Es diente damals wie heute der Versorgung des oberen Klosters sowie als Unterkunft für die Mönche. Die Gründung der Abtei geht auf das Jahr 1656 zurück. Als der Metropolit Vasilje Ostroški (weltlich Stojan Jovanović) auf der Flucht vor den Türken nach der Zerstörung des Klosters Trdvos in Bosnien-Herzegowina mit 30 Mönchen die fruchtbare Ebene erreichte, erschienen ihm die so hoch gelegenen Höhlen als Rückzugsort vor den Osmanen ideal und er errichtete hier ein neues, gut geschütztes Glaubenszentrum. Der verehrte Oberbischof der serbisch-orthodoxen Kirche, Wanderprediger, Dichter und Philosoph Vasilje setzte sich außerordentlich für das Wohl der Menschen in Montenegro, Bosnien und Herzegowina ein, was ihm den Beinamen „Engel auf Erden und Mann des Himmels" einbrachte. Er lebte bis zu seinem Tod 1671 in Ostrog und wurde hier auch beigesetzt. Auf Anordnung des neuen Bischofs, dem

Vasilje im Traum erschien, wurde sein Körper 7 Jahre später exhumiert und man fand ihn ohne Verwesungsspuren in seinem Grab vor. Dies galt als ein großes Wunder und fortan wurde er über die Grenzen Europas hinaus als Heiliger verehrt. In seinem fast unversehrtem Zustand werden seine Reliqien heute noch, in rotem Samt eingehüllt, in der unteren der kleinen Felsenkirchen in einem Sarkophag aufbewahrt. Seither pilgern viele gläubige Kranke nach Ostrog um von Vasilje Heilung zu erbeten, welche ihnen oft auch widerfährt. Das untere Kloster auf einer Terrasse am Hang entstand erst im 18. Jhd. Bis ins späte 19. Jhd. war Ostrog immer wieder Zielscheibe der osmanischen Truppen, blieb jedoch weitgehend uneinnehmbar und war somit auch ein begehrter Zufluchtsort. Sein heutiges Aussehen, incl. des modernen Neubaus nördlich der oberen Anlage, in welchem sich Schlafstätten für Pilger befinden, erhielt Ostrog 1923-26 nachdem ein Brand Großteile des Komplexes zerstört hatte. Die Höhlenkirchen mit den wertvollen Fresken auf dem Naturstein aus dem 17. Jhd.

blieben verschont. Während des Zweiten Welt-krieges wurden große Teile des serbischen Staats-schatzes sowie Münzgold und Aktien im Wert von mehreren Milliarden Dinar hier versteckt. Die Be-sichtigung der Klöster beginnt meist mit einem Besuch der unteren Felsenkirche in welcher der heilige Vasilje aufbewahrt wird. Normalerweise ist der Andrang recht groß und mehr als drei bis vier Besucher haben in der Höhle kaum Platz. Zu aus-sergewöhnlichen Anlässen wird der Sarkophag ge-öffnet und eine besondere Atmosphäre erfüllt die kleine Grabkammer. Den Raum verlässt man, wie übrigens sämtliche Räumlichkeiten des Klosters, aus Respekt rückwärts. Über eine weitere, schmale Treppe gelangt man in die obere Heilig-Kreuz-Kirche. Hier werden die Reste einer Granate aus dem Zweiten Weltkrieg aufbewahrt, welche ohne zu explodieren die darüber liegende Steilwand traf – welch ein Wunder! Von hier bietet sich ein atembe-raubender Blick über weite Teile der bereits oben erwähnten Bjelopavlićko-Ebene. Die Fresken dieser Höhlenkirche wurden sorgfältig abgetragen und in der unteren Klosterkirche Donji Ostrog originalgetreu wieder aufgebracht. Deren sonstige Fresken aus kraftvollen Farben sind jedoch leider neueren Datums. Vom Frühjahr bis in den Herbst sind die wenigen Parkplätze unmittelbar vor Gornji Ostrog restlos überfüllt, besonders am 29. April, dem Gedenktag des Heiligen. Die nächste Möglichkeit mit wenig Fußmarsch liegt auf halbem Weg vom unteren Kloster 200 Meter links vom Hauptweg. Ansonsten bleibt nur der Anmarsch von Donji Ostrog, ein steiler Fußpfad verkürzt die knapp 3 Kilometer. Das Betreten des Klosters ist nur mit langärmeliger Kleidung und langen Hosen oder Röcken erlaubt, Fotografieren ist verboten! Sakrale Souvenirs und anderen Schnickschnack gibt es reichlich im Bereich des unteren Klosters und auch im Vordergebäude des Hauptkomplexes. Es geht doch schon recht weltlich, sehr konsumistisch und vor allem kitschig zu. Übernachtungsmöglichkeiten, natürlich nach Geschlechtern getrennt, bieten die Schlafsäle in Donji Ostrog für € 5,--.
Eine landschaftlich reizvolle Alternative zur Hauptverbindung in der Bje-lopavlićko-Ebene bietet die erhöht liegende Straße von Podgorica über Spuž, Vinići und Mandići, bzw. auch von Nikšić über Stubica und Povija.

Montenegros namensgebende Bergregion - Das ist das echte, authentische Crna Gora. Das Hochgebirgsland der schwarzen Berge mit der Erkenntnis, dass das kleine Land hier seine geringe Größe durch Höhe wettgemacht hat. Die spektakulären Berge sind wirklich hoch, ragen weit über 2.500 Meter in den Himmel und jeder hat seinen eigenen Charakter, seine eigene Geschichte. Gepaart mit bemerkenswerten Beigaben wie ausgedehnte Wälder, einzigartige Höhlensysteme, reißende und zahme Flüsse, bezaubernde Gletscherseen und idyllische Almen. Hinzu kommen atemberaubende Schluchten, die tiefsten Europas, in denen das Wasser die Handschrift der Zeit im Stein hinterließ.
Manche sind bereits gut erschlossen und mit dem Fahrzeug zu erforschen, andere wiederum nur per Rafting und abenteuerlichem Canyoning und viele von ihnen sind bis heute unentdeckt geblieben. Diese schroffe und dünn besiedelte Hochgebirgslandschaft bietet nur wenig Raum für landwirtschaftlich nutzbaren Boden. In dieser unzivilisierten Gegend haben sich die derben aber freundlichen Menschen an ihre Umgebung angepasst und uralte Brauchtümer konnten sich über Jahrhunderte weg erhalten. Manche Flecken sind noch nie und von niemandem betreten worden. Ein Besuch dieser phänomenalen, touristisch kaum erschlossenen Bergwelt mit einer unglaublichen Fülle von üppigen Naturschönheiten wird sicherlich jedem Besucher den Atem rauben.

Orjen-Gebirge und Nationalpark (Karte f & b 1:150 000 G 2) (Highlight)

Der Orjen ist ein überaus eindrucksvoller Hochgebirgszug der Dinariden, zahlreich übersät mit typisch eiszeitlichen Spuren und außergewöhnlichen Karstphänomenen der besonderen Art. Imposante Steilwände, 800 bis 1.300 Meter hoch, erheben sich unmittelbar hinter der Bucht von Kotor und mit einer Höhe von bis zu fast 1.900 Metern bilden die hellen, schroffen Gipfel eine natürliche Wegsperre zwischen Küste und Hinterland. Die Gesamtfläche des Orjen beträgt etwa 400 km² von der die Hälfte in Bosnien-Herzegowina liegt. Insgesamt besteht er aus vier ausgedehnten Hochkarstplateaus, getrennt durch strahlenförmig verlaufende Kämme. Der höchste Gipfel ist mit 1.894 Meter Höhe der Zubački kabao. Das extrem verkarstete Bergland steht im starken Kontrast zu der üppigen und vielfältigen Flora, bis in hohe Lagen existieren ausgedehnte, unberührte Urwälder, welche seltene und auch endemische Tierarten beherbergen. In niedrigeren Höhenlagen fallen große Waldbestände leider immer noch der Abholzung zum Opfer, doch sämtliche Vorkommen der seltenen Schlangenhaut-Kiefer sind länger schon als Reservate ausgewiesen. Im späten Frühjahr bestechen die ausgedehnten Almen mit üppig blühenden Wiesen. Bereits seit 1960 existierten Pläne für einen weiteren Nationalpark des Landes. 2007 dann erklärte sich die Regierung bereit, 19.000 Hektar dafür bereitzustellen, obwohl bis zu diesem Zeitpunkt keinerlei wissenschaftliche Nachweise dieses Projekt rechtfertigten. Ein kleiner Teil des südlichen Orjen-Gebirges jedoch gehörte bereits seit längerem zum

das kleine verträumte Dörfchen Ubli im Orjen-Gebirge

UNESCO-Weltnaturerbe der Bucht von Kotor. Das Gebiet ist das regenreichste in ganz Europa. Der Jahresniederschlag steigt auf über, für mediterranen Raum ungewöhnliche, 5.000 mm im Durchschnitt, was natürlich die üppige Vegetation begünstigt, die sich sonst auf dem trockenen Karstboden nicht entwickeln könnte. Nicht selten werden auf den höchsten Gipfeln sogar Mengen von 6.400 mm gemessen. Von Dezember bis Juni fällt Schnee. Doch die reichlichen Niederschläge verschwinden sofort wieder im durchlässigen Gestein des Kalkstocks und treten erst an dessen Fuß in Form von Quellen wieder ans Tageslicht. Einzige Ausnahme bilden die Poljen (Felder), in denen sich sämtliche Kalkbestände bereits aufgelöst haben und das verbleibende Gestein somit einen festen Untergrund bildet. Die Oberflächen der Plateaus und Hänge sind stark zerfurcht, das Innere der Berge extrem durchlöchert. Tiefe Rillen und Spalten, teilweise über 180 Meter tief, verbreitern sich zu unzähligen unterirdischen Höhlen, nur ganz wenige konnten bisher erforscht werden. Das Orjen-Massiv bietet ausgezeichnete Möglichkeiten für ein paar Tage Aktivurlaub: Wandern, alpines Bergsteigen,

der Weg nach oben ist lange und beschwerlich...

...aber die Ausblicke belohnen dafür um so mehr

Klettern, Mountainbiken und Paragliding. Hervorragende Arbeit und Unterstützung leistet hierbei der Bergsteigerclub aus Herceg Novi in Zusammenarbeit mit anderen Vereinigungen aus den Nachbarländern. Dank der jährlichen Überprüfung und Instandhaltung zählen die Wanderwege im Orjen zu den am besten ausgeschilderten und mit über 60 Kilometer Wegenetz auch zu den ausgedehntesten des Landes. Ein beliebtes Terrain zum Wandern und Bergsteigen bietet die 1.679 Meter hohe Subra und die Landschaft zu ihren Füßen. Auf gut markierten Wegen gelangt man auf einen der drei Hauptgipfel des Orjen mit wohl den spektakulärsten und lohnendsten Ausblicken. Von Süden und Osten wirkt der Berg sanft und zahm, von Nordwesten dagegen unbezwingbar, hier versperrt eine 500 Meter hohe Steilwand, das sogenannte Subra-Amphietheater, für Normal-Wanderer den Weg zum Gipfel. Der Hauptweg startet etwa 10 Kilometer nordöstlich von Herceg Novi und Kameno bei Borići, hier existieren Parkmöglichkeiten beim ehemaligen Hotel. Der erste Abschnitt führt erst über ein bewaldetes, flachhügeliges, leicht ansteigendes Plateau, später über Serpentinen auf den 1.160 Meter hohen Vratlo-Paß und zur Bergalm Za Vratlom. Die steinerne Schutzhütte bietet einfachste Übernachtungsmöglichkeiten für 50 Personen, geöffnet nur im Sommer, ansonsten campen. Im Anschluss hält man sich links. Anfangs geht es leicht bergauf, hier folgt eine wilde, verkarstete und stetig

ansteigende Etappe durch dichte Wälder und über den sogenannten Hexentanz-platz. Sein typisches Merkmal sind die tiefen Karren, Rillen und Ponore – ein schwieriges Gelände für Ungeübte, welches enorm viel Trittsicherheit erfordert. Hier entfaltet die Natur eine besonders urschöpferische Kraft und lässt die reiche Vegetation auf dem kahlen Boden ungehindert gedeihen. Auf dem Gipfelplateau eröffnet sich ein grandioser Rundumblick auf die umliegenden Kronen, die Adria und weite Teile Montenegros. Jenseits des Grates liegt besagte größte Wand des Gebirges, ein gewaltiger Felsenbogen, der durch einen Gletscher entstand des-sen Endmoräne 500 Meter tiefer das Geröll zurückließ. Der Weg bis zur Berg-hütte ist auch mit einem Allradfahrzeug zu bewältigen, ansonsten sollte man ab Borići etwa 6 Stunden einfach einplanen, ab Za Vratlom etwa 4 Stunden einfach. Trinkwasservorräte nicht vergessen, es gibt nur ganz wenige Quellen entlang des Weges. Hält man sich ab Za Vratlom auf dem alten Militärweg rechts, ge-langt man über einen Rundweg zu einem kleinen Stützpunkt und über den Kamm des Veliko ćedilo zurück zur Schutzhütte (etwa 1,5 Stunden). Neben der Subra gibt es eine Reihe weiterer Gipfel, welche eine Besteigung lohnen. So bietet der 1.769 Meter hohe, ebenfalls stark verkarstete Međugorje beste Grund-lage für alpines Klettern und bietet beeindruckende Ausblicke auf die benach-barten Gipfel des Zubački kabao und der 1.862 Meter hohen Velika jastrebica.
Tipp: Verfolgt man die Straße ab Kameno über Borići weiter, so gelangt man auf einer wunderschönen Panoramastrecke mit Ausblicken auf die Bucht nach Ubli. Das weitläufige Dorf liegt malerisch in einem typischen Polje am Fuße des knapp 1.400 Meter hohen Baštik. Entlang der Etappe zweigen immer wieder ausgeschilderte und auch, wie überall im Land, vorbildlich markierte Wander-wege ab. Das Orjen-Gebiet ist durchzogen von etlichen Straßen und Wegen,

welche meist noch aus der österreich-ungarischen Fremd-herrschaft stammen. Nur ein kleiner Teil wurde zwischen-zeitlich modenisiert bzw. ausge-baut, ansonsten existieren sie noch in ihrem ursprünglichen Zustand, oft nicht mehr als ein Maultierpfad. Ab Herceg Novi führt über Kameno und Kruše-vice eine abwechslungsreiche Strecke in etwa 25 Kilometer (Empfehlung: 4x4) zum Orjen-Paß auf knapp 1.600 Meter Höhe. Durch Randabbrüche ist

wunderschöne Flecken zum Verweilen gibts viele im Orjen der Weg ab hier nicht immer weiter befahrbar, der Abstecher lohnt sich aber auf alle Fälle auch als Hin-/Rücktour! Auch von Risan ab der inneren Bucht von Kotor gelangt man über eine schmale Serpentinenstraße und Überquerung der neuen Verbindung in den Norden und Durchquerung des Krivošije-Plateaus auf 1.000 Meter Höhe zum Orjen-Paß. Am Weg liegen einige interessante, architektonisch für die Gegend typische Weiler, Militärkasernen und Befestigungsanlagen aus der österreich-ungarischen Besatzungszeit. Die Straße ist ab Crkvice nicht mehr asphaltiert, die Streckenlänge umfasst etwa 30 Kilometer. Durch diese Gegend verlief da-mals die Militärgrenze zwischen Österreich-Ungarn und dem Türkischen Reich.

Karstvielfalt - Als Karst bezeichnet man steinigen, unfruchtbaren Boden, der infolge von Korrosion löslicher Gesteinsmaterialien mit hohem Kalkanteil unter gewissen Voraussetzungen typische Karstformen gebildet hat. Sie entstehen durch die Einwirkung von Wasser und Kohlendioxid, welche die dafür nötige Kohlensäure bilden. Unter dieser sogenannten Kohlensäureverwitterung entwickeln sich Hydrogencarbonate, welche das Sedimentgestein lösen und abspalten. Entstanden ist dieses poröse Sedimentgestein durch fossile Ablagerungen auf dem Meeresgrund, der sich in Folge tektonischer Bewegungen in Millionen von Jahren zu Gebirgen erhoben hat. Mit der Auflösung des Kalksteins und Einbruch der sich bildenden Hohlräume aus nicht verkarstetem Gestein entstehen vielfältige Felsformationen. Die kleinste Form der Kalksteinverwitterung sind die Karren und Spalten. Sie können rinnenförmig oder rundlich sein und bilden sich durch abfließendes Regenwasser auf einer Kalksteinoberfläche in ein unterirdisches Hohlraumsystem. Die langgestreckten Hohlformen sind durch Grate voneinander getrennt. Tauschnee verursacht eher kleine, rundliche Nischenkarren. Erstrecken sie sich über einen größeren Bereich, spricht man von einem Karrenfeld. Auf steilem Gelände bilden sich auch Schichttreppen mit unendlich vielen Rillen- oder Kluftkarren. Ein typisches Beispiel hierfür ist der Hexentanzplatz unterhalb des Subra-Gipfels im Orjen. Eine weitere, charakteristische Karstform sind die Ponore oder Schlucklöcher. Aufgrund einer durchgehend fehlenden Oberflächenentwässerung verschwinden Wasser und auch ganze Flüsse in einer einzigen Öffnung in unterirdische Hohlräume, wo es teilweise Kilometer weiterfließt und dann an anderer Stelle als Karstquelle wieder an die Oberfläche tritt. Dies ist auch unter der Wasseroberfläche möglich wie z.B. stellenweise in der Boka. Große, nach oben offene Hohlformen sind die kessel- oder trichterförmigen Dolinen. Sie entstehen durch langsames Einsinken des Gesteins infolge der Kalklösung und dem daraus folgenden Einsturz von Höhlen. Wachsen zahlreiche Dolinen als Folge von Nachbrechen nichtverkarstungsfähigem Gestein zusammen (Erdfall), entstehen sogenannte Uvalas bzw. geschlossene Karstsenken. Schließen sich mehrere dieser Senken zusammen, bildet sich die größte geschlossene Hohlform eines Karstgebietes, ein sogenanntes Feld oder Polje. Diese haben einen Umfang von mehreren Kilometern. Manchmal bleiben die Uvalas als auch eigenständige Form bestehen. Eine besonders eindrucksvolle Hohlform bilden die Karsthöhlen, in Montenegro sind sie noch gänzlich unerforscht. Anfänglich handelt es sich hierbei lediglich um kleine, mit Wasser gefüllte Hohlräume, deren Inhalt im Laufe tektonischer Veränderungen in einen ungesättigten Bereich gelangen. Zur Gesteinskorrosion kommt die Erosion durch die meist die Zwischenräume zerfallen und sich aus den Hohlräumen Höhlen bilden, in vielen Fällen sogar über mehrere Etagen. Hierbei kommt es häufig zur Bildung von den typischen, aus Kalk bestehenden Stalakmiten und Stalaktiten, wenn sie zusammenwachsen entstehen Tropfsteinsäulen. Montenegros Karsthöhlen haben meist einen schmalen Zugang in Form eines waagrechten Schlotes. Im Besonderen tritt die verkarstete Form eines Berglandes eiszeitlich bedingt in ehemals stark vergletscherten Gebirgsregionen auf. Montenegros Bergmassive weisen eine typisch mediterrane Gestalt des Karstes auf.

Nikšić (freytag & berndt 1:150 000 F 4)

Die zweitgrößte Stadt Montenegros, die Heimat des weit über die Landes-grenzen hinaus bekannten und beliebten Bieres Nikšičko pivo, zählt knapp

60.000 Einwohner, die meis-ten sind Montenegriner, 25% Serben, kleinere Bevölke-rungsgruppen bilden den Rest. Flächenmäßig stellt sie die größte Gemeinde des Landes. Nikšić liegt auf einer fruchtbaren Hochebene, um-geben von hohem, kaum erschlossenem Karstgebirge und Almen, nur 50 Kilometer nordwestlich von Podgorica und ist bequem über die neue Fernstraße oder per Bahn, auch von Bosnien-Herzegowina bzw. Serbien zu erreichen. In Nikšić sind etliche wichtige Industriebetriebe angesiedelt, die Stadt ist Mittelpunkt der Landwirtschaft und ein wesentliches Kultur- und Bildungszentrum. In der Nähe entspringt die Zeta, einer der Hauptflüsse des Landes. Bis zur Inbetriebnahme des Wasserkraftwerks Perućica 1960 war die Stadt häufig von Überschwemmungen betroffen. Mit dessen Bau entstanden in der Umgebung drei Stauseen, welche ein beliebtes Erholungs- und Freizeitziel der Bewohner sind. Auf den ersten Blick wirkt Nikšić wenig reizvoll, spiegelt aber eine spürbare Mischung aus Tradition und Moderne wieder und verfügt über eine äußerst reizvolle landschaftliche Umgebung mit lohnenswerten Ausflugszielen.

Geschichte

Nikšić wurde im 4. Jhd. als Militärbasis von den Römern auf den Resten einer illyrischen Siedlung gegründet. Das damalige Anagastum, mitsamt der Um-gebung, wurde im 6. und 7. Jhd. von slawischen Stämmen besiedelt und in Onogošt umbenannt. In der zweiten Hälfte des 10. Jhd. übernahmen die Serben unter der Nemanjić-Dynastie das Gebiet. Mit dem Fall des Serbischen Reiches kam Onogošt im 14. Jhd. unter die Herrschaft des bosnischen Königreiches, bis 1448 die Osmanen in das Territorium einfielen und ab 1455 für 400 Jahre die Kontrolle der herzegowinischen Teilrepublik behielten. In den späteren Jahren wurde die Stadt als militärische Festung ausgebaut, konnte aber dann 1877 von montenegrinischen Truppen erobert werden. Erst dann entwickelte sich die Siedlung zu einer Stadt und in Folge zu einem wichtigen wirtschaftlichen und kulturellen Zentrum. In den beiden Weltkriegen wurde Nikšić zwar weitgehend vor Verwüstungen verschont, das wirtschaftliche Wachstum kam aber dennoch zum Stillstand. Erst ab 1945 konnte sich die dynamische Entwicklung fortsetzen, die Einwohnerzahl explodierte stark und die Stadt wurde zum Herzstück der montenegrinischen Industrie. Hierzu zählen neben der berühmten Brauerei die Stahl- und Eisenwerke, Bauxitminen, Stromerzeuger (in der Nähe befindet sich das Perućica-Wasserkraftwerk) und holzverarbeitende Fabriken. Während der Wirtschaftskrise und des Balkan-Krieges in den 1990er Jahren stagnierte die Entwicklung, heute ist die Region wieder der wichtigste Arbeitgeber des Landes.

Sehenswertes in Nikšić

Ausgangspunkt für einen kleinen Stadtrundgang ist die lebhafte **Fuß-gängerzone Njegoševa** um den Trg Sloboda mit den zahlreichen Bars, Kneipen und Cafés. Hier lässt sich das junge, bunte Treiben gut beobachten. Täglich findet ein Markt mit den Erzeugnissen der Landwirtschaft aus der Umgebung statt. In südliche Richtung gelangt man zum großen Kreisverkehr Trg Save Kovačevića, wo sich zwischen Bulevar 13 Jul und Vučedolska der große Stadtpark anschließt. An dessen Ende besticht der schöne Bau

die Festung Tvrđava Onogošt als Aussichtspunkt

der **orthodoxen Saborna-Kirche**, dem Heiligen Vasilje von Ostrog geweiht. Ein weiterer, ehemaliger **Palast des Fürsten Nikola** befindet sich ebenfalls hier, das darin liegende Heimatmuseum ist schon etwas verstaubt und wartet seit vielen Jahren auf eine gründliche Umorganisation. Verfolgt man die Vita Nikolića weiter, gelangt man zum weitläufigen Sportpark um den **Stadtberg Trebjesa**, welcher durchaus für Aktivurlauber interessant ist. Es gibt ein Sportzentrum mit Tennisplätzen und Fahrrad- sowie Wanderwege. Das gleichnamige, idyllisch im Wald gelegene Hotel bietet komfortable Unterkünfte und eine gute Küche. Vom höchsten Punkt hat man einen schönen Blick auf die Stadt. Verfolgt man die Vuka Mićunovića ab dem Kreisel 500 Meter nach Norden und biegt dann links ab, gelangt man zum Hügel Bedem. Hier befinden sich gut erhaltene Reste der **türkischen Festung Tvrđava Onogošt**. Ursprünglich umfasste sie eine Größe von etwa 250 x 30 Meter. Hier lag auch die antike Vorgängersiedlung der Illyrer. Zwar leidet die Optik etwas durch die Renovierungsmaßnahmen, doch sind die noch vorhandenen Ruinen eindrucksvoll. Im Sommer finden hier Konzerte und Theateraufführungen statt. Etwas außerhalb der Stadt, an der alten Landstraße nach Podgorica, befindet sich eine der außergewöhnlichsten Brücken Montenegros. Die **Zarenbrücke oder Carev Most** wurde von Fürst Nikola in Auftrag gegeben und mit finanzieller Unterstützung des russischen Zaren Alexander III. 1896 fertiggestellt. Die Bogenbrücke aus Bruchstein war damals das größte Bauwerk dieser Art und eine Meisterleistung der Brückenbaukunst: 296 Meter lang, 13 Meter hoch und wird getragen von 18 Pfeilern.

Sehenswertes in der Umgebung

In unmittelbarer Umgebung befinden sich drei landschaftlich wunderschön gelegene, fischreiche **Stauseen**, welche beliebte Ausflugsziele sind. 8 Kilometer Richtung Plužine liegt der in den Sommermonaten bevorzugte **Krupažko jezero**. Das warme und saubere Wasser lädt zu Wassersportaktivitäten ein, die große Grünanlage mit schattenspendenden Pappeln zum Picknicken. 12 Kilometer Richtung Westen, auf der anderen Seite der Straße nach Bosnien-Herzegowina sticht der idyllische **Slano jezero** mit seinen vielen, dicht bewachsenen Inselchen und verzweigten Buchten ins Auge. Im Frühjahr, wenn das Schmelzwasser der umliegenden Berge abfließt, bilden sich etliche Wasserfälle. Seine wild-romantische Schönheit, das klare Wasser und die unberührte Landschaft ziehen viele Natur- und Wanderfreunde an. Biegt man bei Štedim in die ebene

Wiesenlandschaft ab, gelangt man nach 1,4 Kilometer bei einer kleinen Kirche zur **ältesten Brücke Montenegros**. Die Rimski Most stammt aus der römischen Epoche, ist 37 Meter lang, 9 Meter hoch und hat 5 Bogendurchlässe. Sie wurde für damalige Verhältnisse äußerst präzise aus Kalksteinquadern erbaut. Mitte des letzten Jahrhunderts begann man mit den Restaurierungsarbeiten. Sehenswert ist auch der 9 Kilometer in entgegengesetzte Richtung liegende **Liverovići jezero**. Er ist von mehreren ursprünglichen Weilern umgeben, zudem befinden sich in diesem Gebiet die **Bauxit-Minen** von Nikšić. Auf der Karte führt diese Strecke durch das Prekornica-Gebirge zwar zurück nach Podgorica, geht aber hinter Morakovo in eine **anspruchsvolle Piste** über. An den Hängen des Krnovo-Plateaus, 20 Kilometer nordöstlich von Nikšić, liegt auf 1.300 Meter Höhe der **Ausflugsort Vučje**. Im Sommer lohnt sich der Abstecher für Wanderungen in der reizvollen Umgebung, im Winter ist es ein sehr beliebtes Skigebiet, ausgestattet mit zwei Liften, Skischule sowie Ski- und Snowboardverleih.

Crvena stijena – Höhle und Bilećko Stausee (Karte freytag & berndt F 1)
Zwischen Orjen-Gebirge, Nikšić und der Piva-Region befindet sich ein kleines Fleckchen Montenegro, ein weißer Fleck auf der Landkarte, dessen Abstecher sich wirklich auszahlt und als wahrer Geheimtipp entpuppt. Beim Ort Vilusi, 35 Kilometer westlich von Nikšić, zweigt eine Straße nach Norden ab. In der Höhe des kleinen Dorfes Bročanac Viluski befindet sich rechter Hand eine kleine Kirche, auf deren Friedhof sich ein Blick auf die riesigen, mittelalterlichen Grabsteine lohnt. Bei Petrovići folgt man den Wegweisern zum Kloster Kosijerevo. Die Klosterkirche ist sichtlich jüngeren Datums, der ursprüngliche Komplex aus dem 14. Jhd. lag etliche Meter tiefer am Oberlauf der Trebišnjica. Da er nur noch aus Ruinen bestand, wurde er ohne Bedenken 1966 nach Fertigstellung eines Wasserkraftwerkes geflutet und versank im Stausee Bilećko jezero. Eine echte Überraschung ist die kleine Nebenkirche. Hier findet man noch einige wunderschöne alte Fresken, leider schon durch Feuchtigkeit sehr in Mitleidenschaft gezogen. Fährt man den schmalen Weg die wenigen Kilometer bis an dessen Ende, gelangt man auf ein exponiertes Plateau, umgeben von einer

wunderschönen Landschaft, in absoluter Einsamkeit und Stille gelegen. Dies ist das eigentliche Highlight des Abstechers. Am Fuße der riesigen, rötlichen Karstfelsen beeindruckt weit unten das tiefe Blau des Stausees, gegenüber auf bosnischer Seite erstrecken sich die üppig grünen, blühenden Hügel. Ein phantastischer Ausblick. Und auf montenegrinischer Seite erheben sich bizarre rote Felsen – die Crvena stijena. Ein Schild weist zu der eigentlichen Attraktion, den Red Rocks. Zu Fuß gelangt man in etwa 10 Minuten zu einer großen, flachen Höhle, 700 Meter hoch gelegen. Der Eingang ist 24 Meter breit, die Tiefe beträgt 15 Meter. Es handelt sich nicht nur um ein natürliches Phänomen, sondern auch um eine kulturhistorische Besiedelung. Diese Naturbehausung wurde erst 1954 entdeckt. Über 5.000 Artefakte aus Stein, Knochen und Horn konnten die Archäologen retten, die ältesten über 180.000 Jahre alt, nur 100.000 Jahre nach dem Erscheinen der Neandertaler. Das bedeutet, die Funde reichen von der Altsteinzeit bis in die jüngere Bronzezeit zurück und umfassen einen Kulturzeitraum von über 31 Perioden. Wieviele Halbnomaden in dieser Gegend lebten ist unklar. Die Forschungsarbeiten wurden eingestellt und das Gelände ist nun frei zugänglich.

Der Piva Stausee und Plužine (Karte f & b 1:150 000 C-D 4) (Highlight)

Ganz im äußersten Nordwesten, nahe der Grenze zu Bosnien-Herzegowina, hält das Land eine unglaublich beeindruckende Naturbesonderheit bereit – den sensationellen, unbeabsichtigt schönen und von Menschenhand geschaffenen Piva

Stausee. Das größte künstliche Gewässer Montenegros beansprucht eine Fläche von 12,5 km² für sich, stellenweise beträgt seine Tiefe 190 Meter. Auf einer Länge von 33 Kilometern durchläuft der tiefblaue See eine großartige Gebirgslandschaft, hoch über seinen Ufern erstreckt sich auf einer durchschnittlichen Höhe von 1.500 Meter ein Karstplateau mit typischen Formen wie Höhlen und Dolinen. Die 55 Kilometer lange und 30 Kilometer breite Hochebene ist durchsetzt von den teilweise knapp 2.200 Meter hohen Gipfeln der umliegenden Gebirgsmassive. Wie viele andere Gebiete

auch, zeichnet sich die Region durch einen sehr unberührten Charakter aus, es existieren nur wenige Siedlungen auf dem den Stausee umgebenden Plateau der Piva. Der Piva Speichersee entstand im Jahr 1976 nach Fertigstellung des Wasserkraftwerkes und der Mratinje-Talsperre an dessen nördlichem Ende. Damals war die 220 Meter hohe Staumauer die höchste in ganz Europa. Die Länge der Bogenmauer beträgt stattliche 268 Meter. Die Hydropoweranlage mit seinen drei Turbinen erzeugt jährlich etwa 860 GWh Elektrizität,

welche vorwiegend in das bosnische Netz gespeist werden, obwohl der Eigenbedarf den Export kaum rechtfertigt. Bevor die Piva gestaut wurde, betrug ihre Länge 34 Kilometer, heute entfällt die Hälfte der Stauseelänge auf den gefluteten Unterlauf der Komarnica. Nördlich der auffallenden Brücke bei Plužine beginnt der schönste Teil der Fahrt entlang des Stausees. Die Staatsstrasse E762 führt durch eine Vielzahl von Tunneln im groben Gestein und nur die kurzen Abschnitte dazwischen geben einen spektakulären Blick auf den See und die steilen, grün bewaldeten Ufer frei. Am Ende der Strecke bei Mratinje fällt sofort die gewaltige Staumauer des Wasserkraftwerkes ins Auge (S 12). Ein Pflichtstop bietet eine letzte Aussicht auf das Wunderwerk und einen schwindelerregenden Blick in den Abgrund, wo sich ganz tief unten die Piva schlängelt. Jenseits der Talsperre schließt sich, auf 10 Kilometer bis zur Grenze nach Bosnien-Herzegowina, die eindrucksvolle Piva Schlucht an, hier zeigt sich der Fluß noch naturbelassen und hat sich stellenweise bis zu 1.200 Meter tief in den schroffen Felsen gegraben. Auf halbem Weg dorthin wird sie von der grazilen "Brücke der Brüderlichkeit und Einheit" überspannt.

der Piva Stausee mal nicht aus der Vogelperspektive

Hoch über dem Piva Stausee östlich von Mratinje, liegt unterhalb des Volujak-Massivs, nahe der bosnischen Grenze auf einer Höhe von 1.517 Meter, der herzförmige Gletschersee Trnovačko jezero. Das nur 0,5 km² kleine Gewässer ist lediglich knapp 9 Meter tief, das Wasser ausgesprochen klar, obwohl der Grund vollständig mit Wasserpflanzen bewachsen ist. Trotz seiner abgelegenen Lage ist er ein sehr beliebtes Wanderziel.

Plužine (f&b 1:150 000 D 4)

Nur 1.500 Einwohner zählt die Kleinstadt am Ufer des zweitgrößten Sees in Montenegro. Sie gilt als die Jüngste des Balkans, wurde erst 1975 bezogen, bevor der Bau eines gewaltigen Staudamms beendet und das alte Plužine geflutet wurde. Der Ort liegt privilegiert an einem Seitenarm des Sees und lohnt sich durchaus für einen Aufenthalt, auch wenn er für Tourismus noch nicht optimal gerüstet ist. Zumindest existiert ein Hotel und in unmittelbarer Umgebung inzwischen auch einige Etno- und Eko-Selos. Optisch macht die Stadt durch die zweckmäßigen und bereits in die Jahre gekommenen Plattenbauten nicht viel her, dafür entschädigt die idyllische Lage und das Freizeitangebot. Unter www.pluzine.travel kann man sich einen guten Überblick über die Umgebung, Aktivitäten und Unterkünfte verschaffen. Da gibt es natürlich die obligatorischen Bootsfahrten, dazu Jeepsafaris, Mountainbike-Touren, Reiten, Rafting und Canyoning auf den Nebenflüssen der Piva und der Tara, Angelscheine sowie organisierte Wandertouren. Von Nikšić führt eine gut ausgebaute Straße in 60 Kilometer über den 1.235 Meter hohen Javorak-Paß nach Plužine. **Tipp:** Unmittelbar nach der großen Brücke nördlich von Plužine über die Piva zweigt eine abwechslungsreiche und schöne Panoramastrecke in das Durmitor-Gebirge ab. Anfangs windet sich die Straße in Serpentinen, teilweise durch Tunnel, immer höher und gibt etliche Male einen phantastischen Blick auf den Stausee frei. Im kleinen Ort Trsa hält man sich rechts, nach ca. 38 Kilometer durch grandiose Gebirgslandschaft ist der 1.908 Meter hoch gelegenen Sedlo-Paß erreicht. Bis Žabljak sind es noch etwa 15 Kilometer auf asphaltiertem Weg.

Piva Kloster

Neben Ostrog und Morača gehört das Pivski manastir zu den bedeutendsten serbisch-orthodoxen Klöstern in Montenegro. Es wurde während der Herrschaft der Türken gegründet, die dreischiffige Basilika entstand zwischen 1573 und 1586 und war die größte ihrer Art zu damaliger Zeit. Für heutige Verhältnisse ist der Komplex eher klein. Piva hat eine schwere Vergangenheit hinter sich. Dreimal wurde es in Brand gesteckt und immer wieder aufgebaut, zum letzten Mal 1876. Und dann ereilte es das gleiche Schicksal wie Plužine. Denn hier, 9 Kilometer südlich der Stadt stand es nicht immer. Ursprünglich lag die Anlage landschaftlich sehr reizvoll an der Quelle des Flusses Piva, wurde aber infolge des Staudammbaues in mühevollster Kleinarbeit um etliche Kilometer verlegt. 1.260 m² Fresken wurden abgetragen, Stein für Stein versetzt um anschließend die wertvollen Malereien originalgetreu wieder aufzutragen. 12 Jahre dauerte der Umzug und wurde 1982 beendet. Der Aufwand ist durchaus zu rechtfertigen, denn die Darstellungen, welche vorwiegend von einem unbekannten aber talentierten griechischen Künstler stammen und die gesamte innere Kirche bedecken, sind sehr beeindruckend und haben kaum an Farbenpracht eingebüßt. Außergewöhnlich ist die Darstellung des hochrangigen, muslimischen Staatsmannes Mehmed Paša Sokolović über dem Kirchenportal zusammen mit seinem Bruder, Klostergründer und Patriarch Savatije. Sokolović musste im Zuge einer Abberufung nach Istanbul zum Islam übertreten. Zum frei zugänglichen Komplex zählen neben den obligaten Wohngebäuden auch eine Bäckerei und Spinnerei. Die Schatzkammer beherbergt wertvolle Goldschmiedearbeiten und Ikonen. Zudem vier kostbare handgeschriebene Evangeliare aus dem 16. Jhd.

Zwischen Nikšić und Durmitor

16 Kilometer nördlich von Nikšić zweigt eine kaum befahrene Route nach Šavnik bzw. Žabljak im Durmitor-Gebirge ab. Sie führt durch eine abgeschiedene, wenig besiedelte Bergwelt, deren nennenswerte Gebirgsmassive teilweise Gipfel mit über 2.000 Meter Höhe besitzen: Lola, Vojnik, Žurim und Treskavac sind nur einige von ihnen. Hinzu kommen ausgedehnte Plateaus, riesige Karstfelder, großflächige Almen und Matten, deren endlose Weiten bis in hohe Lagen nur durch einzelne Buchenwaldbestände aufgelockert werden. Stufenförmig führt die enge Straße kontinuierlich durch die gegliederten Karstabschnitte von 1.000 Meter nach oben auf 1.500 Meter Höhe zum Krnovo-Plateau. Im Winter sind Teile der Etappe kaum passierbar. Diese einsame, weite und reizvolle Gegend wartet noch auf seine Entdeckung, das leichte Gelände ist prädestiniert für ausgedehnte, einfache Wanderungen, die Gipfel und Grate sind verhältnismäßig unbeschwerlich zu besteigen. Zahlreiche Pisten und Pfade eignen sich bestens zum Mountainbiking und zur Erkundung per Geländefahrzeug. Hier findet man noch ein ausgesprochen ursprüngliches Montenegro vor. Die wenigen ansässigen Almwirte gehen harter Arbeit nach und leben noch in typisch mit Stroh bedeckten Hütten ohne Strom und fließendes Wasser, den sogenannten Kolibe, deren Dächer bis zum Boden reichen. Abgelöst werden diese Unterkünfte von den neueren, vergleichsweise moderneren Häuschen, welche von der jungen Generation meist nur während der Sommerferien bewohnt werden. Eine Bewirtschaftung des Bodens ist nur mit robusten Gemüsesorten und Kartoffeln möglich, vereinzelte Viehherden lockern die Bilderbuchidylle auf. Hier in dieser unwirtlichen Einsamkeit entsteht Montenegros erster kommerzieller Windpark. Nach einem längeren Serpentinenabschnitt

abwärts erreicht man **Šavnik**, einen kleinen Ort mit 600 Einwohnern. Er liegt sehr malerisch, aber einsam in einer Talsenke an der Bukovica, umgeben von dicht bewaldetem Bergland und wartet auf seine touristische Erschließung, was hier durchaus Potential hat, das Städtchen ist ein guter Ausgangspunkt für Wanderungen. Noch verirrt sich kaum ein Tourist hierher. Es existiert eine kleine Brücke aus römischer Zeit über die Bukovica. Der Honig aus der Umgebung von Šavnik ist im ganzen Land bekannt und beliebt. Zudem ist der Ort das Zentrum der regionalen Holzverarbeitung.

die schmale Staße entlang des Nevidio-Canyons

Etwa 10 Kilometer östlich von Šavnik bei Tušina befindet sich das Kloster Podmalinsko. Der Abstecher lohnt sich auf jeden Fall, es liegt absolut idyllisch und sehr ruhig am Ufer der Bukovica. Die serbisch-orthodoxe Kirche stammt ursprünglich aus dem Jahr 1252, gewidmet dem bedeutendsten serbischen Herrschergeschlechts des Mittelalters, den Nemanjić. Im Laufe seiner Geschichte wurde es mehrmals zerstört, vor allem später durch die Türken, jedoch hartnäckig immer wieder aufgebaut und der Grundriss dürfte weitestgehend erhalten geblieben sein. Der heutige Bau stammt aus dem Jahr 1840, den Glockenturm hat man inzwischen ausgelagert. Die Rekonstruktion der Fresken wurde erst vor wenigen Jahren fertiggestellt. Doch die **eigentliche Attraktion** von Šavnik ist der nördlich gelegene **Nevidiooder Komarnica-Canyon**. Es ist einer der atemberaubendsten Fleckchen Montenegros, ein wildes, einzigartiges Juwel für abenteuerlustige Besucher. Hier, wo vor Millionen von Jahren die Massive des Durmitor und des Vojnik aufgrund geologischer Veränderungen aufeinanderprallten, hat sich der kleine Fluss Komarnica, ein kristallklares, eiskaltes Gebirgsgewässer, unaufhaltsam seinen Weg durch das harte Gestein nach Nordwesten gebahnt und im Laufe der Zeit eine spektakuläre, unglaublich wunderschöne Naturbesonderheit im silbrigen Grau der Felsen hinterlassen. Nevidio – der Unsichtbare - wurde erst 1965 nach etlichen erfolglosen Versuchen erobert und zählt seither zu den schönsten und abenteuerlichsten Schluchten Europas. Der faszinierende Canyon ist 2.700 Meter lang und an der engsten Stelle gerade mal 50 Zentimeter breit. Die durchschnittliche Höhe von 35 Metern erstreckt sich vom 935 Meter hoch gelegenen Eingang bis zum 125 Meter tiefer gelegenen Ausstieg. Mindestens drei Stunden benötigt man für die Durchquerung dieser packenden Naturschönheit, vorbei an rauschenden Wasserfällen und Kaskaden, riesige Felsbrocken versperren kaum passierbare Engstellen. Höhlendurchquerungen, schäumende Stromschnellen sowie Rutschen und Sprünge aus 8 Metern Höhe in eiskalte Becken müssen bewältigt werden, gefolgt von Abseilstellen und Kletterei über Galerien mit steinernen Figuren und senkrechten Felsen mit nur karger Vegetation. Und über all dem unrealistischen Zauber schimmert nur ein winziger Streifen düsteren Lichts, der kaum den Grund der engen und schroffen Felswände erreicht, der so lange Zeit den menschlichen Blicken verborgen blieb. Der beste Zeitpunkt für dieses unvergessliche Abenteuer liegt zwischen Juni und September, eine gute körperliche Kondition und entsprechende Ausrüstung sind oberste Voraussetzung. Veranstalter für diese Abenteuer-Tour mit erfahrenen Guides und der entsprechenden Ausrüstung gibt es in Nikšić, Šavnik und Žabljak. Nicht-Canyonbegeher können von oben einen vagen Eindruck des einmaligen Naturwunders erahnen. Der Eingangsbereich der Schlucht ist vom Dorf Pošćenje aus zu erreichen, knappe 4 Kilometer nördlich von Šavnik zweigt die Straße nach links ab, eine kleine Brücke führt über den Eingangsbereich der Schlucht. Folgt man besagter Straße (nur teilweise asphaltiert) weiter über die kleinen Weiler Duži, Dubrovsko und ein landschaftlich reizvolles Hochplateau 25 Kilometer nach Westen, gelangt man zur ersten Brücke über den Piva-Stausee.

Durmitor Gebirge (Karte freytag & berndt 1:150 000 D 5) (Highlight)
Das Dach Montenegros ist ein wahres Prachtstück der montenegrinischen Natur. Auffällig überragt vom höchsten Berg des Landes, dem Bobotov kuk - 2.522 Meter hoch. Hinzu kommen weitere 47, durch Verkarstung und Gletscher geformte Gipfel, die über 2.000 Meter in den Himmel ragen. Doch nicht nur schroffe Berge und spektakuläre Schluchten prägen diese fantastische Gebirgslandschaft. Unzählige Hochalmen, ausgedehnte Wälder, tiefe Höhlen und 18 einmalig idyllische und glasklare, saphirblaue und grünschwarze Gletscherseen, die sogenannten "Gebirgsaugen", liegen eingebettet in den Bergen. Hunderte von Schlucklöchern, Quellen, Bäche und Flüsse bereichern das Gebiet mit dem aus dem keltischen, klangvollen Namen "Berge der vielen Wasser". Nur wenige Dörfer und Almhütten existieren in dieser atemberaubenden Natur. All dies gibt es in vier Varianten, da sich hier die Jahreszeiten trotz des Mittelmeereinflusses deutlich unterscheiden. Das Klima ist typisch kontinental geprägt. Erhebliche Schneemengen mit 3 Metern und mehr sind nicht ungewöhnlich, die Durchschnittstemperatur im Januar beträgt etwa -5° in höheren Lagen und zwischen +7° und +15° im Juli. Die Niederschlagsmengen sind reichlich, selbst im Hochsommer kann Schnee fallen und an manchen exponierten Nordhängen hält er sich hartnäckig bis zum ersten Schneefall im September. Doch als Durmitor bezeichnet man nicht nur das einmalige Bergland im Norden des Landes, sondern auch den gleichnamigen, faszinierenden Nationalpark, durchschnittlich auf 1.500 Meter Höhe gelegen. 1952 wurden rund um das Gebirgsmassiv 390 km² zum geschützten Gebiet erklärt, 1980 erfolgte die Aufnahme von 20.000 Hektar aufgrund der atemberaubenden Landschaft mit weiten Teilen der Tara-Schlucht durch die UNESCO zum Weltnaturerbe. Eine recht kleine Fläche für den gewaltigen Reichtum an Naturschönheiten. Hier gedeiht unter der Mischung von alpinem und mediterranem Klima eine reichhaltige, einzigartige Flora und ebenso vielfältige Fauna. 1.500 Pflanzenarten haben Forscher entdeckt. Buchen, Birken und Föhren entfalten sich neben ausgedehnten Kiefernbeständen, duftender Wacholder und Bergkräuter lockern die felsigen Hochplateaus auf. 130 Vogelarten, darunter etliche Raubvögel, wachen über die vielseitige Natur in der Wildkatzen Gemsen, Wölfe, Füchse, Wildschweine und Braunbären sowie Auer- Birk- und Felshühner Zuflucht in den ursprünglichen Wäldern finden. Geschichtlich gibt es aufgrund der dünnen und erst späten Besiedelung der Durmitor-Region wenig historisch Belegbares. Eindeutig erwiesen ist lediglich, dass hier in der vorchristlichen Epoche sowie einige Zeit

Schneereste im Juli und Durmitor-Wander-Idylle

danach Illyrische Stämme von der Viehzucht und ganz wenig Landwirtschaft gelebt haben. Das östliche Durmitor dürfte im Mittelalter eine wichtige Rolle gespielt haben, unweit des Riblje jezero beim Dorf Novakovići, 13 Kilometer südöstlich von Žabljak, entdeckte man sogenannte Stecci weit verstreut in der Wiese, die alten Grabsteine der Bogumilen. Hierbei handelt es sich um einen slawischen Stamm bulgarischen Ursprungs, welcher zwischen dem 12. und 16. Jhd. hier gesiedelt hat. Sie lebten streng asketisch und verachteten sämtliche Gotteslehren. Für die Türken war das Durmitor ab dem 15. Jhd. eine wichtige Station auf ihren Handelswegen über die Berge. Erst nach deren Verdrängung 1878 wurde das Gebiet montenegrinisch. Das Gebirge und der Nationalpark sind inzwischen ganzjährig ein beliebtes Reiseziel, derzeit fällt jedoch die Hauptsaison noch auf den Winter, wenn in erster Linie die serbischen Skifahrer den Schneereichtum der traumhaften Pisten um den Savin kuk (2.313 m) nahe Žabljak genießen. Besucher aus anderen Ländern nutzen hauptsächlich den

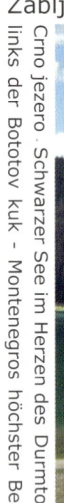

Crno jezero · Schwarzer See im Herzen des Durmitors links der Bototov kuk · Montenegros höchster Berg

Sommer, dann steht die faszinierende Gebirgslandschaft vordergründig Wanderern, Bergsteigern, Mountainbikern, Raftern, Kletterern und Anglern (bitte nur mit Lizenz!) zur Verfügung. Derzeit zählt man in der gesamten Region jährlich etwa 80.000 Gäste, Tendenz steigend. Das ist noch nicht viel, aber für den Beginn einer touristisch stark aufstrebenden Region doch schon sehr beachtlich.

Žabljak - das touristische Zentrum des Durmitor mit seinen knapp 2.000 Einwohnern ist die höchstgelegene Stadt des Balkans. Der Ort auf 1.465 Meter Höhe eignet sich sehr gut als Urlaubsdomizil für mehrere Tage und Ausgangspunkt für zahlreiche Aktivitäten in den Bergen. Im Zweiten Weltkrieg wurde Žabljak während der Partisanenkämpfe fast komplett dem Erdboden gleichgemacht, konnte jedoch innerhalb kürzester Zeit wieder aufgebaut werden. Inzwischen verfügt das angenehme Städtchen über eine gute Infrastruktur mit Hotels unterschiedlicher Klassen, Pensionen und Privatzimmern sowie Restaurants und auch Campingplätzen in der Umgebung. Es gibt Supermärkte, Bäcker, zahlreiche Geschäfte, Banken, einen Busbahnhof und eine gut organisierte Touristeninformation, welche Unterkünfte, Rafting-, Wander- und Bergsteigertouren vermittelt. Es existiert ein Fahrrad- und Skiverleih sowie ein Skifachgeschäft. Mit dem Auto ist Žabljak in etwa vier Stunden von der Küste aus zu erreichen.

Aktivitäten und Sehenswertes

Rund um Žabljak gibt es ein ausgedehntes Netz von Wanderwegen mit einer Gesamtlänge von fast 70 Kilometern. Sehr beliebt sind die zahlreichen Gletscherseen und bieten gerade in den Morgenstunden einen sehr reizvollen Anblick, wenn sich der Nebel zwischen den 2.000ern auflöst. Ein schöner Rundweg über etwa eine Stunde führt um den ortsnahen Hauptsee des Nationalparks, den **Crno jezero - Schwarzer See**. Namensgebend war seine dunkelgrüne, fast schwarze, spiegelglatte Oberfläche. Er liegt 1.416 Meter ü. M., nur 2,5 Kilometer vom Ortszentrum entfernt, sehr idyllisch umgeben von dichten Wäldern am Fuße des 2.287 Meter hohen Međed-Massivs. Rund 500 Hektar groß ist er und besteht im Sommer, wenn der schmale Verbindungskanal austrocknet, aus zwei Seen. Dann hat der Kleinere durch seine doppelte Tiefe von 50 Metern auch doppelt so viel Volumen wie der Große. Baden im Gletschersee ist erlaubt, das Wasser jedoch sehr kalt! Auf dem Weg dorthin liegt die **Nationalparkverwaltung**, hier wird auch der Eintritt für den Nationalpark incl. Besucherzentrum über € 3,-- fällig (für mehrere Tage gibt es Ermäßigungen). Der See eignet sich gut zum Angeln, eine Lizenz gibt es direkt bei der Parkverwaltung für € 5,--/Tag. Er ist Ausgangspunkt von zahlreichen weiteren Wanderungen durch den Nationalpark. Beliebt sind auch die nahe gelegenen Seen **Jablan jezero** (2 Stunden) oder der **Zminje jezero** (1 Stunde). Die **Umrundung des Međed-Massivs** können auch nicht geübte Kletterer

der Zminje jezero - Schlangen See - sehr idyllisch

antreten, allerdings sollten Sie schwindelfrei sein und Ausdauer mitbringen, ca. sieben Stunden muss man veranschlagen. Auch die **Besteigung des Bobotov kuk** dauert etwa sieben Stunden. Auf halbem Weg liegt der Aussichtspunkt auf dem 2.164 Meter hohen Crvena greda, nach etwa 4 Stunden erreicht man die faszinierende **Eishöhle Ledena pećina** unterhalb des Obla glava auf 2.100 Meter mit ihrer bezaubernder Landschaft aus gefrorenen Stalagmiten und Stalagtiten. Die letzte Etappe bis zum Gipfel über steile Geröllabschnitte ist anspruchsvoll. Der Rückweg führt über die Südseite, in der Nähe des Sedlo-Passes gibt es Almhütten. Über den gesamten Durmitor verteilt, befindet sich ein gewaltiges Höhlensystem. Die Öffnungen erreichen teilweise imposante Ausmaße. In der Gegend befindet sich Montenegros tiefste Höhle, die **Windhöhle** mit 775 Metern. Die Bergwanderwege sind sehr gut gekennzeichnet, zudem gibt es organisierte Wanderungen und Führungen. Über den gesamten Nationalpark verteilt existieren einfache Hütten zum Übernachten. In der Touristeninformation und der Nationalparkverwaltung sind ausführliche Wanderkarten erhältlich. Als größtes **Wintersportzentrum** Montenegros bietet Žabljaks Umgebung für etwa 120 Tage im Jahr Skivergnügen mit einer geschlossenen Schneedecke. Das **Skizentrum um den Savin kuk** liegt nur 5 Kilometer vom Ortszentrum entfernt, es verkehren Shuttlebusse. Die Anlage verfügt über 2 Seilbahnen und 4 Skilifte (einer davon mit Scheinwerfern für Nachtfahrten, einer für Kinder). Die Gesamtlänge der einfachen bis mittelschweren Pisten beträgt 3,5 Kilometer, der Höhenunterschied 700 Meter. Die Preise sind mit ca. € 15,--/Tag sehr moderat. **Die Seilbahn auf den Gipfel ist auch in den Sommermonaten in Betrieb.**

Tipp: Generell kann man den Durmitor einschließlich zahlreicher Wanderwege wunderbar mit dem Fahrzeug erkunden und umrunden. Eine Ringstraße (ca. 85 Kilometer, teilweise asphaltiert) führt von Žabljak Richtung Nordwesten zum kleinen, sehr typischen Dorf Crna Gora. Weiter zum Sušičko jezero und Canyon hinab und auf der anderen Seite der Schlucht über Nedajno, Trsa und den 1.908 Meter hohen Sedlo-Pass zurück nach Žabljak. Unterwegs bieten sich atemberaubende Landschaftsbilder, teils auch hinab in die Tara-Schlucht. Eine schöne Alternativ-Anfahrtsstrecke führt statt über Šavnik von Plužine am Piva Stausee ebenfalls über Trsa, südlich am Bobotov kuk vorbei und weiter über den Pass.

Der erste ökologische Staat der Welt

Am 20. September 1991 beschloss Montenegros Parlament mehrheitlich, dass das Land zukünftig als ökologischer Staat gelten soll, der erste weltweit. Der Umweltschutz wurde als Staatsziel in der Verfassung verankert, man setzte betont auf Nachhaltigkeit. Dass es sich hierbei bislang nur um eine reine Absichtserklärung handelt, sieht der aufmerksame Besucher schnell, von einer konsequenten Umsetzung ist man nach mehr als zwei Jahrzehnten noch weit entfernt. Etliche hemmende Ereignisse der Vergangenheit wie Krieg, Flüchtlinge aus dem Kosovo und Wirtschaftskrisen mit finanziellen Engpässen sollten keine Entschuldigung für Versäumnisse in der Realisierung darstellen. Im Bereich der Energienutzung steckt das Land im Gegensatz zu einigen seiner Nachbarn noch merklich in den Kinderschuhen. Trotz sehr starker Sonneneinstrahlung kommt eine intensive Nutzung der Solarenergie bisher nur selten zum Einsatz, obwohl in den privaten Haushalten 70% der Energie zur Erwärmung von Wasser verbraucht werden. Von den zahlreichen Flüssen wurden bislang erst zwei mit Wasserkraftwerken ausgestattet, dennoch verkauft eines von ihnen fast seine komplette Energie nach Bosnien. Bislang entsteht trotz optimaler Voraussetzungen erst ein Windpark. Ein großes Problem stellt die Abwasserregelung dar. Hier müssen, gerade im Zuge der weiter anhaltenden touristischen Entwicklung, schnell Lösungen geschaffen werden, um die noch zum großen Teil sauberen Binnengewässer nicht noch mehr zu belasten und das ökologische Gleichgewicht zu gefährden. Zwar existieren noch vergleichsweise wenig Industriebetriebe, doch diese verschmutzen die Umwelt jetzt schon erheblich mit Schadstoffen. In der Landwirtschaft kommen immer mehr Pestizide unkontrolliert zum Einsatz. Kohlekraftwerke und Heizsysteme sind hoffnungslos veraltet und bedürfen dringend einer kompletten Modernisierung. Tourismusprojekte müssen unbedingt sensibler im Bezug auf die Umwelt abgestimmt und realisiert werden. So wird es für Montenegro weiterhin eine große Herausforderung bleiben und ein langer Weg werden, um das hochgesteckte Ziel doch noch umzusetzen. Immer noch fehlt es an allen Ecken und Enden an Regelungen und entsprechenden Verordnungen. Im Kleinen fängt das an bei den immer noch geduldeten Abschüssen von seltenen Tieren und endet noch lange nicht bei den unzähligen wilden, tolerierten Müllkippen, welche vor allem das ursprüngliche Hinterland verschandeln. Es wird höchste Zeit für Umweltschutzorganisationen, sowohl die Politiker als auch den einzelnen Bürger zu einem verantwortungsvollen Umweltbewusstsein zu bewegen. Ansonsten wird einzig die gute Absicht des Landes zu einem Ökologischen Staat zu werden, als Hoffnung für die Zukunft einer wunderschönen Landschaft und grandiosen Natur bleiben.

Tara-Schlucht (freytag & berndt 1:150 000 D 6) (Highlight)

Mit ausschlaggebend dafür, dass das Durmitor zum Nationalpark ernannt wurde, ist eine ganz besondere Naturschönheit und ein Höhepunkt des Landes – die Tara-Schlucht. Über 1.300 Meter tief hat der Fluss den Kalksandstein des Gebirges ausgespült und formte den tiefsten Canyon Europas. Weltweit steht nur der Grand-Canyon in der Rangfolge davor, dieser misst 1.800 Meter Tiefe. An ganz wenigen Stellen erreichen die steilen Felswände des Tara-Ufers sogar eine Höhe von 1.600 Meter. Das wilde Gewässer bildet eines der ursprünglichs-

ten europäischen Flusstäler, das Wasser ist glasklar und trinkbar. Mit 141 Kilometern Länge ist der wohl schönste Fluss Montenegros auch der längste des Landes. Die Tara bietet ein wirklich phänomenales Naturschauspiel. Man kann sie als unvergessliches, spannendes Abenteuer ganz hautnah aus unmittelbarer Nähe erleben und auch aus weiter Ferne von oben bietet die Schlucht unvergleichbare Fotomotive. Aufgrund der zahlreichen Wasserfälle – 60

Stück insgesamt, plätschernden Kaskaden, Quellen, Höhlen und über 40 unberechenbaren Stromschnellen ist die Tara ein äußerst beliebtes Raftingziel und gehört zu den aufregendsten Aktivitäten die im Land angeboten werden. Und es ist die beste Möglichkeit die Tara-Schlucht kennenzulernen. Hierzu stehen nicht nur moderne und sichere Achtkammer-Schlauchboote zur Verfügung, sondern auch abenteuerliche aber sichere Holzflöße und Kajaks. Mehrere Raftinganbieter haben sich inzwischen auf das Angebot spezialisiert. Touren werden meist im Spätfrühling und Sommer angeboten, wenn die Fließgeschwindigkeit aufgrund des niedrigeren Wasserstandes ruhiger und das Abenteuer sicherer ist. Das Frühjahr ist den Cracks vorbehalten, dann erreicht das Wildwasser sogar Stärke V. Angeboten werden Touren zwischen drei Stunden (15 km) bis zu mehreren Tagen (über 100 km) mit Übernachtungen auf Campingplätzen und Lagerfeuer. Auch mit eigenen Booten sind Trips möglich, jedoch wird beim Einsetzen eine Gebühr für den Nationalpark (um die € 25,--) fällig. Der aufregendste Teil folgt unterhalb der Tara-Brücke, hier sind die Felswände am

höchsten, die Schlucht am engsten. Später treten die Berge weiter zurück, es folgt jedoch die anspruchsvollste Etappe. Auf den letzten dreißig Kilometern, hier wo die Tara zwischen Brštanovica und Šćepan Polje als Grenzfluss zu Bosnien-Herzegowina fungiert, wartet sie mit den meisten Stromschnellen auf. Šćepan Polje ist der Endpunkt der Touren. Anbieter gibt es vor Ort ab Bistrica, in Žabljak und auch in den Küstenorten. Eine gute Anlaufstelle ist Summit-Travel (summit.co.me), Touren ab Euro 45,--.

Veranstaltungen

Einmal jährlich finden im Sommer die Tage an der Tara statt, ein dreitägiges, internationales Festival. An diesem Wettbewerb nehmen die 20 besten Springer ähnlicher Wettkämpfe aus dem Balkan teil. Aus einer Höhe von 17,5 Metern über der Tara müssen verschiedene Sprungarten vorgeführt werden. Die drei Besten erhalten Preise. Das Schauspiel in Mojkovac an der alten Brücke hat sich inzwischen zu einer touristischen Veranstaltung mit mehreren 1.000 Besuchern entwickelt. Ein weiteres Veranstaltungshighlight im Mai ist das Northern Rafting Challenge, ein Rafting- und Kajakrennen zwischen Sjerogošte und Mojkovac. Anschließend findet eine große Feier in Mojkovac unter der alten Brücke statt.

Die Đurđevića-Tara-Brücke (Landkarte f&b 1:150 000 D 6) (Top-Tipp)

Für die nicht ganz so Mutigen bleibt nur der Blick aus weiter Ferne auf einige Schluchtabschnitte, denn die Uferböschungen sind sehr unzugänglich und die Straßen führen nicht direkt am Fluss entlang. Die Möglichkeit von oben einen Blick in den Canyon zu werfen, nimmt man am besten an der Đurđevića-Tara-Brücke wahr, 25 Kilometer östlich von Žabljak. Von ihr hat man einen grandiosen Blick auf das Schauspiel in der Tiefe, gutes Wetter vorausgesetzt, sonst hält sich hartnäckig Nebel in der Tiefe. Auch die Brücke selbst ist eine Sehenswürdigkeit für sich. 350 Meter ist sie lang, 7 Meter breit und überspannt den Fluss in einer Höhe von 150 Metern. Der Hauptbogen direkt über dem Fluss ist 116 Meter weit. Sie wurde im Jahr 1940 fertiggestellt und gehörte damals zu den größten Stahlbeton-Bogenbrücken Europas. Während eines Partisanenaufstandes 1942 wurde der Hauptbogen gesprengt, um den Vormarsch der italienischen Truppen zu stoppen. Das Ganze geschah unter der erzwungenen Mithilfe des Brückeningenieurs Lazar Jaukovic. Er wurde gefangen genommen und hingerichtet. Doch seinen geschickten Berechnungen war es zu verdanken, dass der Schaden relativ gering blieb und die Brücke 1946 wieder rekonstruiert werden konnte. Das Denkmal vor der Brücke erinnert an den sehr jung verstorbenen Ingenieur. Die Brücke wird auch gerne von Bungee-Jumpern genutzt, ein Flying-Fox (Zipline) sorgt für Nervenkitzel. Ab hier, flussaufwärts bis Mojkovac, verläuft die Straße über fünfundvierzig Kilometer direkt oberhalb der Tara. Ab und zu kann man zwischen den Felsen einen Blick auf die Schlucht erhaschen.

Pljevlja (Karte freytag & berndt 1:150 000 B 7)

Nördlich der Tara ist nur noch ein Ziel von Bedeutung, touristisch zwar wenig erschlossen, aber ein wahrer Geheimtipp. Von der Tara-Brücke sind es nur 35 Kilometer bis Pljevlja im äußersten Nordwesten des Landes. Der Ort liegt landschaftlich privilegiert in einem Talkessel und ist umgeben von einigen mittelhohen, bewaldeten Gebirgszügen. 22.000 Einwohner zählt die Stadt an der Ćeotina, ist die drittgrößte Montenegros und ein wichtiges industrielles Zentrum. Schon bei der Anfahrt vermittelt die reizvolle und malerisch liegende Ansiedlung einen angenehmen Eindruck und strahlt aus der Nähe dann, trotz der vielen sozialistisch geprägten Gebäude, eine anziehende Liebenswürdigkeit aus. Der ansprechende und lebhafte Stadtkern, die sehenswerten osmanischen Gebäude, die eigenwillige Architektur der Neuzeit und die vielen Grünanlagen machen Pljevlja attraktiv. Außerdem kann die Stadt und Umgebung auf eine interessante Geschichte verweisen. Fünf Kilometer südöstlich der Stadt befindet sich Montenegros einziges Wärmekraftwerk, betrieben mit der Braunkohle aus den umliegenden Tagebauwerken. Das Kraftwerk liefert mit 210 MW fast 50% der im Land benötigten Energie. Zink- und Bleiförderung sowie die holzverarbeitende Industrie aufgrund der üppigen Waldbestände sorgen für zahlreiche Arbeitsplätze.

Geschichte

Pljevljas erste Besiedelung fand schon vor langer Zeit statt, bereits vor über 10.000 Jahren lebten Menschen in den Höhlen der nahen Umgebung. Illyrische Stämme kultivierten das Gebiet im vorchristlichen Jahrtausend und um die Jahrtausendwende wurde es von den Römern erobert. Sie errichteten auf den Ruinen der Illyrersiedlung eine beachtliche Stadt, nach Duclea die zweitgrößte einer hochentwickelten Kultur auf heutigem montenegrinischen Gebiet. Der Name der ursprünglichen Stadt ist bis heute unbekannt, Archäologen nannten sie einfach "Municipium S", nachdem man nur den Anfangsbuchstaben des Siedlungsnamens auf einem Ruinenstück identifizieren konnte. Deren Bewohner waren Meister des Kunsthandwerks. Man fand hochwertigen Schmuck, vor allem reich verzierte Terrakotta-Erzeugnisse und Exemplare der besonders wertvollen Diatreta-Glasvasen. Dabei handelt es sich um ein außergewöhnliches Prunkglas mit einer netzförmigen zweiten Schicht um den Glaskörper, hergestellt mittels einer für damalige Zeiten ganz besonderen Schleiftechnik. Weltweit gibt es davon nur etwa 50 verbliebene Exemplare. Im 6. Jhd. lösten die Slawen die Römer ab und durch die günstige Lage an der Handelsroute von Dubrovnik nach Konstantinopel entwickelte sich Breznik, wie es fortan hieß, schnell zu einem bedeutenden Handelsplatz. Bis ins 14. Jhd. wechselten sich Herrscher aus Bosnien, Serbien und der Herzegowina ab, bevor 1462 Osmanen die Gewalt über die Stadt übernahmen. Bis ins 19. Jhd. stieg die Einwohnerzahl enorm an und mit 7.000 Bewohnern war der Ort nach Mostar der zweitgrößte des herzegowinischen Sandschaks. Nach zwei Großbränden kam die wirtschaftliche Entwicklung vorerst zum Stillstand. Von 1878 bis 1908 übernahmen die Österreicher vorübergehend die Verwaltung und 1912 konnte Pljevlja im ersten Balkankrieg von den Türken befreit werden und gehörte dann zum Königreich Montenegro. Vor der letzten Jahrtausendwende zerstörten etliche Brände mehrfach große Teile des Ortes und besonders im Zweiten Weltkrieg litt Pljevlja unter Bombardierungen und war bis zur Wiederherstellung der Tara-Brücke regelrecht vom Rest des Landes abgeschnitten. Nachdem in den 1960er Jahren große Braunkohlevorkommen entdeckt wurden, erlangte die Stadt schnell ihre wirtschaftliche Bedeutung zurück und entwickelte sich zum industriellen Zentrum.

Sehenswertes

In Pljevlja kann man noch einige Relikte aus der osmanischen Zeit bewundern. Mitten im Zentrum, nahe der **Fußgängerzone**, befindet sich die vielleicht **schönste Moschee des Landes**, 1569 ließ sie der bosnische Sandschakverwalter Gazi Husein Paša errichten, er stammte aus einem Dorf in der Region. Das Bauwerk mit klassisch quadratischem Grundriss ist aus feinstem, geformten Sandstein mit einer flachen aber auffallenden achteckigen Kuppel. Das schlanke Minarett ist mit 42 Metern das höchste in Montenegro und eines der höchsten auf dem gesamten Balkan. Es wurde aber erst Anfang des 20. Jhd. errichtet, nachdem das Ursprüngliche bei einem Großbrand zerstört wurde. Die Innenwände und Kuppeln sind reich mit bunten, filigranen Blütenornamenten nach

die Hussein Pascha Moschee

persischem und arabischen Vorbild verziert und enthalten Zitate aus dem Koran. Im Gebetsraum tritt man auf wertvollen Teppich. 2008 wurden mehrjährige Renovierungsmaßnahmen abgeschlossen. Außerhalb der Gebetszeiten kann die Moschee auch innen besichtigt werden (Kleidervorschriften bitte beachten!). Umgeben sind der Bau und die verwitterten Grabsteine von einer Mauer mit einem auffälligen **Uhrturm**, ebenfalls eine Hinterlassenschaft aus türkischer Zeit. In der nördlichen Umgebung existieren noch einige **traditionelle Häuser** mit Innenhöfen aus der damaligen Zeit sowie zwei kleinere Moscheen. Zwischen Altstadt und Moschee findet täglich ein bunter Basar mit regionalen Produkten statt, es gibt aber auch zahlreiche Angebote gefälschter Edelmarken, hauptsächlich Kleidung. Für Liebhaber schöner Klöster bietet sich ein Abstecher zum serbisch-orthodoxen **Sveti Trojica** an. Nur zwei Kilometer nördlich der Stadt (ausgeschildert) liegt die wichtige Pilgerstätte in idyllischer Umgebung nahe des Flüsschens Breznica. Den Türken zum Trotz begann man 1465 mit dem Bau des Gotteshauses, welches aber erst zu Beginn des 16. Jhd. fertiggestellt wurde. Es enthält üppige und sehenswerte Fresken. Der umfangreiche und sehr ansprechende Klosterkomplex bestand ursprünglich nur aus der dreischiffigen Basilika der Hl. Dreifaltigkeit. Den heutigen Umfang mit dem Glockenturm und der architektonisch ansprechenden Optik der Wirtschaftsgebäude erhielt die Anlage erst gegen Ende des 19. Jhd. Seit Gründungsbeginn war Sveti Trojica stets ein wichtiges kulturelles Zentrum sowie Ausbildungsstätte verschiedener Kunstgewerberichtungen. Die Mönche wurden in Holzschnitzerei, Schriftstellerei und Buchillustration gelehrt, diese Tätigkeiten füllten lange Zeit deren Alltag aus. Zum Kloster gehört eine außerordentlich wertvolle **Schatzkammer** mit einer Ikonensammlung, wertvollen Reliquien und Kunstgegenständen. Ebenso eine umfangreiche Bibliothek mit kostbaren handschriftlichen Büchern und seltenen Drucken. Am Eingang des Klosters gibt es einen Brunnen mit frischem Quellwasser. Für Interessierte lohnt sich auch die Fahrt etliche Kilometer in östliche Richtung, hier kann man den aktiven Braunkohle-Tagebau beobachten. Etwa 3 Kilometer südöstlich der Stadt liegt die Ausgrabungsstätte Komini, hier liegen die nicht unbedeutenden Überreste der römischen Stadt **"Municipium S"**. **Anfahrt:** Die Stadt in Richtung Kohlekraftwerk verlassen, der Ort Komini ist anhand eines braunen Touristenschildes ausgewiesen und auch leicht zu finden.

Mojkovac (Karte freytag & berndt 1:150 000 E 8)

Die Kleinstadt mit gerade mal 4.000 Einwohnern liegt am Mittellauf der Tara, nur siebzig Kilometer nördlich von Podgorica und ist ein guter Ausgangspunkt für den Besuch des Nationalparks Biogradska Gora und auch für Rafting auf der Tara. In der Vergangenheit war der Ort lange ein strategisch wichtiger Standort entlang der Route zwischen dem osmanischen Sandschak im Norden und der Küste. Heute ist sie ein wichtiges Zentrum der Holzverarbeitung. Im Januar 1916 während des Ersten Weltkrieges war Mojkovac zwischen den Truppen Österreich-Ungarns und Montenegros stark umkämpft. Grund hierfür bildeten die reichhaltigen Silbervorkommen in den Minen des nahegelegenen Brskovo. Diese waren seit ihrer Entdeckung im 12. Jhd. für die Münzprägung in der Region begehrt. Der Kampf endete mit einem Sieg der Montenegriner unter der Führung von Serdar Janko Vukotić, welcher heute als Statue am Marktplatz der Stadt verehrt wird. Es existieren Pläne, die Förderung des Rohstoffes wieder aufzunehmen. Der alte Komplex liegt neun Kilometer östlich von Mojkovac am Fuße des Bjelasica-Gebirges inmitten von dichtem Wald und kann, inclusive einiger verfallener Befestigungsanlagen, besichtigt werden. Weitere Besichtigungspunkte der Stadt sind die alte Doppel-Steinbrücke über die Tara, die Partisanengedenkstätte Grotulja, das Denkmal für die Helden der Schlacht um Mojkovac und die auffällige rote, serbisch-orthodoxe Kirche. Sie wurde als „Tempel der Christi Geburt" erst 2008 den Opfern des Ersten Weltkriegs geweiht.

Biogradska Gora NP (Karte freytag & berndt 1:150 000 E 8) (Highlight)

Inmitten der zentralmontenegrinischen weiten Bjelasica-Gebirgsregion, zwischen den Tälern der Tara und des Lim im Osten, liegt der kleinste Nationalpark des Landes. Biogradska Gora misst nur knapp 60 km², ist aber außerordentlich reich an eindrucksvollen Naturbesonderheiten und beinhaltet eine enorme Fülle an außergewöhnlicher Flora und Fauna. Über 2.000 Pflanzenarten gibt es, 400 davon sind endemisch. In den uralten, unberührten Wäldern mit über 85 verschiedenen Baumarten leben 200 Vogelarten, unzählige Reptilien- und Amphibienarten, 80 Schmetterlingstypen und 350 verschiedene Insekten. Zu den Säugetieren gehören u.a. Bären, Wölfe, Füchse, Rehe, Wildschweine, Siebenschläfer, Eichhörnchen und Fledermäuse. Berühmt jedoch ist er in erster Linie für einen der letzten europäischen Urwälder. Über 500 Jahre alt und zwischen 40 und 50 Meter hoch sind einige der eher unscheinbar wirkenden Ulmen, Erlen, Buchen, Eschen und Ahorne. Hinzu kommen eine Vielzahl von plätschernden Gebirgsbächen, idyllischen Hochalmen und sechs malerische Gletscherseen, fünf davon auf über 1.800 Meter. Nachdem Kolašin 1878 von den Osmanen befreit wurde, gelangte ein Teil des Waldgebietes in den Privatbesitz von König Nikola I.

Dieser stellte es unter Naturschutz. Bereits 1952 erreichte das Reservat Nationalparkstatus und ist somit der Älteste des Landes mit einem einzigartigen Ökosystem. Touristischer Mittelpunkt von Biogradska Gora ist der malerisch in den Wäldern gelegene Biogradska jezero auf 1.095 Meter Höhe, nur 3,5 Kilometer vom Eingang des Parks, der an der Verbindungsstraße von Kolašin nach Mojkovac liegt. Der langgestreckte See kann auf einem bequemen, 3,5 Kilometer langen Wanderweg in etwa einer Stunde umrundet werden. Seit 2009 existiert ein einundzwanzig Meter hoher Aussichtsturm. Mit dem Geländefahrzeug kann der Park auf einem ca. 30 Kilometer langen Fahrweg erkundet werden. Dieser führt auch in die Nähe der höchsten Gipfel Zekova glava (2.117 m) und Crna glava (2.139 m) sowie zu den Gletscherseen. Auf über 2.000 Meter Höhe existiert ein ausgedehntes und anspruchsvolles Wandernetz. Hierbei kann man vieles entdecken: religiöse Gedenkstätten, volkstümliche Hütten - die sogenannten „Katuns", Türme, Gräber und alte Wassermühlen. Wer das nicht mit dem eigenen Fahrzeug unternehmen möchte, kann sich einen Jeep mieten. Die Nationalparkgebühr beträgt € 3,--. Die Zufahrtsstraße führt direkt zum See. Es gibt einfache Blockhütten zum Übernachten und auch Campen ist gegen eine Gebühr möglich. Im Sommer hat das Restaurant am See geöffnet. Angeln ist mit einer Lizenz erlaubt. Für € 5,-- die Stunde kann man Ruderboote ausleihen.

Kolašin (Karte freytag & berndt 1:150 000 F 8)

Das ehemals verschlafene Bergdorf im Herzen Montenegros zählt heute 3.000 Einwohner und liegt direkt an der Wasserscheide des Landes. Die Tara fließt nach Norden in die Drina und somit ins Schwarze Meer, die Morača in den Skadar See und die Adria. Bereits im 16. Jhd gab es ein kleines Dorf Kolašin, der Ort selbst incl. einer Festung wurde aber erst im 17. Jhd. von den Osmanen gegründet. Nach langen Kämpfen mit den Montenegrinern um die Stadt, 23 mal in drei Jahren wechselte die Herrschaft, wurde aber auch Kolašin 1878 im Berliner Kongress den Montenegrinern zugesprochen. Im Zweiten Weltkrieg wurde sie fast komplett dem Erdboden gleichgemacht, so erinnert außer einem Kriegerdenkmal und einem Heimatmuseum so gut wie nichts mehr an die osmanische Zeit und der Ort wirkt entsprechend modern. 1943 gründeten Partisanenkämpfer hier den Antifaschistischen Rat der Volksbefreiung, aus der später die Volksversammlung der Montenegriner hervorging. In den 1980ern erlitt Kolašin im Zusammenhang mit der Planung eines Staudammes an der Tara beinahe das Schicksal einer Flutung, das Vorhaben wurde aber zugunsten des intakten Ökosystems begraben. Seither nimmt der Ort die Chance wahr, sich touristisch zu entwickeln und wirkt durch zahlreiche Wochenendbesucher und Touristen das ganze Jahr über lebhaft. Die Infrastruktur ist gut und somit bietet sich Kolašin durchaus als Basis für einen mehrtägigen Aufenthalt mit Ausflügen in den Biogradska Gora und Wander- sowie Mountainbiketouren in den umliegenden Bergen und zu den Gletscherseen an. Ebenso können hier Rafting-Touren auf der Tara gebucht werden. Kolašin verfügt über eine Touristeninformation, hier gibt es eine Wanderkarte der Region. Auf über 1.000 Meter Höhe gelegen, verfügt der Ort im Sommer über ein angenehmes Klima und eine gute Bergluft, was ihn zu einem beliebten Luftkurort macht. Doch so richtig lebendig wird es hier erst im Winter. Inmitten des Bjelasica-Massivs und am Rande des Sinjavina-Gebirges ist Kolašin neben Žabljak der bedeutendste Wintersportort des Landes. Das nur 10 Kilometer entfernte Bjelasica-Skizentrum mit Basis in Jezerine, heute bekannt unter dem Namen „Kolašin 1450", verfügt über moderne Anlagen mit 7 Skiliften und insgesamt 14 Kilometer Pisten. Man wird dort durchaus auch internationalen Anforderungen gerecht. Es gibt Deutsch und Englisch sprechendes Personal, Ski- und Snowboardverleih sowie Nachtfahrten. Die Hotels bieten einen Shuttle-Service an. Zudem liegt es sehr verkehrsgünstig, ist schnell erreichbar und mit € 20,-- für die Tageskarte für europäische Verhältnisse unschlagbar günstig. Für echte Naturliebhaber hält Kolašin eine

kleine aber feine „Sehenswürdigkeit" bereit – eine Art „Botanischen Garten". Der nicht mehr junge Bergwanderer und Verfasser mehrerer Wanderbücher Daniel Vincek hat hier seit 1981 in liebevoller Kleinarbeit seinen idyllisch in einem Wald gelegenen Garten zu einem echten Naturwunder umgestaltet. Auf engstem Raum, gerade mal 650 m², kann man die bedeutendsten und seltensten Bäume, Kleinpflanzen und Blumen der mon-

ein ursprüngliches Wohnhaus in Montenegros Bergen

tenegrinischen Bergwelt bewundern, alle akribisch beschriftet. Vincek selbst, der Deutsch spricht, bezeichnet sein Werk als „Fenster zur Natur". Besichtigungen am besten vorher vereinbaren: Tel.: 020/865477. Am schönsten wirkt der Garten von Mai bis Anfang Juli. An der kleinen Kirche Sveti Dimitrija den Weg schräg hinauf in das Waldstück wählen, nach 600 Meter rechts abbiegen.

die Komovi Region bei Kolašin hält einige wirklich faszinierende Naturbesonderheiten bereit

Von Kolašin führen zwei landschaftlich überaus reizvolle Strecken in den äußersten Osten des Landes. Die eine führt über oben erwähntes Skigebiet und den südlichen Rand des Biogradska Gora Nationalparks durch das Bjelasica-Gebirge nach Berane. 55 Kilometer lang ist die Route durch die sanfte und ursprüngliche, touristisch noch völlig unerschlossene Berglandschaft. Wer das Mehr an Kurverei nicht scheut, kann auch die 10 Kilometer kürzere Strecke über MatešEvo und die **Komovi-Gebirgsregion** nach Andrijevica wählen, hier wo die Flüsse Tara und Lim entspringen. Die asphaltierte Straße führt durch dichte Waldbestände und eine eindrucksvolle Berglandschaft über den 1.540 Meter hohen Trešnjevik-Paß. Von hier oben zweigt ein ebenfalls asphaltierter Weg zum Eko Katun Štavna mit Restaurant und Übernachtungsmöglichkeiten ab. Wie sollte es anders sein, gilt auch dieses Gebiet als Bike- und Wanderparadies, auf gut markierten Wegen geht es zu den höchsten Gipfeln des Massivs, dem Kučki kom (2.487 m), Vasojevićki kom (2.460 m) und Ljevorćki kom (2.453 m). Einige Wanderwege sind auch mit dem Geländewagen befahrbar. Zwischen den Hauptgipfeln befinden sich die endlosen Schutthalden des Međukomlje-Trogtals.

Morača – ein Fluß und ein Kloster (freytag & berndt 1:150 000 F/G 7)

Zwischen Podgorica und Kolašin beeindruckt ein weiteres Naturschauspiel, der Morača-Canyon. Auf über 40 Kilometer begleitet die E65 den reißenden Gebirgsfluss und durchquert hierbei spektakuläre Landschaften unterschiedlichster Ausprägung. Die asphaltierte Strecke, welche sich bis auf 1.040 Meter hoch windet, gilt als eine der schönsten Routen Europas, ist aber auch eine der gefährlichsten. Als Autofahrer benötigt man gute Nerven und sollte langsam und bedacht fahren. Da sie die Hauptverbindung zwischen Serbien und Montenegros Küste bildet, ist das Verkehrsaufkommen sehr hoch, gerade große LKWs frequentieren die enge Fahrbahn und beanspruchen automatisch das Recht des Stärkeren für sich. Unzählige Kurven, enge und niedrige, unbeleuchtete Tunnel durch die steilen Wände erfordern hohe Konzentration. Entschädigt wird man von immer wiederkehrenden Ausblicken auf den strahlend türkis-grünen Fluss mit seinen abenteuerlichen Fußgängerbrücken, die imposanten Felsformationen und die kahlen Bergspitzen der umliegenden Gebirgsmassive. Nach der Tara ist es wohl der interessanteste Fluss Montenegros. Glücklicherweise sind Pläne, den

Fluss mit vier Staudämmen zur Stromerzeugung zu versehen, 2011 endgültig verworfen worden. Die Verwirklichung hätte fatale Folgen für den Skadar See, in den die Morača mündet, gehabt.

Kloster Morača

Direkt an dieser Hauptverbindung zwischen Kolašin und Podgorica liegt der große Komplex des Klosters Morača. Es ist eines der eindrucksvollsten alten serbisch-orthodoxen Baudenkmäler des Landes und neben der Anlage von Ostrog und Piva die bedeutendste religiöse und kulturelle Pilgerstätte. Das ausgesprochen gepflegte Ensemble mit der architektonisch bestechenden Kirche im byzantinischen Stil liegt sehr malerisch am rechten Ufer der Morača auf einem bewaldeten Felsplateau. Gegründet wurde es 1252 von Fürst Stefan, einem Mitglied der bedeutenden serbischen Herrscherfamilie der Nemanjiden. Die Klosterkirche verfügt über ausgesprochen gut erhaltene und sehr schöne Fresken. Ein Großteil der ursprünglichen Malereien löste sich auf als die Türken im 16. Jhd. das Kloster plünderten und das Bleidach abtrugen. Somit war das Innere der Kirche für etliche Jahre ungeschützt und dem Wetter ausgesetzt. Erst 1570 konnte das Dach erneuert werden und das Innere erfuhr eine aufwendige Instandsetzung. Der Hauptteil der Fresken stammt somit aus dieser Zeit danach und zeigt vor allem Motive aus dem Leben Jesu. Sehr wertvoll ist auch die umfangreiche Ikonensammlung, darunter eine aufwendig geschnitzte Ikonastase aus dem Jahr 1617. Eine künstlerisch bemerkenswerte Arbeit sind auch das romanische

Portal und die mit Knochenintarsien versehenen Türen. Die kleine Kapelle rechts vom Eingang enthält ebenfalls schöne Wandmalereien aus dem Leben des heiligen Nikolaus. Außerhalb der Klostermauern plätschern Bäche, auf einem kurzen Fußweg am Turbinenhäuschen vorbei gelangt man zur Brücke der Mönche aus dem 19. Jhd. und zu einem imposanten, rauschenden Wasserfall.

Titos Gebirgsbahn – die phänomenale Eisenbahnstrecke Belgrad - Bar

Dieses technische Meisterwerk des 20. Jahrhunderts zählt zu den ganz großen und auch teuersten Eisenbahnprojekten Südosteuropas. Über das extrem schwierige Gelände des dinarischen Gebirgsmassives mit 5 hydrologischen Wasserscheiden verband man mit einem immens technischem Aufwand auf 455 Kilometern sowie insgesamt 254 Tunnel und 243 Brücken Serbiens Hauptstadt Belgrad auf kürzestem Weg mit dem Mittelmeerhafen Bar. Die Realisierung des Projekts war nur durch die Mobilisierung der fast gesamten jugoslawischen Arbeitskräfte über einen langen Zeitraum möglich. Die Finanzierung lag zeitweise durch innerpolitische Kontroversen fast ganz bei den Ländern Serbien und Montenegro und konnte nur durch immens hohe Kredite und Anleihen fortgeführt werden. Das wahre Budget und vor allem die tatsächlichen Kosten des Baus wurden nie offiziell bekanntgegeben, doch ergaben Untersuchungen, dass das Projekt ohne Elektrifizierung und die Anbindung des Hafens Bar an die 450 Millionen Dollar der 70er Jahre verschlang und somit als kostspieligster Schienenweg Europs gilt. Alleine von der Idee bis zur Verwirklichung vergingen 121 Jahre. Die ersten Trassenplanungen aus den 1930er-Jahren (u.a. durch das Prokletije) wurden oft verworfen, bis man vor dem II. Weltkrieg endlich mit dem Bau etlicher Etappenstücken begann. Ende Mai 1976 erfolgte die langersehnte Eröffnung des technischen Wunderwerkes, die als aufwendiger Staatsakt von Tito persönlich vollzogen wurde. Hunderttausende verfolgten euphorisch die zweitägige Eröffnungsfahrt durch ein menschliches Meer, in der die Trasse endlich für den öffentlichen Verkehr freigegeben wurde. Die Feierlichkeiten gingen als ein historisches Großereignis in die Geschichte Jugoslawiens ein. Schon bald nach der Verkehrsübergabe rechnete sich das Großprojekt und so wurden 1985 bereits über 7 Mio. Tonnen Güter und fast 20 Mio. Passagiere befördert. Bar entwickelte sich immer mehr zu einem bedeutendem Transporthub für Automobile aus serbischer Produktion (früher Yugo, heute Fiat-Modelle; ca. 2.800 Autos/Woche seit 2014) für den US-Markt.

Die Bahn wurde im Laufe ihrer Existenz von etlichen verheerenden Katastrophen heimgesucht. So z.B. durch das schweren Erdbeben von 1979. Nur drei Jahre nach der Eröffnung wurde durch das Unglück fast die gesamte Schienenstruktur zwischen Podgorica und Bar zerstört. Nur durch den Masseneinsatz von Arbeitern konnten die Schäden innerhalb kurzer Zeit behoben werden. Hinzu kam eine vernachläßigte Wartung des Schienennetzes. Ein schweres Zugunglück 2006 bei Bioče (hier hatte aber "nur" der Zug einen Bremsdefekt) nahm man letztendlich zum Anlaß, die gesamte Strecke nach und nach zu modernisieren, größtenteils mit internationaler Finanzhilfe.

Neben den Fakten ist eine Fahrt mit dieser legendären Gebirgsbahn auf jeden Fall ein unvergessliches Erlebnis und Abenteuer - eine spannende Reise der Superlative, mit der nur ganz wenige Bahnstrecken weltweit konkurrieren können. Der Zug durchquert überaus abwechslungsreiche Landschaften, das knapp 1.800 Meter hohe Gebirge zwischen den Tälern der Tara und der Morača, dann windet er sich hinauf bis zum höchsten Punkt auf 1.000 Meter bei Kolašin. Darauf folgt über die nächsten 40 Kilometer eine besonders atemberaubende und abenteuerliche Etappe in schwindelerregender Höhe mit phänomenalen Ausblicken auf die Hunderte von Metern tief im Talboden liegende Schlucht der Morača. In rasanter Folge wechseln über 200 Tunnel mit Brücken und Galerien. Höhepunkt ist das Viadukt über den Fluß Mala Rijeka – mit 202 Meter über dem Talgrund das Höchste der Welt. Der Zug überquert in Schrittgeschwindigkeit die 500 Meter lange, für damalige Zeiten beachtliche Stahl-, Betonkonstruktion. Nach gut eineinhalb Stunden erreicht die Bahn dann die Zeta-Tiefebene bei Podgorica.

Für die Tour muss man gut einen Tag einplanen. Am besten fährt man per Bus zum gewünschen Abfahrtsbahnhof. Es verkehren 5 Personenzüge täglich, davon zwei Expresszüge. Erste Zusteigemöglichkeit ab Belgrad auf montenegrinischer Seite ist Bijelo Polje. Besonders in der Hochsaison im Juli und August steigt der Ansturm und die Züge sind stets voll besetzt. Sitzplätze sollten mindestens 10 Tage im Voraus reserviert werden. (Aktuelle Zeiten und Preise an den Bahnhöfen oder in den Touristeninformationen.) Weitere ausführliche Infos zur Bahn auf unserer Homepage: www.hobo-team.de

Noch ein echter Geheimtipp unter den Schluchten des Balkans ist der **Mrtvica-Canyon (Karte freytag & berndt 1:150 000 F 7)**. Er befindet sich verkehrsgünstig gelegen 30 km südlich von Kolašin beim Ort **Medjurecje**, wo die Mrtvica in die Morača mündet. Teilweise bis zu 1.100 Meter tief hat sich das klare Gewässer in den senkrechten, dicht bewachsenen und an manchen Stellen nur einen Steinwurf breiten Kalkfelsen gearbeitet und bietet diversem Getier, auch Schlangen, einen paradiesischen Lebensraum. Über die Länge der Schlucht ist man sich uneinig, zwischen 7 und 13 Kilometer soll sie lang sein. Das Highlight ist in etwa 5 Stunden auf einem markierten, teils schmalem und anspruchsvollem Pfad bis zum Dorf Velje Duboko zu erwandern, hierbei müssen jedoch über 600 Höhenmeter überwunden werden. Eine besondere Attraktion sind die sprudelnden Quellen und eine alte Steinbrücke, 1858 gestiftet von König Danilo. Nach dem Abzweig von der E80 und Überquerung der Morača über eine Holzbrücke beginnt nach etwa 200 Metern der ausgeschilderte Wanderpfad. Man kann sich auch zum Dorf Velje Duboko bringen lassen und von dort starten.

Berane (Karte freytag & berndt 1:150 000 E 10)

Die Stadt am Fluss Lim zählt zwar nur 12.000 Einwohner, gehört jedoch zu den größten im Norden Montenegros. Und zwischenzeitlich zu den ärmsten Gemeinden des Landes. Fast alle Industriebetriebe aus der jugoslawischen Ära haben ihre Produktion eingestellt und auch die Glanzzeiten der Eisenhütte gehören längst der Vergangenheit an. Im Skisport hat Žabljak Berane inzwischen den Rang abgelaufen. Mittlerweile steigt wenigstens wieder die Anzahl der kleinen Landwirtschafts- und Handwerksbetriebe und auch in der Gastronomie verzeichnet die Stadt Zuwachs. Trotzdem ist die Arbeitslosigkeit hoch. Aber immerhin zeichnet sich Berane als wichtiges kulturelles Zentrum aus, verfügt

über zahlreiche Hochschulen und das riesige, 11.000 Besucher fassende City Stadion ist als zweitgrößtes des Landes ein wichtiger Austragungsort zahlreicher Veranstaltungen und sportlicher Wettkämpfe. Berane ist eine sehr junge Stadt, sie wurde erst 1862 als Militärlager von einem türkischen Pascha gegründet und wurde fortan bis zur Befreiung von den Osmanen bis 1912 stark umkämpft. Das weitere Umland war jedoch schon während der Steinzeit besiedelt, was durch Skelettfunde belegt wurde. Und auch die zahlreichen Kirchen stammen bereits aus der Zeit vor den Türken, damals gehörte das Gebiet zum mittelalterlichen, serbischen Staat Raška und war sogar Bischofssitz. Nach dem Zweiten Weltkrieg entwickelte sich die Region zu einem wichtigen jugoslawischen Industriezentrum. Trotz ihrer bescheidenen Attraktivität lohnt sich ein kurzer Bummel durch die belebte und quirlige Innenstadt, entlang der Fußgängerzone hat sich eine umfangreiche gastronomische Szene etabliert. Immer noch gilt Berane als potenter Ausgangspunkt für Exkursionen ins nahe gelegene Bjelasica-Gebirge und den östlichen Teil des Nationalparks Biogradska Gora.

Die serbisch-orthodoxen Klöster in der unmittelbaren Umgebung sind durchaus nennenswerte Sehenswürdigkeiten. Nur zwei Kilometer vom Zentrum Richtung Flughafen befindet sich beim großen Friedhof (ausgeschildert) das 1213 gegründete Kloster **Đurđevi Stupovi**, Sitz des damaligen Bischofs. Natürlich blieb es von den Türken nicht verschont, wurde fünf mal niedergebrannt und immer wieder aufgebaut. So lassen es die letzten Renovierungsmaßnahmen auch recht jung erscheinen. Im Inneren beherbergt es

etliche Schätze. Dazu gehören die zwar nicht mehr vollständig erhaltenen, aber dennoch sehenswerten Fresken, ein beeindruckendes goldenes Kreuz und ein beachtliches Exemplar eines Evangeliums mit einem silbernen Einband. Ein zweites, sehenswertes Kloster - **Šudikovo** - befindet sich äußerst malerisch, 4 Kilometer nördlich der Stadt in einem Wald gelegen, auf der rechten Seite des Lim. Es stammt aus dem 16. Jhd., wurde 1738 ebenfalls von den Türken zerstört und erst 2005 die letzte Restaurierung fertiggestellt. Das Ensemble besteht aus einer kleinen Klosterkirche, einem steinernen Verwaltungsgebäude und einem hübschen niederen, ausgelagerten Glockenturm mit Holzelementen. Auf dem Gelände sprudelt eine temporäre Quelle. Ebenfalls rechts des Lim liegt südlich der Hauptstraße der **Hügel Jasikovac**. Ursprünglich errichteten die Türken hier ihr Lager, denn der Ort bietet den besten Blick auf die Umgebung. Seit 1972 thront hier ein imposantes Denkmal. Ein 18 Meter hoher Kegel, umgeben von 40 Granitblöcken in die mit mehr als 10.000 eingemeißelten Wörtern ein geschichtliches Ereignis dokumentiert wird: 1941 kamen bei einem Kampf mit deutschen Truppen 30 Partisanen ums Leben. Heute ist der Park ein beliebtes Picknickziel. Im kleinen Ort **Petnjica**, 20 Kilometer nordöstlich von Berane, findet man die einzige dreistöckige Moschee des Landes. Das unter Denkmalschutz stehende Bauwerk mit dem hübschen hölzernen Minarett stammt aus dem 17. Jhd. und bietet auf 550 m² bis zu 1.200 Gläubigen Platz.

Bijelo Polje (Karte freytag & berndt 1:150 000 D 9)

Ein Abstecher in die kleine Stadt mit 17.000 Einwohnern lohnt sich nur für Vollständigkeitsfanatiker, welche auf dem Weg in den äußersten Osten auch noch hinter die letzten schönen Kirchen des Landes einen Haken machen möchten. Bijelo Polje liegt direkt an der Hauptverbindungsstrecke von Belgrad zur Küste, nur 16 Kilometer von der Grenze zu Serbien und ist die wichtigste Stadt im Norden. „Weißes Feld" bedeutet Bijelo Polje wörtlich übersetzt. Und wer im Frühjahr hierher reist, ist sicherlich von der weißen und duftenden Blütenpracht beeindruckt, welche weite Teile der Umgebung bedecken. Und auch im Winter strahlt die bergige Landschaft um die Gemeinde ganz in Weiß, das Gebiet ist ein beliebtes Skiziel. Somit hat die auf den ersten Blick unattraktive Stadt am Lim durchaus ihre Reize. Sie ist umgeben von üppigen und saftigen Grünflächen, von einigen großzügig bewaldeten Mittelgebirgszügen im Norden sowie von den über 2.100 Meter hohen Gipfeln der Bjelasica im Süden. Im näheren Umland existieren etliche gesunde Mineralwasserquellen.

Rožaje (Karte freytag & berndt 1:150 000 E 12)

Im äußersten Nordosten des Landes befindet sich ein noch recht unbekanntes Juwel Montenegros, dessen Besuch den Abstecher auf jeden Fall wert ist – Rožaje. Vom Rest des Landes ist die abgelegene Gemeinde durch bis zu 1.800

Meter hohe Bergketten abgeschnitten und nur durch die M2 auf 30 Kilometer mit der nächsten Stadt Berane verbunden. Rožaje selbst mit ihren knapp 10.000 Einwohnern liegt landschaftlich sehr reizvoll auf über 1.000 Meter Höhe in einem von zahlreichen Nadelwäldern umgebenen Gebiet am Fluß Ibar. Die Länder Serbien und Kosovo sind nur wenige Kilometer entfernt. Rožajes Geschichte geht auf das 16. Jhd. zurück. Gegründet wurde das damalige Trgovište von den Osmanen und gehörte bis 1912 zum Sandschak

sehr dominante Natur auf dem Weg nach Rožaje Novi Pazar. Aufgrund der Lage, hier kreuzten sich etliche wichtige Handelsstraßen, war die Stadt damals ein wichtiger Verkehrsknotenpunkt. Auch heute noch prägt der Begriff Sandžak ein historisches Gebiet im Südwesten von Serbien und Nordosten Montenegros, eine Verwaltungseinheit im Osmanischen Reich – und spätestens hier wird deutlich dass man sich bereits im tiefsten Balkan befindet. Heute hat der immer noch sehr muslimisch geprägte Ort komplett seine damalige Bedeutung verloren. Während des Jugoslawien-Krieges 1992 wurde viele Bosnier hierher umgesiedelt und zur Zeit des Kosovo-Konfliktes 1999 diente Rožaje als Auffanglager zahlreicher albanischer Flüchtlinge. Die wenigen kulturellen Sehenswürdigkeiten beschränken sich auf den markanten **Ganići-Kula**, einen osmanischen Wehrturm aus dem Jahr 1797 in der Nähe des linken Flussufers im alten Ortszentrum. Des Weiteren gibt es zwei bedeutende Moscheen. Die **Kurtagić-Moschee** mit ihren zwei schlanken Minaretten fällt schon von Weitem auf. Sultan Murat II. ließ sie 1697 erbauen. Die schlichte **Kučan-Moschee** mit ihrem hübschen Holzminarett stammt aus dem Jahr 1830. Die kleine **rote, serbisch-orthodoxe Kirche** ist neueren Datums. In der Fußgängerzone gibt es ein Kulturhaus und vor allem abends erwacht die Stadt hier zum Leben. Doch Rožaje beeindruckt weniger durch ihr städtisches Erscheinungsbild, als durch die

einmalige Umgebung, welche zahlreich mit Naturschönheiten gesegnet ist. Eine davon ist die südlich an den Kosovo grenzende Gebirgskette mit dem 2.403 Meter hohen Gipfel der Hajla. Hier, hoch oben auf 2.120 Meter, entspringt der Fluss Ibar. Die Quelle liegt 12 Kilometer südlich der Stadt und kann mit dem Geländewagen erreicht werden. Er durchfließt Rožaje in östliche Richtung und bildet auf seinem Weg nach Serbien eine bis zu 200 Meter tiefe und teils enge Schlucht. Sie ist gänzlich unerforscht. Stellenweise bietet sich von der Straße ein kurzer Einblick.

das Kulturhaus in Rožajes Fußgängerzone

Die Straße in den Kosovo nach Peć (Peja) führt über einen 1.800 Meter hohen Pass (**Achtung:** Die Grüne Versicherungskarte gilt nicht im Kosovo, es muss eine Extra-Versicherung abgeschlossen werden.) Für eine Entdeckung von Rozajes schönem Umland lohnt es sich, jeweils auf ein paar Kilometer die Landschaft auf kleinen Nebenstraßen zu erkunden. In der Region entwickelt sich Tourismus nur sehr langsam. Erst vor wenigen Jahren hat man das Potential der herrlichen Berge für sportliche Aktivitäten entdeckt. Besonders im Frühjahr bezaubern die blumenbedeckten Almen und die alpine Vegetation ist eine wahre Augenweide. Inzwischen steht ein akzeptables Netz von Wanderwegen zur Verfügung. Die Hänge der Hajla und des Turjak hat man bereits für den Skisport erschlossen, es existieren etliche Skilifte. Hotels gibt es aber bislang nur wenige. Vorwiegend verdienen die Menschen ihren Lebensunterhalt durch den Abbau und die Weiterverarbeitung von Holz. Das gibt es reichlich, die Gegend ist eines der am dichtest bewaldeten Gebiete des Balkans. Und auch ein sehr pilzreiches, Unmengen davon werden nach Westeuropa, vor allem Italien exportiert. Und auch die Italiener sind es vorwiegend, die die Umgebung Rožajes um den Vlahovi als Jagdrevier, speziell für Bären und Hirsche, leider zu intensiv nutzen.

Prokletije-Nationalpark (Highlight)

2009 wurde der sechste und damit jüngste Nationalpark Montenegros gegründet und das Prokletije mit insgesamt 16.630 Hektar schließt fast den gesamten montenegrinischen Teil des gleichnamigen Gebirges ein. Er erstreckt sich südlich des Talbeckens von Plav und Gusinje und dem Fluss Lim bis zur albanischen Grenze und kann wohl als eines der unberührtesten Gebiete Europas bezeichnet werden, große Teile davon sind noch immer unerforscht. Die spektakuläre Gebirgswelt, wie sie so auf dem Balkan wohl einzigartig ist, beherbergt eine wahre ökologische Schatzkammer und knapp 10% davon gelten als besondere Schutzzone. Hierzu zählt auch der 0,5 km² große Hridsko jezero auf 1.960 Meter Höhe, ein Gletschersee ganz im Osten des Nationalparks und auch das Gebiet um den 1.879 Meter hohen Gipfel der Volušnica im äußersten Südwesten. Das gewaltige Prokletije ist reich an großen und kleinen Gebirgsbächen und Quellen die Wasser in Trinkqualität liefern, zahlreichen Gletscherseen, tiefen Tälern und Schluchten, steilen Hängen, Hochalmen und Wäldern in einem alpinen Meer von schroffen, extrem zerklüfteten Karstgestein, dessen endlose Anzahl an Gipfeln oft über 2.000 Meter hoch sind. Neben dem Durmitor-Gebiet befinden sich hier die höchsten Berge des Landes, der Zla kolata, ein Grenzberg zu Albanien überragt

mit seinen 2.534 Metern Höhe den Bobotov kuk sogar um 12 Meter. Weitere 2.000er sind der Karanfili mit 2.490 Meter im Westteil des Nationalparks, der Maja e Rosit (2.528 m), ebenfalls ein Grenzberg sowie der Veliki krš (2.374 m) ganz im Osten des Prokletije. Das Klima ist kontinental bzw. subalpin geprägt mit langen, schneereichen Wintern und kurzen, kühlen Sommern. Diese wunderbaren „Alpen des Südens" beherbergen eine

der Plav See mit dem Prokletije-Gebirge im Hintergrund endlos reiche Flora und Fauna mit einer Vielzahl an endemischen Arten. 1.700 Pflanzensorten gedeihen hier, das entspricht 1/5 der gesamten Balkanflora. Viele davon sind bedeutende Heilpflanzen die in der Medizin Anwendung finden. Ebenso zeichnet sich die Tierwelt hier durch eine enorme Artenvielfalt aus. Es existieren 130 Schmetterlings- und 160 Vogelarten, unzählige Reptilien, Amphibien, Insekten und eine große Zahl von Kleinsäugetieren. Die Gewässer sind sehr fischreich. Die Nadel- und gemischten Laubwälder, welche bis in hohe Regionen vorhanden sind, beherbergen Hasen, Wildschweine, Luchse, Gemsen, Rehe und Bären. Besiedelt und bewirtschaftet sind nur wenige Talabschnitte und Hochebenen. Die Menschen hier leben vom Obst- und Gemüseanbau und ein wenig Viehzucht. Das Prokletije ist ein ideales Gebiet für Bergwanderer und Freunde des Alpinsportes (Klettern). Beidem kann man hier noch in fast absoluter Einsamkeit nachgehen. (**Achtung:** Grenzüberschreitungen sollte man ohne vorherige Genehmigungen tunlichst vermeiden! Leider sind die Grenzübergänge zu Albanien und dem Kosovo nicht immer eindeutig markiert.) Auch leichte Wanderungen und Fahrradtouren, Mountainbiken und Wassersport sind gut möglich. Beste Zeit sind die Monate von Juni bis September. An manchen Hängen halten sich zwar noch Schnee-felder, doch Kälteeinbrüche gibt es kaum. Plav und Gusinje sind gute Ausgangspunkte für die Aktivitäten, man kann sich prima mit Lebensmitteln versorgen.

Plav (Karte freytag & berndt 1:150 000 G 10)

Die Kleinstadt liegt auf 945 Meter Höhe zwischen dem Ostufer des Plavsko jezero und dem Flüsschen Durička rijeka auf einer Endmoräne eines Eiszeitgletschers. Plav mit seinen 3.600 Einwohnern wird dominiert von der einmaligen Kulisse des gewaltigen Prokletije im Süden und dem 2.211 Meter hohen, 12 Kilometer langen Massiv des Visitors im Norden. Der Ort am kleinen Fluss ist aufgrund seiner Vergangenheit immer noch sehr muslimisch geprägt. Die meisten der Bewohner, vorwiegend albanischer Abstammung, sind Muslime und das Stadtbild prägen etliche alte Moscheen und Wehrhäuser aus der osmanischen Zeit. Zu den ältesten Gebäuden gehört

die Moschee und das Prokletije - immer präsent

alte Gebäude gibt es mehrere im verträumten Ort

die **Redžepagić Kula** aus dem Jahr 1671, ein Wohn- und Wehrhaus aus Natursteinen und einem Schindeldach. Das dritte Stockwerk wurde erst später aufgesetzt. Die gleichnamige, fast ebenso alte Moschee ist erst renoviert worden und kann besichtigt werden. Von osmanischer Baukunst zeugt auch die schöne **Kaisermoschee Careva džamija** aus dem 18. Jhd. mit ihrem hölzernen Minarett. Doch die meisten Gebäude sind neu und die ganz typische Architektur findet man nur noch in den winzigen Dörfern der Umgebung. Im kleinen Vorort Brezojevica, an der Hauptstraße nach Andrijevica, befindet sich das Kirchlein **Sveti Trojca** aus dem Jahr 1567. Die Kapelle wurde mehrmals zerstört und wieder aufgebaut, so sind von den wertvollen Fresken nur noch Teile vorhanden. Außerhalb der Hochsommersaison wirkt Plav nicht sonderlich belebt. Viele sind vor allem nach Amerika und in die Schweiz ausgewandert und kehren nur einmal im Jahr während ihres Urlaubs für kurze Zeit in ihre teils schicken, neuen Häuser zurück. Auch Plav spielte während der Kosovo-Krise eine wichtige Rolle und nahm zahlreich Flüchtlinge auf. (Der Grenzübergang in das Kosovo über den 1.849 Meter hohen Čakorpass ist gesperrt, nicht aber die Strecke dorthin).

Gusinje (Karte freytag & berndt 1:150 000 G 10) (Top-Tipp)

Der kleine Nachbarort westlich von Plav liegt 925 Meter hoch und zählt nur etwa 1.700 Einwohner. Bis zur albanischen Grenze und dem dahinter liegenden Vermosh-Tal sind es lediglich 7 Kilometer. Seit 2014 ist Gusinje als Gemeinde von Plav unabhängig. Geschichtlich interessant ist, dass der zum Ende der osmanischen Zeit bedeutende und einwohnerstarke Ort von 1878 bis 1913 selbstständig war. Nachdem im Berliner Kongress 1878 Montenegro über die Region Gebietsansprüche gestellt hatte, wollte der Stadtrat weder eine neue Herrschaft, noch die alte unter den Osmanen weiterhin anerkennen. Nach Besetzung durch Truppen der Liga von Prizren und unter dem ansässigen Herrscher Ali Paša Šabanagić konnte bis zum Fall der Türken eine Annektierung an Montenegro verhindert werden. 1913 wurde Gusinje endgültig Montenegro zugesprochen. Touristisch hat Gusinje selbst recht wenig zu bieten. Erwähnenswert ist die alte **Vezivora Moschee** aus dem Jahr 1765, erbauen ließ sie der Wesir

Traumlandschaft um Gusinje - wieder das Prokletije

Kara Mahmud Bastalija. Sie wurde 1995 von Grund auf renoviert. Drei weitere alte Moscheen fielen Bränden zum Opfer. Doch der Ort liegt landschaftlich mehr als privilegiert am Fuße der höchsten Berge des Prokletije und verfügt über eine Menge Naturbesonderheiten in der unmittelbaren Umgebung. Zudem ist Gusinje ein vorzüglicher Ausgangspunkt für Wanderungen in das westliche Prokletije-Gebirge, welches praktisch vor der Tür des Ortes liegt. Empfehlenswert ist die Fahrt von Plav nach Gusinje über die zwar schlaglöchrige Südstrecke des Sees, jedoch liegen einige kleine Dörfer mit mehreren sehenswerten Details am Weg.

Sehenswertes und Unternehmungen um Plav und Gusinje

Der sehr fischreiche Plavsko jezero ist ein beliebtes Freizeitziel. Während der Schneeschmelze bildet sich aus dem sonst nur etwa 2,5 km² kleinen und nur 9 Meter tiefen See bis nach Gusinje eine weite Seenlandschaft. Der Lim, einer der Hauptflüsse des Landes, geht aus diesem See hervor. Früher soll er eine tiefblaue Farbe gehabt haben, woraus sich der Name ableitet, plav heißt auf serbisch blau. Der See ist Grundlage für etliche Freizeitaktivitäten wie Angeln, Tretbootfahren, Schwimmen. Es gibt einen **Campingplatz** am Ostufer. An erster Stelle stehen natürlich Wanderungen zu den zahlreichen Naturwundern, besonders zu den schön und idyllisch gelegenen Bergseen. Durch Plav führt der Fernwanderweg "Peaks of the Balkan". Die Wege sind im ganzen Nationalpark gut markiert jedoch meist zeitintensiv und gerade in höheren Lagen anspruchsvoll und nichts für Anfänger. Auf den Gipfel des Visitors, dem Hausberg von Plav, gibt es drei unterschiedliche Wege, ausgehend von Murino, Brezojevica und Plav. Alle dauern in etwa vier Stunden. Auf 1.820 Meter Höhe befindet sich der Gletschersee Visitorsko jezero mit seiner schwimmenden Insel aus allerlei Pflanzen. Ein kleiner Geheimtipp und ein wirklich idyllischer Ort ist der **botanische Garten Velemun** im kleinen Ort Brezojevica bei Plav. In der schönen und liebevoll gestalteten, dschungelartigen Anlage gedeihen eine Vielzahl an heimischen Pflanzen. Eine sehr schöne Wanderung durch eine interessante Landschaft mit spektakulären Felsformationen führt zum Hridsko jezero im östlichen Teil des Nationalparks. Von Plav bis zum Ort Babinjo Polje ist der Weg entlang der Temnjačka mäßig asphaltiert. Von dort geht es nach dem Triangle-Woodhouse zu Fuß 5 Kilometer aufwärts zum See der Glückseeligkeit auf 1.970 Meter Höhe. Auf halbem Weg gibt es an einer Hütte Trinkwasser. Der ca. 300 Meter lange See ist umgeben von etlichen, bis zu 2.380 Meter hohen Gipfeln. Im Juli und August kann man durchaus darin schwimmen. Hier in dieser absoluten Ruhe und Einsamkeit gibt es einige Quellen mit frischem Trinkwasser.

Besondere Naturphänomene sind die zahlreichen Schlucklöcher, Ponore genannt. Gebirgsflüsse verschwinden urplötzlich im karstigen Gestein der Gebirgstäler und treten an anderer Stelle in Form von Karstquellen wieder nach oben. Eines der sehenswertesten Beispiele ist der Ponor Grlja in Vusanje (5 km südlich von Gusinje, Geländefahrzeug). Hier verschwindet der Fluß Vruja als ein spektakulärer Wasserfall im Nichts und taucht drei Kilometer weiter unten als die Ali-Pascha-Quellen wieder an die Oberfläche. Die Quellen sind ausgeschildert. Sehr empfehlenswert ist ein Stopp im urig-nostalgischen **"Krojet"**. Hier gibt neben dem tollen Ausblick, kleinen Zimmern und einem ruhigen **Campingplatz** auch selbstgemachten Joghurt und leckere traditionelle Gerichte. Die Besitzerin Halle spricht perfekt deutsch und kann sehr viel über ihr Land erzählen. Von Vusanje erreicht man nach weiteren fünf Kilometern Schotterweg das schöne Ropojanatal. Westlich von Gusinje gelangt man über den Ort Dolja in das anmutige Grbajatal. Hier gibt es ein Eco Katun mit Restaurant, es eignet sich gut als Startpunkt für tolle Wanderungen in das Herz der Karanfil-Gruppe.

der Ponor und seine Ali-Pascha-Quellen am Krojet

Langeweile in Montenegro gibt es nicht. Wer der grandiosen Landschaft überdrüssig ist und seine Energie in sportliche Aktivitäten stecken möchte, ist hier bestens aufgehoben. Fast nirgendwo sonst in Südeuropa sind die Möglichkeiten auf so kleinem Raum so vielfältig, es ist für jeden das Richtige dabei und fast alles ist möglich. Bei Interesse an einer Sportart wendet man sich in erster Linie an die örtliche Touristeninformation, das Hotel oder den Campingplatzbetreiber.

Die Badesaison geht von Mai bis Ende September mit Wassertemperaturen ab 20 °C (ab Juli sogar ca. 25 °C). An den Küstenabschnitten wird es in den Monaten Juli und August, bedingt durch Urlauber aus den benachbarten Ländern recht voll. Wer einen erholsamen Urlaub bevorzugt, wählt zu dieser Zeit das Hinterland und die Nationalparks für zahlreiche Aktivitäten. Für alle Sportarten ist es ratsam, sich vorab im Internet über die aktuellen Anbieter zu informieren.

Angeln: In Montenegro bieten sich beste Voraussetzungen, es gibt zahlreiche Flüsse, natürliche und künstliche Seen, allesamt recht fischreich – Forellen, Karpfen, Äschen, Ukeleien, Aale uvm. Auch die Küstengewässer eignen sich, jedoch braucht man hier etwas Erfahrung und Glück. In den Nationalparks muss man sich bei der zuständigen Behörde einen Angelschein ausstellen lassen.

Kajak, Kanu: Sämtliche Gewässer eignen sich hervorragend für eine Tour mit dem eigenen Wasserfahrzeug, manche kleinere Flüsse haben jedoch im Sommer einen recht geringen Wasserstand. Sehr gut befahrbar sind die Morača und die Tara, bei letzterer gibt es offizielle Einstiegsstellen, hier ist vor Ort eine "Einsetz-Gebühr" zu entrichten.

Klettern, Canyoning & Freeclimbing: Als Bergland darf in Montenegro natürlich das Angebot an Klettermöglichkeiten nicht fehlen. Zwar steht die Erschließung geeigneter Trails noch am Anfang doch gibt es bereits einen Alpenverein mit einer Alpinisten-Schule. Am besten wendet man sich an die örtlichen Vereine z.B. in Nikšić. Diese führen auch Freeclimbing und Canyoning sowie Führungen zu etlichen Höhlensystemen durch.

Offroad: Obwohl das Straßen- und Wegenetz sehr gut erschlossen und ausgebaut ist, gibt es immer noch zahlreiche Pisten, diese muss man jedoch suchen. Am ehesten fündig wird man in den Nationalparks, dort werden auch Fotosafaris querfeldein angeboten. Eine schöne Strecke beispielsweise ist die südliche Verbindung von Berane nach Kolašin um den Kern des Biogradska Gora herum. Im Komovi-Gebirge wird regelmäßig die "Montenegro Trophy Rally" durchgeführt. Diese wird organisiert vom Sport Rekreation Center in Nikšić.

Paragliding: Die steilen Berghänge überall im Land bieten optimale Voraussetzungen. Bekannte Startplätze liegen in: Brajici (760 m ü.M.) zwischen Cetinje und Budva, der Landeplatz liegt am Strand von Bečići. Weitere Möglichkeiten gibt es in Vrmac (550 m ü.M) oberhalb von Kotor und Dizdarice (850 m ü.M) nahe Herceg Novi, ebenso am Berg Lovćen (1.660 m ü.M).

Radfahren/Mountainbiking: Für Radfahrer ergeben sich zahllose Möglichkeiten die Landschaft auf guten Wegen zu erkunden. Montenegro verfügt über ein sehr informativ ausgeschildertes Wegenetz. Man kann sich auch beruhigt auf die meist asphaltierten Wanderwege begeben. Aus Mangel an Verleihmöglichkeiten sollte man sein eigenes Zweirad unbedingt mitnehmen.

Rafting: Am besten erschlossen ist die Tara-Schlucht, der längste und mit 1.300 Meter tiefste Canyon Europas gehört zum UNESCO-Weltnaturerbe. Über 140 Kilometer zieht er sich durch Montenegros Bergwelt. 80 verschieden geprägte Höhlen warten darauf entdeckt zu werden. Die angebotenen Rafting-Touren sind bis zu 4 Tage lang, die Kürzeste geht über ca. 3 Stunden und ist 15 Kilometer lang. Nichts für zarte Gemüter ist der Abschnitt zwischen Brštanovica und Sćepan Polje, hier müssen 21 Stromschnellen überwunden werden. Zur Verfügung stehen Holzflößer oder Schlauchboote. Idealer Ausgangspunkt ist Žabljak oder Kolašin, von hier werden die Touren optimal organisiert.

Segeln: Die Voraussetzungen zum Segeln sind sehr gut. Zentren des Segelsports mit geeigneten Häfen liegen in den Orten Bar, Budva, Herceg Novi, Kotor und natürlich Tivat. Jährlich finden etwa 15 Segelregatten statt. Die bekannteste Regatta des Landes ist der Montenegro Cup (Laser, Optimist).

Ski-/Wintersport: In Montenegro gibt es ausgezeichnete Möglichkeiten zum Skifahren und optimale Schneeverhältnisse von November bis Mai. Teils auch sehr gut erschlossen mit Liften und jeglicher Infrastruktur die dazu gehört. Bekannte Wintersportzentren liegen im Durmitor-Gebirge (120 Schneetage im Jahr), Žabljak ist ein äußerst angenehmer Ort mit Unterkünften unterschiedlichen Standards. Es gibt Seilbahnen, Lifte, Langlaufloipen und sogar eine Skischule, die Pisten sind für Profis und Anfänger ausgelegt. Auch in der Gegend um Rožaje, Kolašin (hier ist die Seilbahn 1.840 m lang!) und rund um das Komovi-Massiv sind die Pisten bis in den Mai nutzbar. Geführte Schneewanderungen werden vom Ort Kolašin aus organisiert.

Surfen: Die Winde an der Küste bieten ideale Voraussetzungen für Surfer. Für Geübte ist das Meer bei Ulcinj mit teils starkem Wind und hohen Wellen eine Herausforderung, ebenso die Ada Bojana. Anfänger üben besser in der äußeren Bucht von Kotor, geschützt durch den Fjord. Auch am Skutari See ist diese Sportart bei gutem Wind möglich.

Tauchen: Der Tauchsport ist eine weit verbreitete Sportart mit unterschiedlichen Bereichen und wird im Land schon seit dem Zweiten Weltkrieg ausgeübt, ursprünglich stand das Perlentauchen im Vordergrund. Heute locken Korallenriffs, Unterwasserhöhlen und versunkene Schiffe. Die Tauchclubs in Bar, Ulcinj, Herceg Novi und Kotor bieten Kurse an mit Schwerpunkten in Unterwasser-orientierung, -photographie sowie Wracktauchen. Informationen erteilen die Tourismusbüros, die Tauchpässe der internationalen Verbände werden anerkannt.

Vogelbeobachtung: Das dünn besiedelte Hinterland und die naturbelassene Landschaft ist ein Paradies für Vögel. Allein am Skutari See kann man über 300 Arten in den Reservaten beobachten, darunter die seltenen Pelikane und Kormorane. Im Winter finden sich hier fast 300.000 Zugvögel aus Nordeuropa ein. Es gibt mehrere Beobachtungsposten. Auch der Nationalpark Biogradska Gora ist ein Schauplatz für Vogelliebhaber. Ebenso am Šasko jezero bei Ulcinj können Pelikane und Kormorane beobachtet werden, zudem Austernfischer und seltene Enten-Arten. An den Bergseen leben unter anderem viele Wachteln und Lerchen.

Wandern und Trekking: Die Bergwelt des kleinen Balkanstaates ist ein Paradies für Wanderfreunde. Für die Nationalparks des Durmitor-Gebirges und Biogradska Gora gibt es Wanderkarten. Auch im und um den Rumija-Gebirgszug im Süden existieren zahlreiche, ausgeschilderte Hinweise und Wanderwege und ebenso das Orjen-Gebirge hält tolle Wege bereit. Zwischenzeitlich kümmern sich Wandervereine um die Verbesserung der Infrastruktur, es gibt mittlerweile sogar etliche Hütten und Biwaks.

Im Gebirge ist unbedingt geeignete Kleidung und Ausrüstung erforderlich!

An dieser Stelle wurden die wichtigsten und aktuellsten Informationen für eine individuelle Montenegro-Reise kompakt und übersichtlich zusammengefasst.

Anreise: Für die Anreise mit dem **PKW** gibt es zwei Varianten. Über Österreich, Slowenien und Kroatien oder Bosnien-Herzegowina (teurer und kürzer) bzw. über Ungarn und Serbien (länger dafür günstiger). Die Autobahnen sind in allen Ländern (außer D) gebührenpflichtig. In Montenegro selbst gibt es keine mautpflichtigen Straßen (Ausnahme: Sozina-Tunnel von Podgorica nach Sutomore). Die Einreise ist auch über das Kosovo und Albanien möglich. Von Belgrad besteht die Option, sehr günstig mit dem Autoreisezug nach Bar zu gelangen (rechtzeitig buchen!).

Fähre: Es gibt mehrmals wöchentlich gute Verbindungen von Ancona und Bari sowie in der Hauptsaison auch von Brindisi nach Bar (www.montenegrolines.com).

Flug: Montenegro verfügt über einen internationalen Flughafen in der Hauptstadt Podgorica. Günstige Flüge bieten mehrere Gesellschaften ab zahlreichen europäischen Flughäfen an. Es empfiehlt sich jedoch eine frühzeitige Buchung oder Flexibilität bzgl. Abflughafen und Flugdauer (oft mit Umsteigen). Auch bei Tivat gibt es einen internationalen Flughafen welcher jedoch, hauptsächlich aufgrund der Küstennähe, von Chartergesellschaften angeflogen wird. Gute Verbindungen gibt es auch nach Čilipi, dem internationalen Flughafen von Dubrovnik. Ab hier weiter mit dem Bus oder Mietwagen.

Bus: Mehrmals die Woche fahren Fernbusse ab großen europäischen Städten nach Belgrad (Serbien, z.B. www.eurolines.de, www.touring.de). Von hier weiter nach Bijelo Polje, Kolašin, Nikšić und Podgorica mehrmals täglich (je nach Abfahrtsort 20-30 Stunden ab D).

Bahn: Montenegro ist mit dem Zug über Belgrad (bis dorthin meist ohne Umsteigen, auch Nachtzüge, Tickets in den Reisecentern der DB/ÖBB/SBB oder online) zu erreichen. Der montenegrinische Teil der Strecke führt durch spektakuläre Landschaftsabschnitte, siehe auch Seite 112 (Dauer ab München mind. 27 Stunden).

Autofahren: Mitzuführen sind KFZ-Schein, Führerschein sowie die internationale Grüne Versicherungskarte. Montenegros Verkehrsnetz ist inzwischen außerordentlich gut verzweigt und fast! jeder Ort auf asphaltierter „Straße" zu erreichen. Nur für wirklich abgelegene Dörfer und Destinationen in den Bergen benötigt man zumindest ein SUV. Jedoch nur in unmittelbarer Nähe der großen Städte bzw. dazwischen und zu den Hauptgrenzübergängen sind die Strecken wirklich gut ausgebaut. Ansonsten muss man sich meist auf enge und kurvige Straßen einstellen, Nachtfahrten sollte man unbedingt vermeiden. Es gibt keine Autobahnen. Es herrscht Anschnall- und Mitführpflicht von Ersatzbirnen sowie die 0,5-Promille-Grenze. Verkehrswidrigkeiten werden streng geahndet, vor allem die wirklich sinnvollen Überholverbote. Die Polizeipräsenz ist groß. Bei Unfällen muss unbedingt die Polizei verständigt werden ohne deren Schadensbestätigung eine Ausreise schwierig wird. Bei Pannen hilft die AMSCG/ADAC (Notruf (+382) 19807, mobil: +382 63 239 987). Werkstätten gibt es in jeder Ortschaft, in den Städten auch Vertragswerkstätten der Autohersteller. An den Tankstellen herrschen im ganzen Land Einheitspreise, Diesel ist etwas günstiger, vereinzelt existieren bereits LPG-Tankstellen. Geschwindigkeitsbegrenzungen: 40 km/h innerorts, 80 km/h auf den Landstraßen und lediglich auf der Schnellstraße zwischen Podgorica und Nikšić sind 100 km/h erlaubt.

Camping: Das Campingnetz ist lediglich an der Küste brauchbar und hier vor allem um die Sandstrände bei Ulqinj. Ansonsten sind die Plätze teilweise schon etwas in die Jahre gekommen und der sanitäre Standard lässt zu wünschen übrig. Erst nach und nach erfahren auch ältere Plätze eine Renovierung, doch bis das Land kroatischen Level erreicht, wird noch eine Weile vergehen. Abseits der Küstenregion findet man außer im Durmitor Nationalpark und in Plav und Gusinje noch keine Campingplätze. Wildes Campen ist zwar offiziell verboten, wird jedoch außerhalb der Nationalparks geduldet. Besonders in der

Hochsaison ist es gerade für Wohnmobile schwierig, einen geeigneten und schönen Stell-platz zu finden. Ein aktuelles Verzeichnis fast aller Campingplätze (auch in Buchform) gibt es unter www.camping.info. Sehr empfehlenswert ist das Auto Camp Maslina bei Buljarica (www.campingmaslina.com) sowie in Gusinje das Krojet.

Diplomatische Vertretungen:
Deutsche Botschaft: Hercegovačka 10, 81000 Podgorica, Tel.: +382 (0) 20 441 000, Fax: +382 (0) 20 441 018, info@podgorica.diplo.de, www.podgorica.diplo.de, Mo-Do 8.00 h – 17.00 h + Fr 8.00 h – 14.00 h.
Österreichische Botschaft: Svetlane Kane Radević br. 3, 81000 Podgorica, Tel.: +382 (0) 20 201 135, Fax: +382 (0) 20 243 544, podgorica-ob@bmeia.gv.at, www.bmeia.gv.at/botschaft/podgorica, Mo-Fr 8.00 h – 16.00 h.
Generalkonsulat der Schweiz: Svetlane Kane Radević 3, 81000 Podgorica, Tel.: +382 (0) 20 245 100, Fax: +382 (0) 20 245 025, bel.vertretung@eda.admin.ch, www.eda.admin.ch/contacts/de/EDAVis/P/336.html, Termine n. V.

Einreise: Bei einem Aufenthalt bis zu 30 Tagen ist die Ein-reise mit einem gültigen Personalausweis möglich. Bei einem Aufenthalt bis zu 90 Tage muss ein noch 6 Monate gültiger Reisepass vorgelegt werden. Wer darüber hinaus bleiben möchte, muss bei der örtlichen Polizei eine Aufenthaltsge-nehmigung beantragen. Oder kurzfristig ausreisen. Kinder benötigen einen eigenen Ausweis mit Lichtbild. Generell ist die Mitnahme eines Reisepasses z.B. für die Registrierung von mobilem Internet sinnvoll.

Gesundheit (Ärztliche Versorgung und Apotheken):
Hauptsächlich ist die reguläre gesundheitliche Versorgung für „jedermann" immer noch staatlich organisiert und somit sind in den normalen städtischen Krankenhäusern und Gesund-heitszentren nicht immer modernste Behandlungsmethoden zu erwarten, obwohl das Personal und die Ärzte gut ausgebildet sind. Auf dem Land und in kleinen Orten gibt es meist nur eine Krankenstation mit einem behandelnden Arzt/Ärztin. In den größeren Städten existieren inzwischen Privatkliniken mit modernsten Behand-lungsmethoden und Top-Ausstattung, welche sich die meisten Montenegriner aber nicht leisten können. Das Ausbildungsniveau der Ärzte entspricht auf jeden Fall westeuropä-ischem Standard, meist spricht man englisch oder deutsch. Hier wird man generell gegen Barzahlung behandelt. Für Urlauber wird der Betrag hinterher von der Krankenkasse erstattet. Ein Auslandskrankenschein der gesetzlichen Krankenkassen wird in Montenegro anerkannt, dennoch lohnt sich im Vorfeld der Abschluss einer speziellen Auslandskranken-versicherung für den Fall eines Rücktransportes bzw. bei Unfällen im Zusammenhang mit einigen Sportarten. Apotheken gibt es in jeder Ortschaft, in größeren zahlreich. Das Ange-bot ist nur in den Städten gut sortiert und hier das Personal auch geschult. Sonst ist die Auswahl nicht immer umfangreich, doch meist sind die Medikamente billiger und bis auf wenige Ausnahmen sogar rezeptfrei erhältlich.

Haustiere: Für den Vierbeiner (Hund und Katze) wird ein tierärztliches Gesundheits-zeugnis, nicht älter als 6 Monate benötigt. Etliche Restaurants und Unterkünfte nehmen keine Tiere mit auf. Im Land fallen immer wieder streunende Hunde auf, von dem man den eigenen fernhalten sollte. Wer sich engagieren möchte: tierhilfe-montenegro.com.

Informationen: Jeder größere Ort verfügt über eine gute Touristeninformation. Das Personal ist meist sehr zuvorkommend und man erhält in der Regel gute Infos und Übersichtskarten der Stadt und Umgebung. Sie vermitteln auch Unterkünfte und organi-sieren Ausflüge. Außerhalb der Saison und in kleineren Orten sind sie nur sporadisch besetzt. Die nationale Tourismusorganisation verfügt über eine informative und hilfreiche Website in deutsch: www.montenegro.travel/de.

Internet: Mobiles Internet gibt es ab € 15,--/Monat mit ganzen 10 GB! Die Angebote wechseln ständig. Für die Registrierung ist der Reisepass notwendig. Empfehlenswert ist ein Stick der montenegrinischen Telekom. An der Küste ist in den Hotels, Bars, Restaurants und Campingplätzen freies W-Lan/WIFI Standard, in abgelegeneren Regionen und Privatunterkünften fehlt dieser Service meist noch. Reine Internetcafés findet man in allen Ortschaften. Preis ab € 1,--/Stunde. Größere Städte verfügen meist über ein eigenes, kostenfreies W-Lan, welches von allen Plätzen aus zugänglich ist, wenn auch langsam.

Kinder: Wie alle Südländer sind die Montenegriner sehr kinderfreundlich. Rabatte in den Hotels bis zu 50% gibt es für unter 14-jährige. Die ganz Kleinen bis zu 2 Jahren kommen meist umsonst unter. Kinderplanschbecken gibt es nur ganz selten. Die Strände sind nur im Süden am langen Sandstrand bei Ulcinj mit flachen Schwimmzonen kleinkindertauglich. Ansonsten fällt das Meer an den Felsküsten meist schnell steil ab. Wer das Hinterland bereist, sollte sich über die Ausdauer und Kurventauglichkeit seiner Kinder bewusst sein.

Klima und Reisezeit: (Klima siehe Seite 13.) Den Urlaub im Hochsommer ausschließlich an der Küste verbringen zu wollen, stellt eine organisatorische und nervliche Herausforderung dar. Es ist voll, laut und teuer. Dafür kann man in dieser Zeit abseits der Touristenorte im Hinterland wunderschöne Wanderungen in ruhiger und idyllischer Umgebung unternehmen. Die schönsten und abwechslungsreichsten Reisemonate sind sicher der Juni und September. Der große Ansturm und die große Hitze kommen erst bzw. sind vorüber und an den Stränden findet man ein Fleckchen für sich. In den Bergen ist es nicht mehr oder bis Mitte September noch nicht zu kalt für Wanderaktivitäten, jedoch haben ab Ende September bis zur Skisaison bereits die meisten der Unterkünfte wieder geschlossen.

Lektüre: Für Wanderfreunde gibt es einschlägige Lektüre über die montenegrinische Bergregionen, z.B. „Die 50 schönsten Küsten- und Bergwanderungen in Montenegro", Rother-Wanderführer mit GPS-Daten; „Peaks of the Balkan" - der Fernwanderweg durch Montenegro, Kosovo und Albanien, ebenfalls vom Rother-Verlag mit GPS-Daten. „Der Bergkranz" - das berühmte Werk des Dichterfürsten Petar II. Petrović-Njegoš gibt es in verschiedenen Ausführungen. Für intensiveren Sprachaustausch: "Kauderwelsch Serbisch Wort für Wort" aus dem ReiseKnowHow-Verlag.

Meldepflicht: Offiziell gibt es sie noch, eine Kontrolle findet jedoch nicht statt. Wer sich in ein Hotel eingebucht hat, braucht sich um nichts zu kümmern, hier übernimmt das Hotel die Formalitäten. Alle anderen wenden sich am besten innerhalb von 24 Stunden an eine Reiseagentur, welche gegen eine geringe Gebühr die Meldung erledigt. Selbst kann man das auch bei der Polizei tun, Vordrucke gibt es in den größeren Städten. Wo genau, erfragt man am besten bei der örtlichen Touristeninformation. Der Bogen muss persönlich abgegeben werden, Serbisch-Kenntnisse sind absolut notwendig. Bei der Ausreise wird jedoch nie nach diesem Dokument verlangt.

Mietwagen: Autos aller Klassen von internationalen (Sixt, Avis, Hertz, Europcar) und nationalen (Delta-Car, Meridian, etc.) Firmen gibt es in Podgorica und Tivat und in allen größeren Küstenorten sowie in Kotor. Die Fahrzeuge können vorab selbstverständlich auch über das Internet reserviert und gebucht werden. Das Mindestalter des Fahrers beträgt bei allen Vermietern meist 21 Jahre.

Öffentliche Verkehrsmittel: Mit Bussen erreicht man so gut wie jedes Ziel im Land und meist nicht langsamer als mit dem eigenen Auto und stressfreier. Zudem sind sie ausgesprochen günstig, wenngleich auch nicht sonderlich komfortabel. Jede größere Stadt hat eine zentrale Busstation. Die festen Abfahrtszeiten erfragt man am besten direkt dort oder in der Touristeninformation. Von Podgorica fahren die Busse mehrmals täglich in andere Städte sowie auch in alle angrenzenden Länder.

Aktuelle Zeiten unter: www.visit-montenegro.com/transport/transportation-bus-stations/ Taxis sind im Vergleich zu Deutschland um ein vielfaches billiger, trotzdem unbedingt vorher den Preis erfragen und festlegen.

Öffnungszeiten: Die meisten Geschäfte sperren in der Regel spätestens gegen 8.30 Uhr auf und machen erst in den späteren Abendstunden wieder zu. Auch samstags und sonntags. In der Hochsaison ist oft zwischen 14.00 h und 16.00 h geschlossen. Museen haben zwar feste Öffnungszeiten (meist ab 9.00 h mit Mittagspause), die jedoch manchmal nicht eingehalten werden. Kirchen und Klöster öffnen spätestens um 8.00 h und sperren jahreszeitlich abhängig ab 16.00 h wieder. Banken haben Montag bis Freitag von 9.00 h - 17.00 h geöffnet, manche auch am Samstag bis 12.00 Uhr.

Post: findet man auch in kleineren Ortschaften. Meist haben sie nur vormittags geöffnet Mo-Sa, 08.00 h - 13.00 h, in der Saison, in den Touristenorten auch nachmittags bis 17.00 Uhr. Eine Postkarte und auch ein Brief kosten € 0,80 - Zustellungsdauer etwa eine Woche.

Preise: Montenegro war ein wirklich günstiges Land – bis zur €-Einführung 2002. Wie in den anderen €-Länder auch, wurde nur die Währung geändert, der Preis blieb der gleiche. Inzwischen hat sich das Extrem wieder etwas reguliert, doch ist dies mitunter auch ein Grund, warum Montenegro nicht gerade zu den billigen Reiseländern im Balkanraum gehört, vor allem entlang der Küste. Dennoch kann man auch hierzulande, abseits der Touristenpfade und um Ulcinj (aufgrund der vielen Besucher aus dem Kosovo), recht günstigen seinen Urlaub verbringen. Privatunterkünfte sind relativ erschwinglich und bieten dem Besucher mehr Einblick in das Leben der Menschen. In einfachen Restaurants mit wenig Touristenverkehr orientieren sich die Preise an den Löhnen der Montenegriner und es schmeckt meist authentischer. Für Selbstversorger sind die einheimischen Produkte auf den lokalen Märkten die bessere Wahl als das Frischwarenangebot im Supermarkt. Der Ursprung ist derselbe, doch das Personal muss mitbezahlt werden. Wer Wert auf Gewohntes aus dem Heimatland legt, muss in der Regel für die Importware mehr bezahlen als daheim. Dienstleistungen sind für europäische Verhältnisse aufgrund der geringen Tageslöhne immer noch unschlagbar günstig.

Strand-Knigge: In der Hochsaison sind die öffentlichen Strandabschnitte Mangelware denn fast jedes Hotel beansprucht sein Areal für seine Gäste. Zudem kann man aufgrund von Unmengen an Liegen und Sonnenschirmen – gebührenpflichtig selbstverständlich – kaum mehr ein freies Fleckchen ergattern. Wer es schafft, hat hoffentlich eine feste Unterlage und Strandschuhe dabei, der Untergrund ist meist grob, nur ganz im Süden gibt es reine Sandstrände. Oben ohne ist nicht ratsam und FKK nur in den dafür ausgewiesenen Zonen an der Ada Bojana erlaubt bzw. sogar vorgeschrieben.

Telefonieren: Zwar existiert ein gut ausgebautes Festnetz (Landesvorwahl 00382), doch wie in den meisten anderen Balkanstaaten kommuniziert man vorwiegend über das Mobiltelefon. Die Netze von drei Gesellschaften sind sehr gut ausgebaut, sogar bis in den letzten Winkel. Durch die hohen Roaming-Gebühren lohnen sich Pre-Paid-Karten. Am besten wählt man die der montenegrinischen Telekom, damit sind Verbindungen außerhalb des Landes am günstigsten. Es gibt Karten ab € 5,-- in entsprechenden Shops und an Kiosken. Notrufnummern: allgemein: 112; Polizei: 122; Feuerwehr: 123; Notarzt: 124.

Trinkgeld: In kleinen Cafés, einfachen Restaurants und Konobas rechnet die Bedienung nicht mit einem kleinen Extra-Lohn. In Touristenorten, den exclusiven Restaurants und Hotels sind jedoch 5 – 10% bei Zufriedenheit durchaus schon üblich. Bei Taxifahrten wird lediglich aufgerundet. Zimmermädchen kann man mit einem Extra-€ belohnen. Andere Dienstleistungen sind davon ausgenommen, das erhöt nur die zukünftigen Grundpreise.

Trinkwasser: Das Leitungswasser in Montenegro kann bedenkenlos getrunken werden, in den Küstenregionen wird es jedoch oft stark gechlort. In den Sommermonaten kann es öfter, bedingt auch durch Stromausfälle zu Wasserknappheit kommen. Es gibt ausgezeichnetes Trinkwasser der landeseigenen Mineralwasserproduzenten.

Unterkünfte: In Montenegro gibt es Hotelunterkünfte in allen Kategorien und Preisklassen, von übermäßig luxuriös bis familiär, vor allem entlang der gesamten Küste. Sogar alte Komplexe aus der Jugoslawien-Ära incl. entsprechendem Flair vervollständigen das Angebot. Die neuen, privaten Anlagen und Hotels bieten internationalen Standard. Ganz einfach ausgestattete sind bereits ab € 15,-- zu bekommen. Zwischen Neben- und Hauptsaison gibt es beachtliche Preisschwankungen. Eine prima Alternative sind die zahlreichen Privatunterkünfte (sobe, apartmanis), vor allem in der Hochsaison, wenn man nicht schon vorab gebucht hat. Doch auch hier gibt es eine breite Preis- und Ausstattungsspanne. Die meisten verfügen über eine eigene Küche, sehr saubere Sanitärausstattung und die Vermieter sprechen Deutsch oder Englisch. Wer in den Hotels länger als 2 Nächte bleibt, spart oft bis zu 40%. Sternfahrten in die Umgebung sind aufgrund der geringen Landesgröße gut möglich. Im Hinterland weit verbreitet sind die Eco/Etno Selos. Das sind zweckmäßige bis wirklich gemütliche und stilechte Holzhütten (manchmal ganze Dörfer) auf ökologischer Basis betrieben, versorgt wird man mit saisonalen Produkten und landestypischen Gerichten. Ideale Unterkünfte für Wanderer. Vorab einen guten Überblick über das Gesamtangebot verschaffen und buchen kann man über das Portal www.booking.com. Vor Ort gibt es Verzeichnisse bei Touristeninformationen der größeren Ortschaften.

Verkehr und Verkehrsteilnehmer: Montenegros Straßen sind meist eng und sehr kurvenreich, die Einheimischen typisch südländische Fahrer, Hauptsache schnell. Als besonders gefährlich gilt die Strecke von Pogdorica nach Kolašin, sie ist eng und führt durch zahlreiche unbeleuchtete Tunnel. Hier findet auch der Transitverkehr der großen LKWs von Serbien zum Hafen nach Bar statt. Besonders in den Sommermonaten ist an der Küste die Magistrale dem Verkehrsaufkommen mit Urlaubern nicht gewachsen. Es bilden sich regelmäßig lästige Stauabschnitte, da die Strände nur über eine begrenzte Parkplatzkapazität verfügen. Viele der Bergstraßen und Nebenverbindungen sind für große Wohnmobile absolut nicht geeignet. Die durchschnittliche Reisegeschwindigkeit pro Kilometer sollte man aufgrund der schmalen, kurvenreichen Strecken mit extremen Höhenunterschieden deutlich niedriger als normal ansetzen. So wird man auf Nebenstraßen im Hinterland kaum mehr als 20-30 km/h schaffen. Gerade in ländlichen Regionen muss man auch mit Tieren aller Größen als plötzliche Verkehrsteilnehmer rechnen.

Währung und Geld: Noch im Staatenbund mit Serbien entschloss man sich zu einer von ihm unabhängigen Währung und wählte wohldurchdacht Europas solidestes und stärkstes Geld – die D-Mark. Natürlich in der Hoffnung, diese Entscheidung könnte einen wirtschaftlichen Aufschwung und Stabilität mit sich bringen. 2002 wurde dann selbstverständlich auch in Montenegro der Euro eingeführt. Das Land verfügt somit bei der EZB über einen Sonderstatus, da eine einseitige Nutzung des € ohne Mitgliedschaft nicht vorgesehen ist. Geduldet wird diese Praxis nur, weil Montenegro in baldiger Zukunft vollwertiges Mitglied der EU werden soll. Doch bis dahin werden die Bargeldmengen knapp gehalten, vor allem Kleingeld. Münzen im Wert von 1 und 2 Cent sind ohnehin nicht im Umlauf. Zudem sollte man darauf achten, immer genügend kleinere Scheine (max. € 50,--) parat zu haben. **Achtung:** Bei Abhebungen an den überall im Land zahlreichen Automaten mit der EC-Karte fallen Gebühren an, besser ist die kostenfreie VISA-Card. Kreditkarten werden nur in den größeren Hotels, Restaurants und Nobelboutiqen akzeptiert, selten an Tankstellen.

Zoll: Die Einfuhr- und Ausfuhr von Bargeld ist bis zu einem Betrag von € 10.000,-- nicht meldepflichtig. Persönliche Gegenstände von höherem Wert (Laptop, Kamera, Sportausrüstung, etc.) sollten angemeldet werden und müssen wieder ausgeführt werden. Lebensmittel in größeren Mengen dürfen weder ein- noch ausgeführt werden (max. 1 kg/Person). Besonders streng ist die Einfuhr von Fleisch, Wurst und Käse geregelt, geschlossene Verpackungen oder tagesunübliche Verzehrmengen sind verboten. Weiterhin gilt für eine zollfreie Einfuhr: maximal 2 l Wein oder 1 l Spirituosen über 22%, 200 Zigaretten oder 50 Zigarren. Das gilt auch für die Ausfuhr. Fälschungen von Markenwaren und Raubkopien sind ein einträgliches Schwarzgeschäft, darunter fallen auch Filme und Software. Der Zoll greift mit Strafen aber erst bei Verdacht auf gewerblichen Handel ein. Montenegro ist ein junges Reiseland, Bestimmungen können sich kurzfristig ändern. Die aktuellen Regelungen findet man auf der Internetseite des Auswärtigen Amts. **Wer über Serbien ein- oder ausreist, sollte sich vorab unbedingt nach neuen Bestimmungen erkundigen.**

Da li govore crnagorski? ---- **Sprichst Du Montenegrinisch?**

Mit der Staatsgründung 2006 hat man als Amtssprache Montenegrinisch einge-führt. Doch ist dies allenfalls nur ein dem Serbisch entspringender Dialekt und somit eine slawische Sprache. Ab Ulcinj sprechen die Bewohner auch Albanisch. Englisch versteht und kann man lediglich an der Küste und in den Touristenge-bieten. Ansonsten kommt man damit nicht weit. Oft trifft man auf Bewohner, die Deutsch sprechen, besonders bei der Generation der über 40-jährigen. Das montenegrinische Alphabet verfügt über 30 Buchstaben die mit wenigen Aus-nahmen phonetisch gesprochen werden. Immer noch finden, wenn auch schwin-dend (daher verzichten wir hier auf diese Ausführung), die kyrillischen Zeichen Anwendung, jedoch mehr und mehr setzt sich die lateinische Schrift durch.

Ausnahmen - Aussprache:
č + ć = tsch (schwer zu unterscheiden); dž = dsch; đ = dj ; š + ž = sch;

Not-/Basiswortschatz für den Urlaub:

ja/ nein/vielleicht	da/ne/možda
bitte (wie bitte)/danke	molim/ hvala
Entschuldigung!/gern geschehen	oprostite/vrlo rado
Bitte sehr!	Izvolite!
Guten Morgen/Guten Tag	Dobro jutro/Dobar dan
Guten Abend/Gute Nacht	Dobro večer/Laku noć
Hallo/Tschüss/Auf Wiedersehen	Halo/Zdravo/Doviđenja
Wie heißt Du/heißen Sie?	Kako se zoveš?/Kako se zovete?
Mein Name ist.../Ich heiße...	Moje ime je.../Zovem se...
Wie geht es Ihnen/Dir?	Kako si/ste?
Ich verstehe Sie/dich nicht.	Ne razumijem vas/te.
Können Sie mir bitte helfen?	Vas možete li mi pomoći molim?
Wie spät ist es?	Koliko je sati?
Wann?/wo?	Kada?/gde?
Wieviel kostet das?	Koliko košta?
Was ist das?	Šta je to?
Ein Stück hiervon bitte!	Vas dajte mi komad molim!
0/1/2/3/4/5	nula/jedan/dra/tri/četiri/pet
6/7/8/9	šest/sedam/osam/devet
10/11/12	deset/jedanaest/dvanaest
20/50/100/1000	dvadeset/pedeset/sto/hiljadu
heute/morgen/gestern/jeden Tag	danas/sutra/juče/dnevno
morgens/mittags/abends/nachts	u jutru/u podne/u veče/noću
jetzt/später/nie	sada/kasnije/nikad
Montag/Dienstag/Mittwoch	ponedjelak/utorak/srijeda
Donnerstag/Freitag/Samstag/Sonntag	četvrtak/petak/subota/nedjelja
Woche/Monat/Jahr	sedmice/mjesec/godina
Guten Appetit!/Prost!	Prijatno!/Živeli!
Die Speisekarte bitte!	Molim jelovnik!
Vorspeise/Hauptspeise/Nachspeise	predjelo/glavno jelo/desert
Die Rechnung bitte/zahlen!	Račun molim!/za platiti
Es stimmt so.	U redu.
Salz/Pfeffer/Zucker	so/papar/šećer
Messer/Gabel/Löffel	noz/viljuška/kašika
Wasser/Kaffee/Tee/Milch	voda/kafa/čaj/mlijeko
Essig/Öl/Butter	sirće/ulje/maslac
gegrillt/gekocht/gebraten	sa roštilja/kuvano, lešo/pečeno

scharf/sauer	ljut/kiseo
kalt/warm/heiß	hladna/topla/vruć
Bier/Rotwein/Weißwein	pivo/crno vino/bijelo vino
Frühstück/Mittag-/Abendessen	dorućak/rućak/večera
Ich habe ein Zimmer reserviert.	Rezervissam kod Vas sobu.
Einzelzimmer	jednokrevetnu sobu
Doppelzimmer	dvokrevetnu sobu
Halbpension	polu pansionom
Vollpension	punim pansionom
Toilette/Bad/Dusche	toalet/kupatilom/tušem
Hilfe!	U pomoć!
Können sie mir bitte helfen?	Molim vas mozete li mi pomoći?
Ist das die Straße nach...?	Je li ovo ulica za...?
Wie komme ich nach...?	Kako da dodem do?
links/rechts/geradeaus/zurück	lijevo/desno/pruvo/nasad
offen/geschlossen	otvoren/zatvoren
Eingang/Ausgang	ulaz/izlaz
Straße/Brücke/Platz	ulica/most/trg
Reifen/Öl/Licht	guma/ulje/svjetlo
gut/schlecht	dobro/loše
groß/klein	veliko/malo
viel/wenig	mnogo/malo
alt/neu	staro/novo
billig/teuer/genug	jeftino/skupo/dosta
langsam/schnell	spor/brz

Reisen mit den Autoren - Unsere geführten Rundreisen durch Montenegro und Albanien sind etwas ganz Besonderes. Wir bringen Euch zu den schönsten Plätzen und zeigen Euch die spannendsten Geheimtipps. Wir reisen im Einklang mit der Natur und respektieren den persönlichen Lebensraum der Bevölkerung. Kleine Gruppen schaffen eine vertraute Atmosphäre und unsere Touren sind abgestimmt auf die individuellen Bedürfnisse unserer Reiseteilnehmer. Wir freuen uns auf Eure Anfrage!

Wir beide, **Martina Kaspar** (geb. 1968) und **Günther Holzmann** (geb. 1965) haben 2011, nach vielen Reisen in der ganzen Welt (leider erst seit 2008 gemeinsam) unsere Liebe zu Albanien entdeckt und leben seither in diesem traumhaften, ursprünglichen Balkanland. Aus den Eindrücken und Erfahrungen in diesem großartigen Land sind seit 2013 drei erfolgreiche Reiseführer hervorgegangen. Im Zuge unserer Recherchearbeiten bereisen und erforschen wir immer wieder ebenso intensiv die nicht minder reizvollen Nachbarländer. Aus etlichen ausgedehnten Besuchen im wunderschönen Montenegro haben wir die vorliegenden Informationen und viele Bilder zusammengetragen, woraus unser 4. Reiseführer-Band entstanden ist.

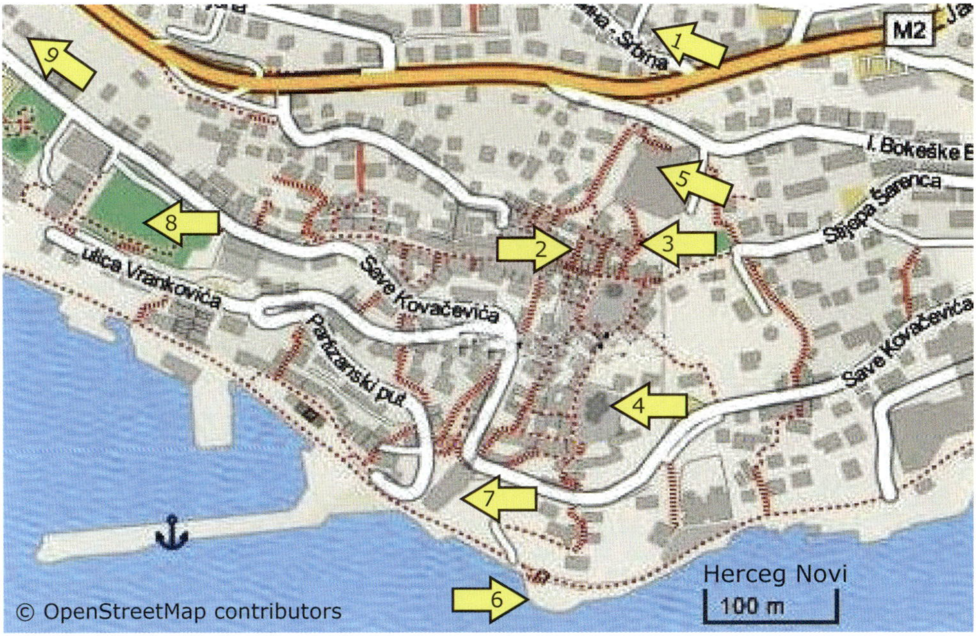

Herceg Novi

100 m

© OpenStreetMap contributors

1 - zur Festung Spanjola	4 - Sveti Jeronimo	7 - Fortemare
2 - Uhrturm	5 - Kanila Kula	8 - Boka Park
3 - Sv. Arhangela Mihaila	6 - Festung Citadela	9 - zur Villa Andrić

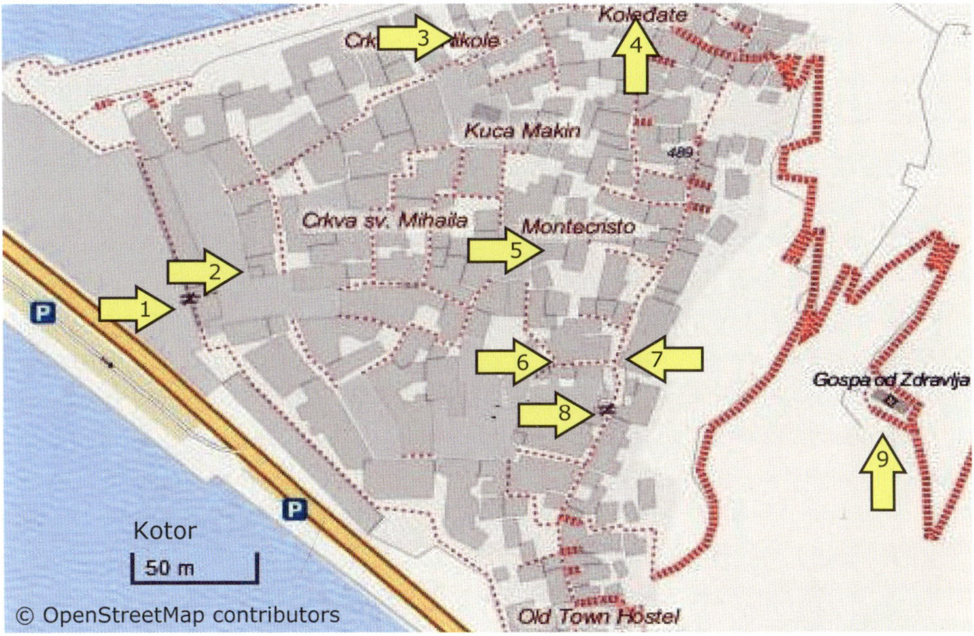

Kotor

50 m

© OpenStreetMap contributors

1 - Hafentor	4 - Sv. Marija Koleđata	7 - Drago Palast
2 - Uhrturm	5 - Marinemuseum	8 - Svetog Tripuna
3 - Lukas + Nikolauskirche	6 - Palata Pima	9 - Ruine San Giovanni

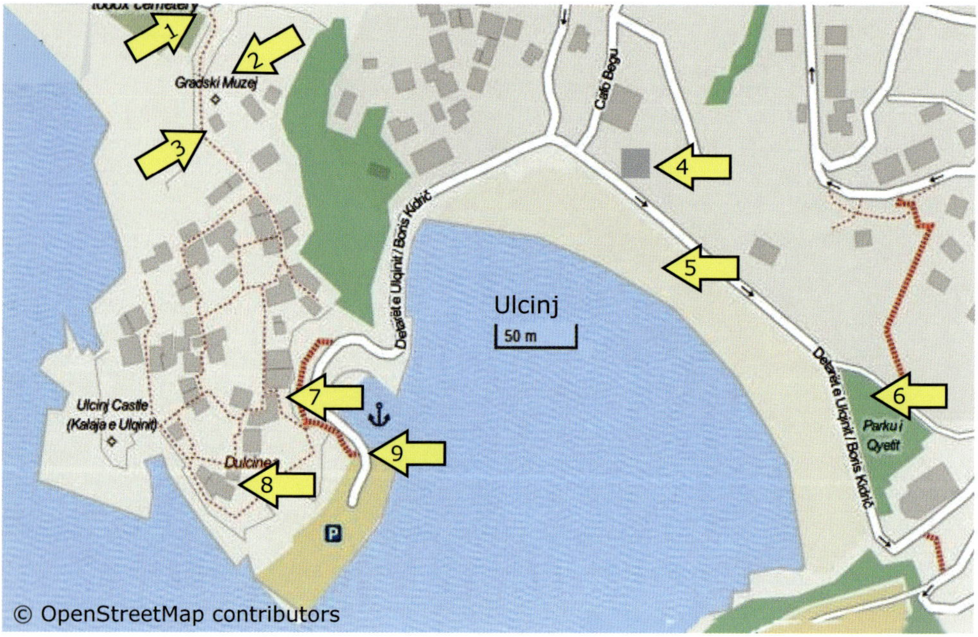

© OpenStreetMap contributors

1 - nördliches Altstadttor	4 - Seemannsmoschee	7 - Palata Venezia
2 - Stadtmuseum	5 - Stadtstrand	8 - Dvori Balšića
3 - Miniatur-Altstadt	6 - Stadtpark	9 - südliches Hafentor

© OpenStreetMap contributors

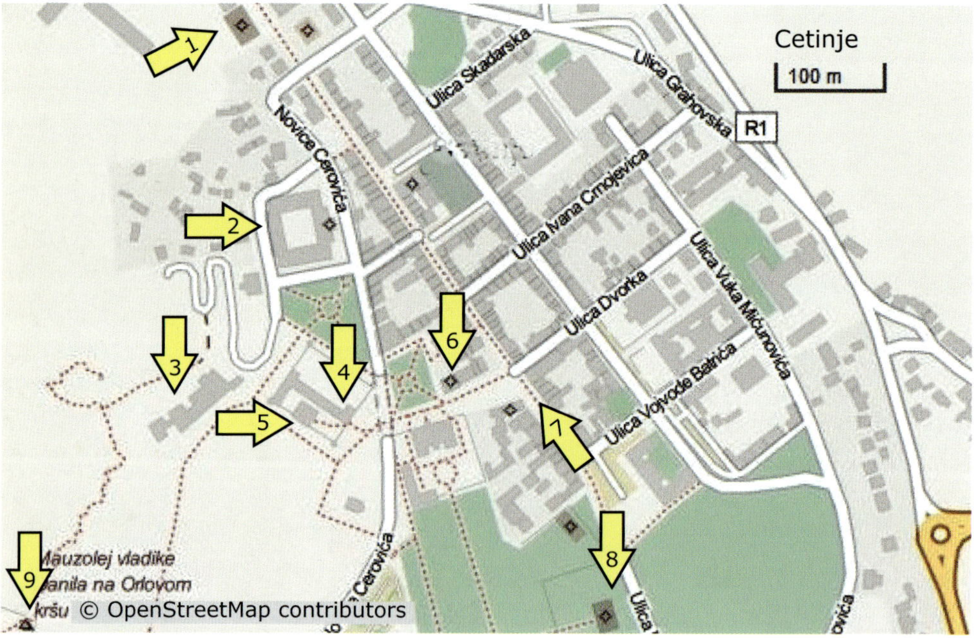

1 - Amtssitz des Präsidenten	4 - Biljarda	7 - Fußgängerzone
2 - Vladin Dom	5 - 3D Relief	8 - Blaues Palais
3 - Kloster Cetinje	6 - Ethnografisches Museum	9 - Mausoleum

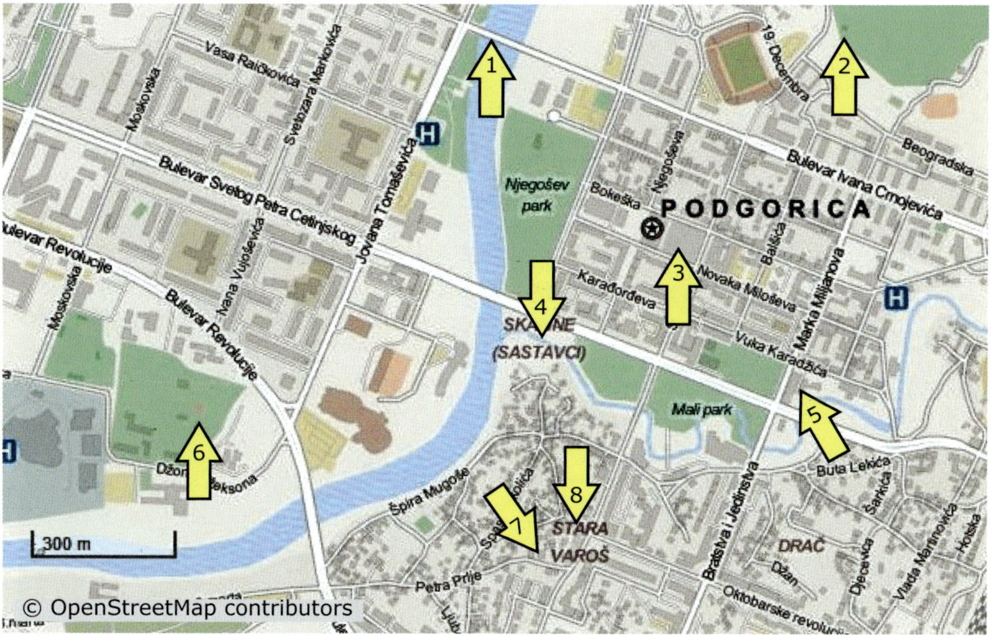

© OpenStreetMap contributors

1 - die Milleniumbrücke - Most Milenium
2 - Suma Gorica-Park - Kirche Sveti Đorđe
3 - der Platz der Republik
4 - die türkische Bogenbrücke Adži-Paša
5 - das Stadtmuseum - Muzej i Galerije
6 - Petrovića Park - der kleine Stadtpalast

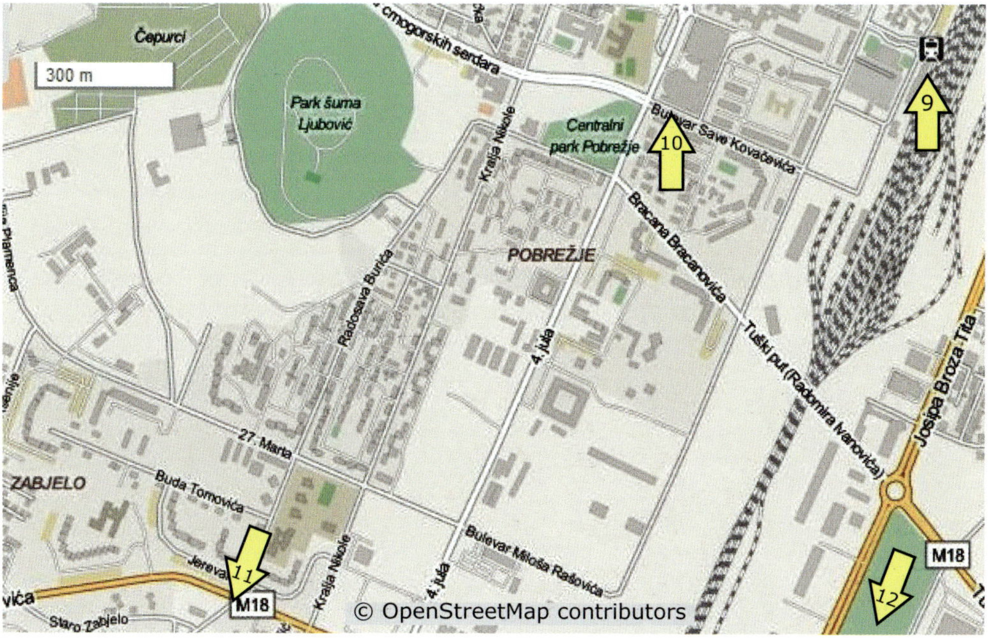

© OpenStreetMap contributors

7 - Osmanischer Stadtteil
8 - der Uhrturm
9 - Bahnhof Podgorica - Haupteingang
10 - Mall of Montenegro - DER Stadtmarkt
11 - zum Dajbabska Gora - Aussichtspunkt
12 - zum internationalen Flughafen - "TGD"